主升浪擒牛

捕捉主升浪的七大经典战术

屠龙刀◎编著

中国宇航出版社
·北京·

图书在版编目（CIP）数据

主升浪擒牛 ：捕捉主升浪的七大经典战术 / 屠龙刀编著. -- 北京 ：中国宇航出版社，2023.6

ISBN 978-7-5159-2242-3

Ⅰ. ①主… Ⅱ. ①屠… Ⅲ. ①股票投资－基本知识 Ⅳ. ①F830.91

中国国家版本馆CIP数据核字(2023)第094207号

策划编辑	卢　珊	**封面设计**	王晓武
责任编辑	谭　颖	**责任校对**	吴媛媛

出　版 发　行	中国宇航出版社		
社　址	北京市阜成路 8 号 （010）68768548	**邮　编**	100830
网　址	www.caphbook.com		
经　销	新华书店		
发行部	（010）68767386 （010）68767382		（010）68371900 （010）88100613（传真）
零售店	读者服务部 （010）68371105		
承　印	三河市君旺印务有限公司		
版　次	2023 年 6 月第 1 版		2023 年 6 月第 1 次印刷
规　格	710×1000	**开　本**	1/16
印　张	14.25	**字　数**	178 千字
书　号	ISBN 978-7-5159-2242-3		
定　价	59.00 元		

本书如有印装质量问题，可与发行部联系调换

PREFACE 序言

主升浪，是波浪理论中八浪循环里的第三浪。在波浪理论中，关于第三浪的描述是这样的：第三浪永远不是最短的一浪。当然，也没有说第三浪一定是最大的一浪，这是因为第五浪存在太多的变数。也就是说，在相对稳定的结构中，第三浪是推动股价上扬最核心的一浪，正因如此，第三浪才被称为主升浪。在实战交易中，主升浪的概念有泛化的趋势，即只要是能够驱动股价大幅上升的一浪，一般都会被称为主升浪。

从具体的走势来看，主升浪是股价上升势头最猛的一浪。从主升浪启动至终结，少则几十个点的涨幅，多则几倍甚至数十倍的涨幅。因此，主升浪几乎吸引了市场上所有投资者的注意。

不过，在交易实战中，同样是主升浪，也有浪级大小之分。有的主升浪可能持续数年之久，有的主升浪可能只持续几个交易日。投资者追求的主升浪级别不同，其交易策略、分析方法与交易技法也会有所不同。

比如，长达数年的大型主升浪，必然是因股价内在价值的驱动引发的，这不仅仅是投资与交易技术的问题，更是投资理念的问题。投资者要捕捉这类主升浪，就需要具备价值投资思想和一定的股票估值能力。整个投资过程需要的时间较久，需要调查研究的项目也比较多，持仓的仓位也可以大一些。

反之，一些持续几个交易日的主升浪，往往是由市场上的游资大量入场推动产生的，投资者要捕捉这类股票的主升浪，就需要具备一定的短线思维和短线走势分析能力。交易过程中，股价的波动非常剧烈，留给投资者交易决策的时间非常短，这就需要投资者在交易策略上速战速决，见好就收。因此，投资者在交易过程中需要严格控制好持仓仓位，遵守短线交易纪律等。

也就是说，同样是捕捉主升浪，投资理念不同，交易策略和方法也会有所区别。按照价值投资理念捕捉长线牛股主升浪的方法，肯定与捕捉短线龙头主升浪的方法不同。同时，在主升浪交易过程中，离场是与入场同样重要的一个方面。在实战中，很多投资者尽管已经成功地捕捉到了主升浪，但因为没有在正确的时间离场，轻则造成利润回吐，重则可能出现由盈转亏的情况。

本书在内容设计上充分考虑了读者的多种需求，捕捉主升浪的七大技法中，不仅涵盖了捕捉长线主升浪的价值回归战术，以及短线交易的板块轮动战术、回踩支撑位战术、跳空启动战术、破位上攻战术、异动上攻战术，还涵盖了指导投资者撤出高位的离场战术。投资者可以根据个人的实际需求，结合各自操盘股票的特征进行摸索和应用。

股票交易，本质上是一种资金、技术和心理多维共振的活动，任何交易技术和方法都不可能确保百战百胜。捕捉主升浪更不是一件简单的事，投资者需要根据书中介绍的交易方法和技法，结合个人操盘实践经验，不断地自我提升。

CONTENTS 目录

第七章　主升浪——跳空启动

第八章　主升浪——破位形态

第一章

主升浪及其运作模式

按照波浪理论的定义，股价运动总是呈现波浪式运行，主升浪则是在股价上升中涨幅最大、涨势最为迅猛的一浪。

第一节 主升浪的前世今生——波浪理论

波段交易的主要理论基础是波浪理论。波浪理论又称艾略特波浪理论，是由美国证券分析家拉尔夫·纳尔逊·艾略特（R.N.Elliott）在总结前人经验的基础上，利用道琼斯工业指数平均线作为研究工具，在不断创新的基础上提出的一套市场分析理论。

拉尔夫·纳尔逊·艾略特1871年出生于美国密苏里州堪萨斯市的玛丽斯维利镇，于1948年病逝。尽管在艾略特提出波浪理论之前，市场上就已经有人使用波浪来解析股市，但效果比较差。艾略特是第一个系统提出波浪理论的人，他提出的波浪理论对投资者系统、全面地分析和把握股指、股价波动有重要的指导意义。

波浪理论被投资者称为最好的预测工具，同时，它也是对市场行为最为细致的刻画。市场的前进在波浪中展开，每一次运动都是自然发生的结果。股票市场价格总是沿着可识别的模式或趋势运动，这些模式是不断地重复的，只是在时间上和幅度上不一定重复。

一、八浪循环

有驱动前进的波浪，就会有调整的波浪。也就是说，五浪模式不是最终的归宿，八浪循环才是一个完整的系统。在一个完整的八浪循环中，波浪共分为两个阶段：一是五浪驱动阶段，即前面所提的五浪结构；二是三浪调整阶段，如图1–1所示。

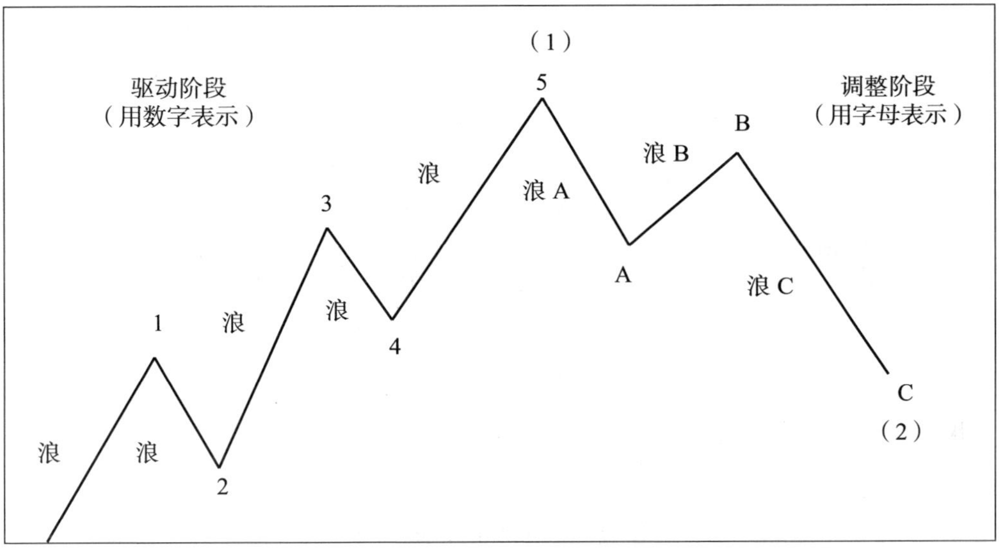

图1–1　八浪循环结构示意图

从图1–1可以看出，驱动阶段的五浪全部用数字表示，即浪1、浪2、浪3、浪4、浪5。调整阶段的三浪全部用字母表示，即浪A、浪B、浪C。

上面介绍的是上升阶段的八浪循环，在熊市中，也有下跌阶段的八浪循环。熊市中的八浪循环与图1–1中的八浪循环正相反，如图1–2所示。

二、五浪模式

艾略特总结前人的经验后得出结论：在各种市场中，价格前进一般都会沿着五浪结构进行。在这五浪当中，浪1、浪3、浪5是推动向前运行的，称为有向运动。浪2、浪4是休整浪，是逆向运行的。对于将要发生的整个有向运动，这两个逆向休整浪是必不可少的。

艾略特认为，五浪形态中存在三个永恒的法则：第一，浪2永远不会低于浪1的起点；第二，浪3永远不是最短的一浪；第三，浪4永远不会进入浪1

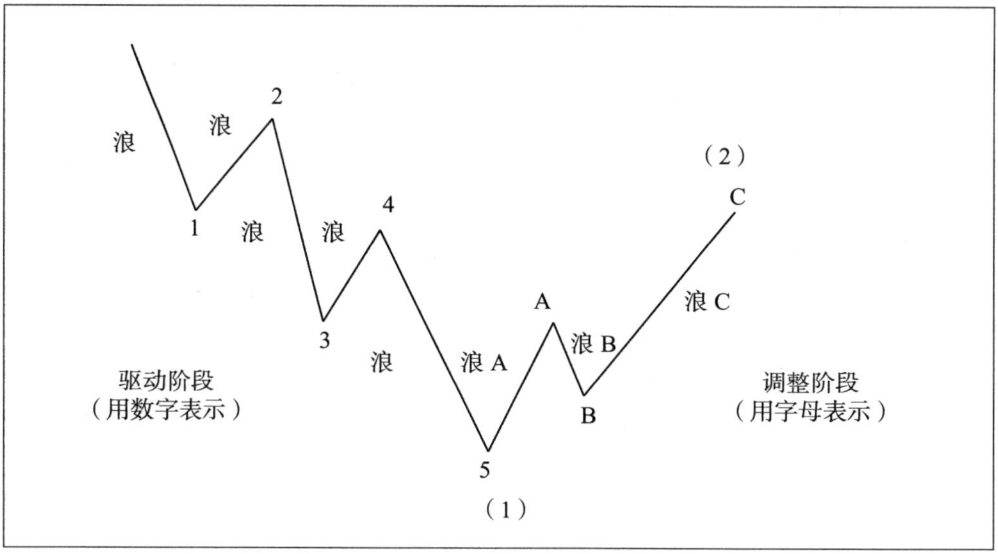

图1-2　熊市中的八浪循环示意图

的价格领地。这三个法则也是投资者数浪的重要依据。

艾略特认为，市场永远处于这个五浪模式当中，唯一的区别是五浪的位置及波浪的长短各不相同，如图1-3所示。

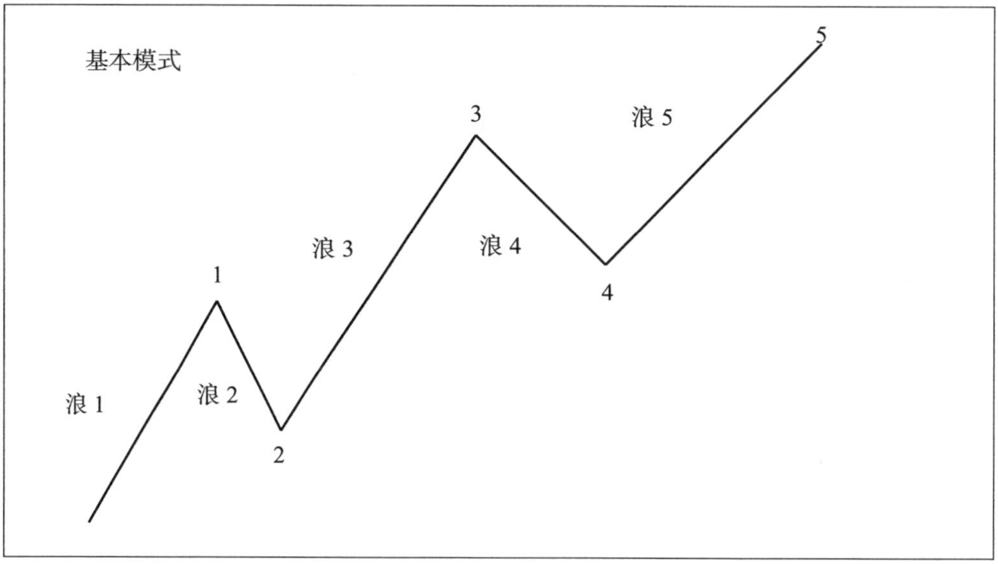

图1-3　基本模式的五浪结构示意图

在这个五浪结构中，有三浪即浪1、浪3、浪5是驱动价格向前运行的，其作用也被称为“驱动的”。浪2、浪4是促使价格出现回调的，其作用被称为“调整的”。

三、第三浪的运行特点

第三浪是上升浪，大多数情况下，第三浪都是推动股价向上运行最有力的一浪。第三浪的运行时间通常是整个循环中最长的一浪，其上升的空间和幅度常常也是最大的。第三浪的运行轨迹，大多数都会发展成为一涨再涨的延伸浪。在成交量方面，由于第三浪是在市场投资者信心恢复后展开的，因此，伴随着股价的上涨，参与的投资者越来越多，成交量也会呈现出逐步放大的态势，如图1–4所示。

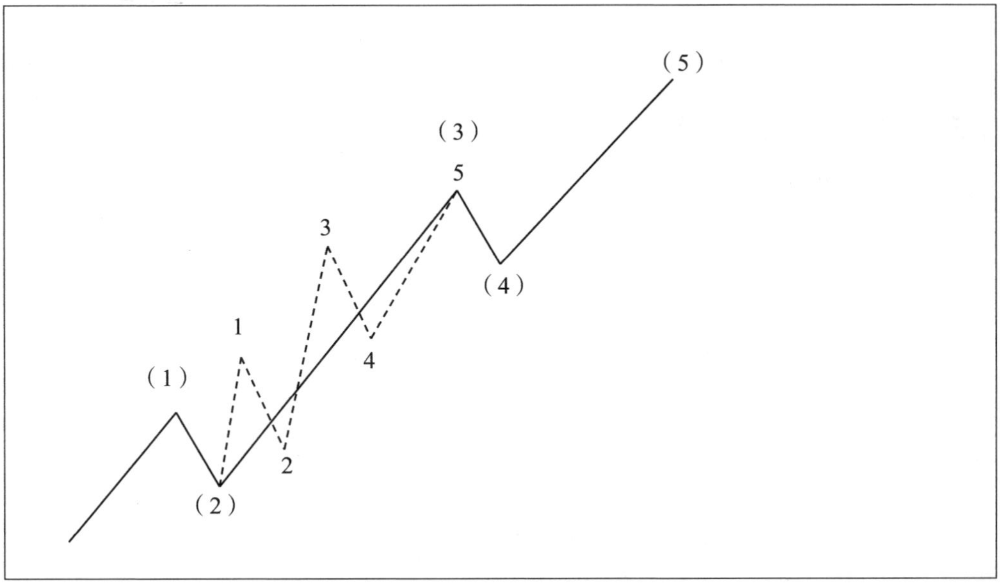

图1–4　第三浪的延伸现象示意图

在第三浪推进过程中，K线图上会出现跳空缺口等向上突破的信号，投资者可以根据这些信号的指示作用买入股票。投资者应该清楚，第三浪是最具爆发力的一浪，因此，在股价上涨过程中，不能预测其顶部到底有多高，而应跟随市场趋势顺势而为，只有等到出现清晰的卖出信号时，再卖出股票。

第二节 经典主升浪的上升模式

按照波浪理论的定义，主升浪经常是整个上升环节中涨幅最大的一浪，这也就意味着，主升浪必然就是上升行情中的第三浪。不过，在实战中，主升浪的表现形式却不尽相同。

一、经典三浪启动模式

经典三浪启动，是识别起来最容易的主升浪模式，也是最为经典的一种主升浪形态，如图1–5所示。

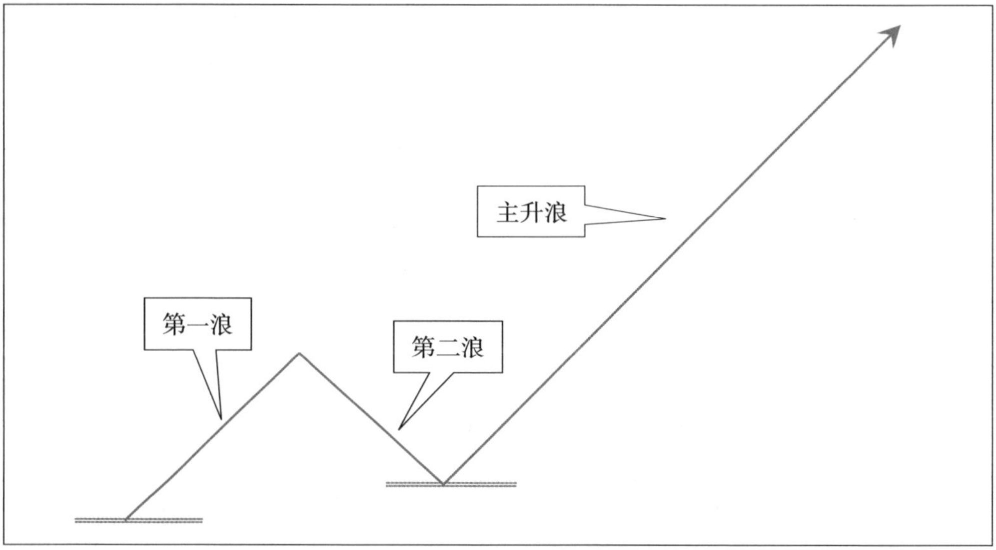

图1–5 经典三浪结构示意图

从图1-5可以看出，该图为经典三浪结构的主升浪。该模式中，主升浪具有波浪理论所定义的最为经典的波浪特点，主要包括以下几点。

第一，各浪之间具有明显的界线，投资者很容易识别各浪的起点和终点。

第二，第二浪回撤的幅度非常大，甚至超过了第一浪涨幅的80%，杀跌态势极为凶狠；第三，主升浪启动时带有明确的启动信号，一些经典的K线起涨形态都会在该阶段出现。

下面来看一下迈信林的案例，如图1-6所示。

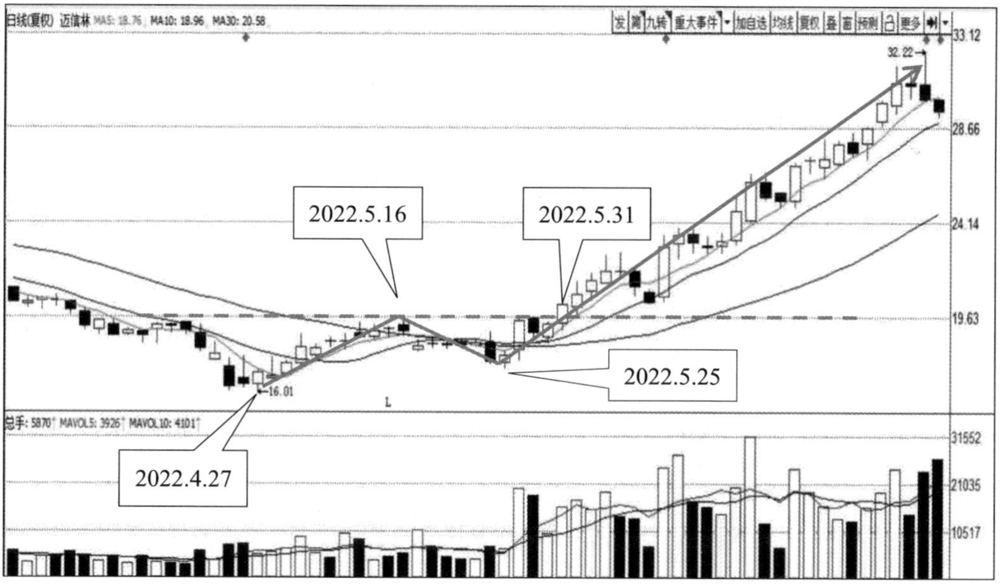

图1-6　迈信林（688685）日K线走势图

迈信林的股价在2022年4月底以前经历了一波漫长的下跌。

2022年4月27日，该股股价触底反弹向上。5月16日，该股股价在反弹到达阶段高点后反向下跌。对于投资者来说，此时还无法判断股价是启动了第一浪还是延续之前的下跌态势。此时，最佳的选择就是继续观望。

2022年5月25日，该股股价再度止跌反弹向上，并于5月31日成功突破5

月16日的反弹高点。此时，投资者就要考虑该股可能已经展开第三浪上涨，即主升浪阶段到了。

鉴于5月25日的低点明显高于4月27日形成的低点，而5月31日又突破了5月16日的反弹高点，至此，第三浪启动的信号出现，投资者可积极入场建仓买入该股。

此后，该股股价出现了较大幅度的上升。

二、横盘启动三浪模式

相对而言，经过漫长横盘后再启动的三浪模式，是属于比较让人抓狂的三浪模式。这种启动模式，无论是第一浪的起点还是终点，判断起来都十分困难，如图1–7所示。

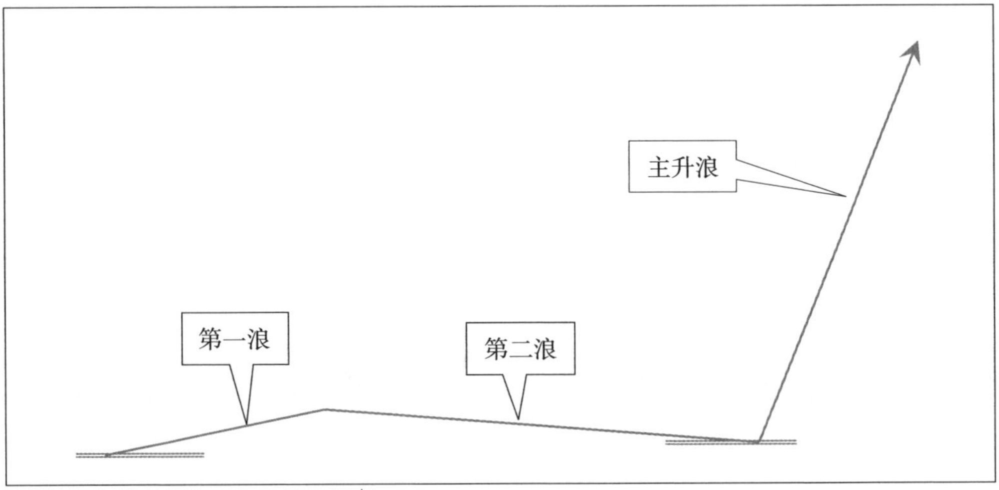

图1–7　横盘启动三浪模式示意图

图1–7为横盘启动三浪模式的主升浪。该模式中，主升浪启动前，识别起来特别困难。实战中，其运行态势具有如下几个特点。

第一，股价在底部区域运行的时间非常长，很难识别第一浪的起点与终点。

第二，主升浪的启动带有很大的突然性，投资者很难事先判断清楚。

第三，在主升浪启动前，经常出现一些下杀式的洗盘动作，主力意图是想将最后一批意志不坚定的持股者清洗出局。

第四，从技术指标方面来看，在主升浪启动前，指数平滑异同移动平均线（Moving Average Convergence and Divergence，MACD）等指标可能已经上升至0轴的上方。当主升浪启动时，MACD指标很可能会在0轴上方附近形成黄金交叉形态。

下面来看一下宝明科技的案例，如图1-8所示。

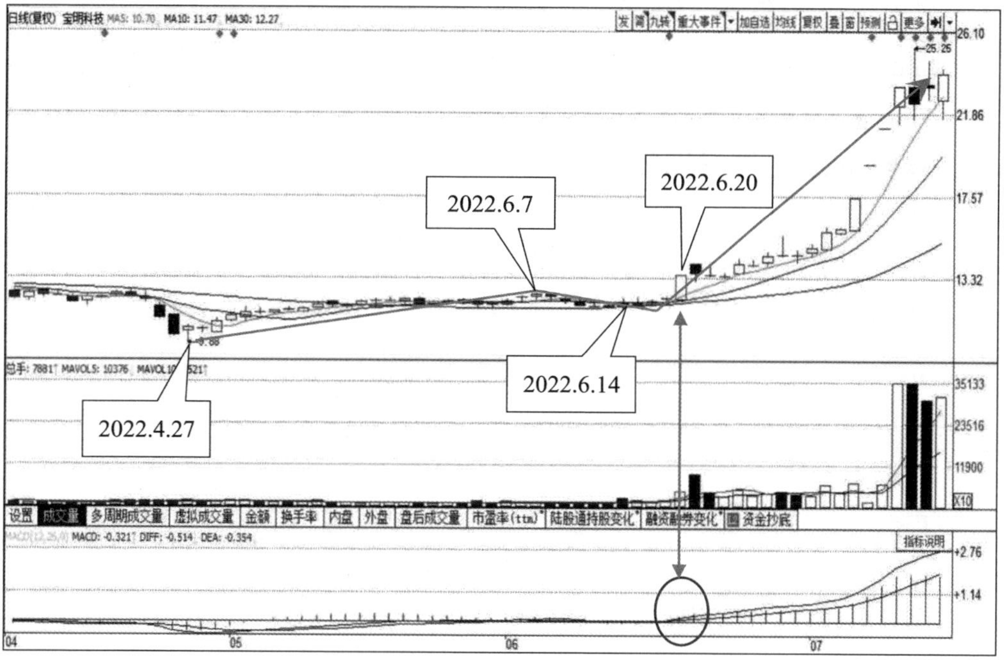

图1-8　宝明科技（002992）日K线走势图

宝明科技的股价在2022年4月底以前经历了一波漫长的下跌。

2022年4月27日，该股股价触底反弹向上。此后，该股经历了一波漫长的小幅上涨之路。到了6月7日，该股股价触及短线高点后回调。

6月14日，该股股价再度止跌反弹向上。此时，该股股价K线的运行基本处于横向运行态势，投资者很难识别此时到底是不是第二浪的终点，继续保持观望是最佳的选择。观察在此之前的MACD指标可知，MACD指标已经呈现出了明显的振荡上升态势。到了6月中旬，MACD指标已经位于0轴上方了，这是多方实力趋于强势的迹象。

6月20日，该股股价受利好消息刺激直线拉升并强势涨停，成功突破6月7日的反弹高点。此时，投资者就要考虑，该股可能已经进入第三浪即主升浪阶段了。

与此同时，MACD指标在0轴上方形成了黄金交叉形态，这是明显的股价上攻信号。至此，该股股价主升浪正式开启。

此后，该股股价出现了较大幅度的上升。

三、直线启动上升三浪模式

这是一种比较极端的上升三浪模式，即股价的第一波上涨就如同主升浪一样迅猛。不过，一般来说，第一波上升的幅度大多是十分有限的，后来肯定还会有一波更大幅度的上涨出现，这就是主升浪，如图1-9所示。

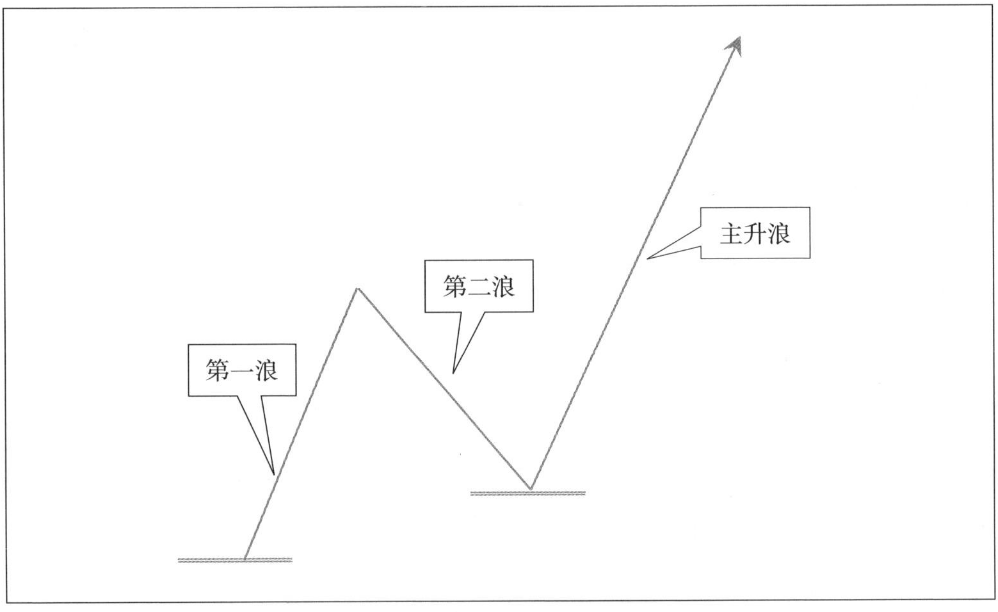

图1-9　直线启动上升三浪模式示意图

图1–9为直线启动上升三浪模式的主升浪。该模式第一浪启动前，股价一直处于横盘或下行趋势。某一交易日，受利好消息刺激，股价直线上攻，形成强势第一浪。不过，只要该波段上升属于第一浪，那么，其后一定还会有一波涨幅更大的主升浪。直线启动上升三浪模式的特征包括如下几点。

第一，受利好消息刺激，股价突然直线拉升，并借以形成强势第一浪。

第二，股价上攻一段时间后，转入调整趋势。股价回调的幅度也是判断主升浪是否来临的依据。若股价直接跌破了之前上升段的起始位，则意味着先前的强势上攻只是下跌趋势中的反弹。反之，若股价回调一定幅度后又转入上攻趋势，且突破了回调前形成的高点，则意味着主升浪真的来临了。

第三，在主升浪启动前，经常出现一些下杀式的洗盘，主力意图是想将最后一批意志不坚定的持仓者清洗出局。若股价调整时间较短、调整幅度比较小，则未来主升浪走势可能更为凶猛。

下面来看一下中青宝的案例，如图1–10所示。

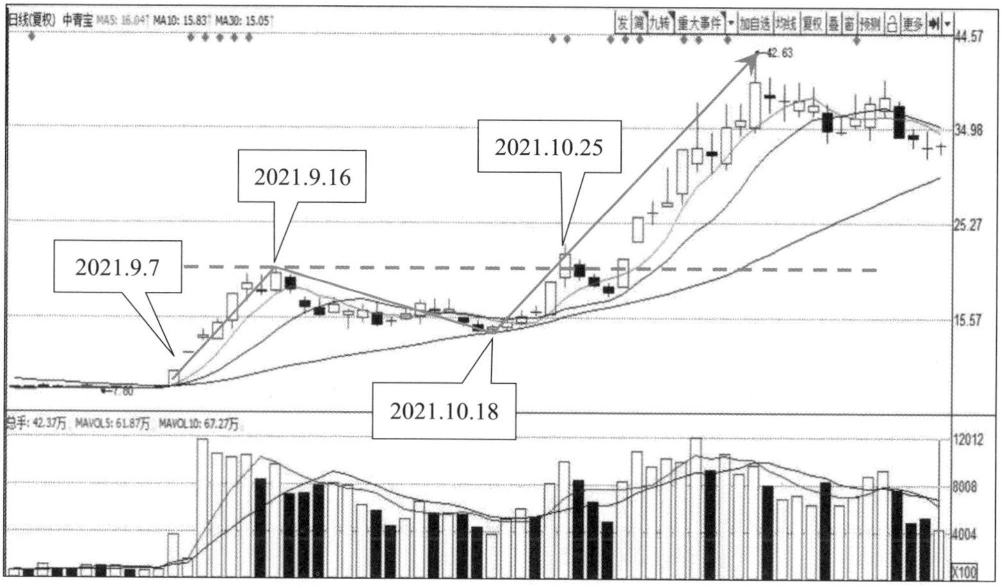

图1–10　中青宝（300052）日K线走势图

中青宝的股价在2021年8月中旬以前经历了一波漫长的下跌。

2021年9月7日，该股股价受元宇宙利好消息刺激直线拉升涨停。此后几个交易日，该股股价更是连续强势上攻，收出多个涨停板。

9月16日，该股股价触顶回落。先前错过该股上升行情的投资者，此时不宜立即入场，而要观察股价后续的走势情况。

到了10月18日，该股股价受30日均线的支撑重新上升。

10月25日，该股股价更是向上突破了9月16日的高点。至此可以认定，该股股价9月7日启动的上涨行情就是强势上升的第一浪，而10月18日股价遇支撑再度上升，就是主升浪启动。鉴于主升浪的涨幅往往都非常大，投资者可在此时入场追涨买入。

第二章

主升浪启动的内在逻辑与外部因素

主升浪的出现绝非偶然。通常来说，主升浪的启动多是内部因素与外部环境共同作用的结果。

第一节　如何踏准主升浪

把握住了主升浪，就相当于打开了股票交易的盈利之门。想要踏准主升浪，需要从以下三个方面入手，如图2-1所示。

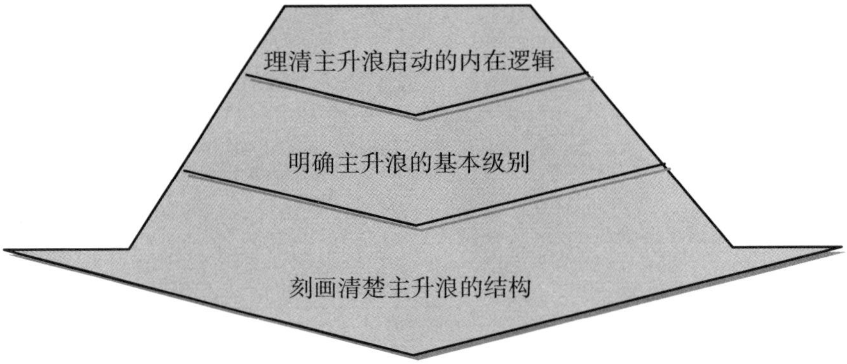

图2-1　踏准主升浪的三个层面

一、理清主升浪启动的内在逻辑

按照波浪理论的定义和要求，可以在各只股票的K线走势图绘制出各个浪级的运动态势，并找到第三浪。不过，并不是所有股票、所有时段的第三浪都能掀起一波大幅的上升，形成真正意义上的主升浪。

换句话说，从技术维度分析捕捉主升浪，必然有其内在的逻辑。内在的主升逻辑才是支撑股价大幅上攻的基础。

一般来说，支撑股价形成主升浪的内在逻辑有三点：一是基本面改善；二是市场投资主线切换；三是股票的投资价值。现简要阐述如下。

1. 基本面改善

这是一只股票中长线主升浪产生的基础。没有基本面支撑，股价是很难掀起大的上涨浪潮的。因此，一些基本面发生根本性扭转的企业，或者因为兼并、重组、收购等原因介入新的市场领域的企业，其股价往往更容易发动较大规模的主升浪。

2. 市场投资主线切换

市场上的资金量是有限的，特别是一些市场游资，他们的资金量更是有限。大家千万不要低估这些游资的能力，或者片面地认为游资扰乱了市场。其实，正是这些游资的存在提高了交易的热度。没有这些游资，市场很容易变成一潭死水，也就没有多少投资者或散户愿意入场交易股票了。正是这些游资不断地炒作市场上的热点概念，才引爆了投资者的投资热情，推动了股市的发展运行。

不过，无论是中长线资金还是游资，其在某一时间段内关注的股票，肯定不是毫无缘由的。一般来说，这些资金在某一时段内都会围绕一个或相关的几个领域反复地炒作。其持续炒作的领域就是整个市场的投资主线。

当市场投资主线切换至某一细分领域或概念时，市场上的资金就会向该领域集中，那么，该领域内的很多股票都有可能会发动主升浪。

通常来说，这种投资主线的切换也会与行业基本面、政策面因素的改善密切相关。比如，一些行业受到政策的特殊倾斜，在未来数年内将会获得更多的政策或资金支持，那么，这类行业就容易成为市场资金关注的焦点和市场炒作的主线。

3. 股票的投资价值

这是与上市公司基本面改善相似的一个概念。不过，这类股票并不完全是基本面有了改善，还有可能是在基本面不变的情况下，由于个股股价出现了非理性下跌，致使股票投资价值得以凸显。此后，当外部环境和股价企稳后，很容易出现一波以估值修复为核心的主升浪行情。

下面来看一下广东鸿图的案例，如图2-2所示。

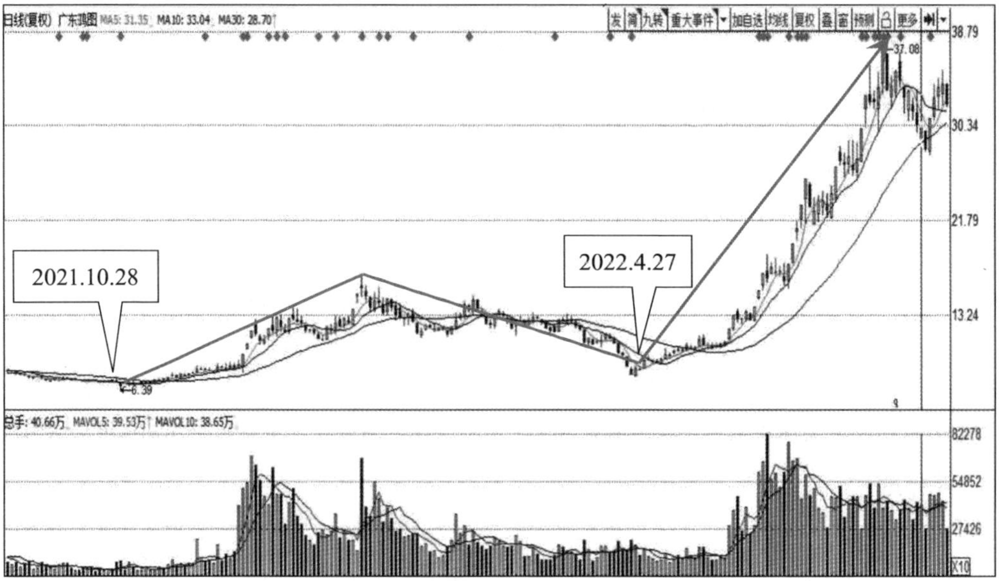

图2-2 广东鸿图（002101）日K线走势图

广东鸿图的股价自2021年10月底开始触底反弹，不过，该股股价反弹一段时间后又重新开始调整走势。

到了2022年4月底，市场上的投资主线已经切换至新能源汽车赛道。作为新能源汽车配套产业中非常重要的一个分支，一体化压铸概念龙头广东鸿图的股价自4月27日触及阶段低位后开始反攻。

由于该股属于市场资金炒作的核心，因此，该股股价很快掀起了一波快速上升浪潮。借助波浪理论的分析可以看出，该股股价此时已经进入了主升浪阶段。当技术层面的主升浪与市场层面的投资主线相遇，一波强势主升浪就此形成。

该股股价在这波主升浪阶段翻了将近五倍，由此可见主升浪之猛。

二、明确主升浪的基本级别

在波浪理论中，不只是简单的八浪循环问题。每一浪的内部都可以细分为若干个子浪或波浪循环。同时，一个完整的八浪循环又会从属于一个更大级别波浪循环中的一浪或两浪。总之，波浪就是这样永无止境地循环展开。因此，投资者分析股价K线图时，使用不同的时间周期或者观察的时间跨度不同，看到的波浪级别也不尽相同。实战中，在操作股票前，要明确自己操作的主升浪级别，比如是操作日线级别、周线级别，还是操作小时线级别的主升浪。

下面以贝斯特为例介绍主升浪的级别。先来看一下该股的小时K线走势图情况，如图2-3所示。

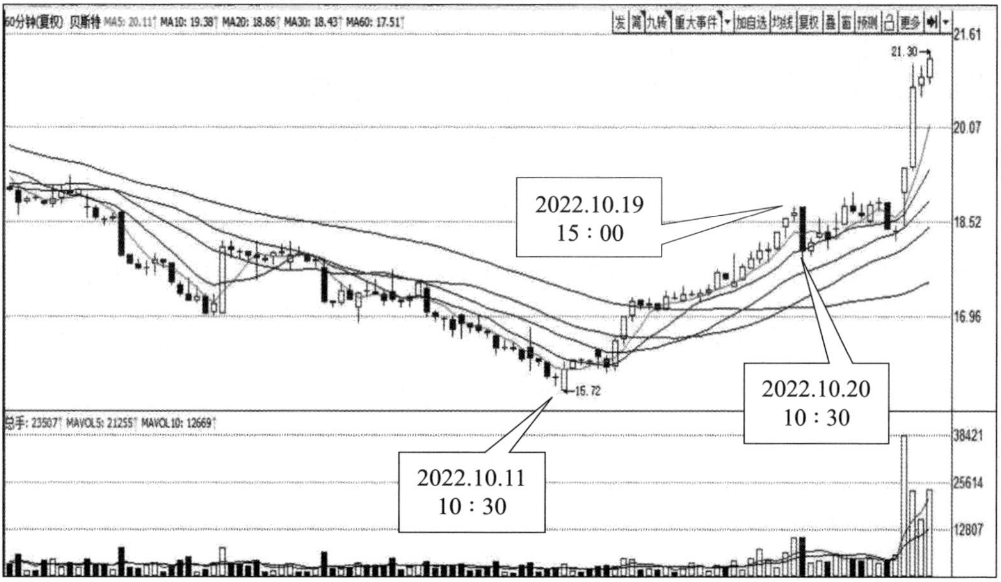

图2-3　贝斯特（300580）60分钟K线走势图

贝斯特股价的60分钟K线在2022年10月11日10：30触底后反弹向上。到10月19日15：00，经过一波上升后转入了回调走势。

2022年10月20日10：30，该股股价再次触底反弹。此后，股价经过一波振荡后转入快速上攻周期，并很快向上突破10月19日15：00创下的高点。从60分钟K线的角度来看，该股股价此时已经进入了主升浪。

下面再来看一下该股的日K线走势情况，如图2-4所示。

图2-4　贝斯特（300580）日K线走势图

从贝斯特的日K线走势图上可以看出，该股股价在2022年10月11日确实发动了上升行情，但这波行情到底能走多远很难说，至少从当时的情况来看，主升浪还没有形成，至少还是有待观察的（看能不能突破8月1日的高点）。不过，在60分钟级别K线层面，主升浪确实已经展开。

总之，投资者在介入主升浪前，必须要弄清楚自己操作的主升浪的级别，以及当前主升浪所属的级别。

三、刻画清楚主升浪结构

主升浪是能够帮助投资者实现投资收益最大化的一浪，每个人都期望准确地捕捉到主升浪，但波浪的运行总是充满变数，其内部层级又非常多，这都为找准主升浪制造了障碍。

一般来说，从技术分析角度寻找和刻画主升浪时，应该重点关注以下几点。

第一，准确、灵活地应用波浪理论，特别是对各浪的描述，这是寻找主升浪的重要依据。第三浪肯定不是各浪中最短的一浪，第二浪尽管回撤幅度较大，但不会低于第一浪的起点。

第二，在实战操盘过程中，主升浪（即第三浪）的涨幅会大于第一浪，同时，第二浪回撤的低点又不会低于第一浪的起点，这就意味着，在第三浪上攻过程中，股价势必会向上突破第一浪的终点。当然，由于该位置很可能会聚集大量的套牢盘，当股价完成对该位置的突破时，也必然会有成交量放大相配合，这类似于利用"放量突破前期高点"来寻找强势股的技巧。也就是说，真正的主升浪，一定是踩着第一浪终点启动的。反之，若股价连第一浪终点都不能突破，那不管其是不是主升浪，都没有参与的价值了。

第三，通过更大一个级别的波浪来综合研判主升浪可能的起涨位和上涨幅度，这也是一个非常好用的技巧。若当前的浪级仅是属于更大一个浪级回撤浪中的反向上攻浪，那么，其上攻的幅度必然是十分有限的。反之，若当前的浪级正好是更大浪级的主升浪，那么，当两个浪级的主升浪产生共振时，其涨幅必然是十分惊人的。

事实上，在很多情况下，识别主升浪都带有一定的"事后诸葛亮"意味，也就是说，交易者是很难从股价启动伊始就认定该浪是主升浪的。不过，在实战过程中，交易者仍然可以通过试仓、加仓等方式来控制风险，将追逐主升浪取得的收益最大化。

下面来看一下恩华药业的案例，如图2-5所示。

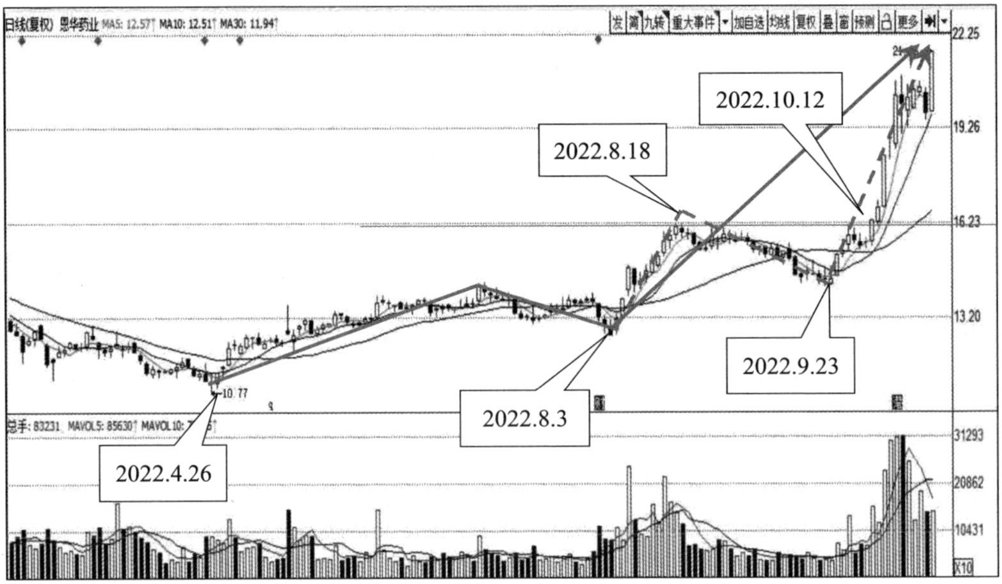

图2-5　恩华药业（002262）日K线走势图

恩华药业的股价自2022年4月26日触底后启动了一波振荡上升行情。该股股价在上升过程中，明显呈现了三浪上升式形态。在该三浪结构的内部，又形成了一个新的三浪上升模式。

2022年9月23日，该股股价在8月18日开始的二浪回调的终点开启了主升浪模式。该股股价很快进入快速上升趋势，并于10月12日向上突破了8月18日的高点，标志着主升浪正式开启。与此同时，投资者还可以将波浪理论放大一级。自2022年4月26日启动的上升三浪中，8月3日就是第三浪（即主升浪）的启动点位。也就是说，9月23日启动的主升浪与更大级别的主升浪出现了重合，两者势必会掀起更大的上涨浪潮。从该股走势可以看到，该股股价短期内就出现了较大的涨幅。

第二节 主升浪启动的内外因素

主升浪启动的内外因素包括这样几个方面，如图2-6所示。

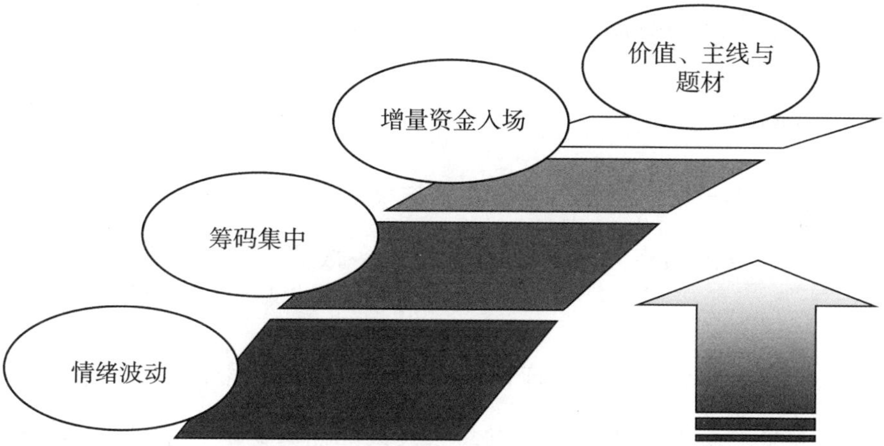

图2-6 主升浪启动的内外因素示意图

一、心理——散户的情绪波动

从市场内部来看，影响股价波动的直接因素就是资金。资金流入与流出推动了股价的涨跌。资金进出的决策则是由人做出的，人又不可避免地受到各类主观情绪的影响。驱动主升浪产生的一个重要原因是人的情绪，影响人的情绪的因素主要包括以下两个方面。

1. 赚钱效应

这是投资者进入股市的唯一理由。股市中，只有在赚钱效应显著的情况下，才会有越来越多的场外资金进入市场。增量资金入场，才是推动股市展开行情的基础。没有增量资金入场，只是场内资金在打圈圈，股市是很难走出什么大行情的。

形成主升浪的原因就是不断有增量资金进入，逐步推动股价走向高位的，能够引导增量资金持续入场的就是这种赚钱效应。

也就是说，主升浪的形成实质上是借助了一个非常好的良性循环，即股价上升、赚钱效应出现、场外资金入场。场外资金入场，推动股价上升，再靠赚钱效应吸引更多的场外资金入场，如此循环。

2. 从众心理

散户不仅是因为资金少、数量众多而被称为散户，最为重要的是，多数散户并没有独立的投资理念和交易系统，多数情况下都在随波逐流，人云亦云。

市场上的小道消息、财经评论等，都会对散户的投资决策产生决定性影响。市场上关于某类股票属于热点，当大家都在讨论时，散户就容易介入这类股票。当大家都看空某类股票时，也会义无反顾地卖出。总之，自己的仓位总是跟着市场上大多数人的观点跑，还美其名曰是追热点。

事实上，进入主升浪的股票，特别是到了主升浪尾声的股票，因为其涨幅大、上涨势头最为凶猛，总是能够吸引很多股评人对其品头论足，进而激发散户的从众心理，从而引发更多的散户入场接盘。

二、内在动力——筹码集中

股票能够启动主升浪行情，最直接也是最为核心的要素在于主力集中了足够多的筹码。

股价能够大幅上攻，一定要得益于主力的拉升。主力之所以选择拉升，肯定是其已经掌握了大量的筹码。若其手中没有多少筹码，谁愿意给别人

“抬轿”呢？如果主力手中的筹码不足，他们会选择继续洗盘，借此增加手中的筹码量。

一方手中的筹码增加，必然会有人筹码减少。因此，很多股票在进入主升浪前，都会出现筹码集中、股东数量减少的情况。也就是说，只有市场上持股的散户数量减少到一定程度时，主力掌握的筹码足够多，才有可能开始拉升股票。反之，若一只股票的股东数量持续增加，则说明主力在散筹，这类股票至少短期内是很难出现大行情的。

下面来看一下隆基绿能的案例，如图2-7所示。

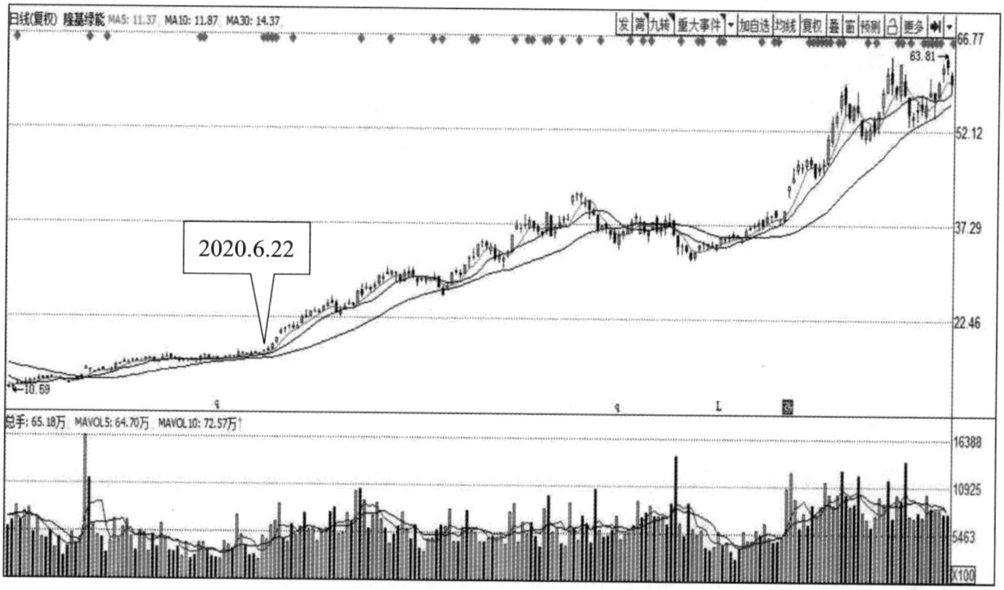

图2-7　隆基绿能（601012）日K线走势图

从图2-7中可以看出，自2020年6月底，作为新能源概念大龙头的隆基绿能，股价正式进入主升浪阶段，该股股价在一年多的时间里翻了数倍之多。之所以股价在2020年6月底启动，其实也可以从该股的筹码集中情况看出一些端倪。

截至2020年6月底，隆基绿能的股东总数为9.37万户，而此前的2020年

3月底，该数字为11.75万户。也就是说，一个季度内，该股股东数减少了20%以上，筹码集中趋势非常明显。

三、资金流动——增量资金入场

投资者情绪的变动，势必会对资金流动产生影响，而资金流动又会对股价产生较大的影响。

1. 资金与市场涨跌

通常来说，整个市场上行，必然需要资金流入来推动。反之，若只是市场内的存量资金之间相互搏杀，即使大盘出现了上涨，也是难以持续的。而且这种资金的流入，还应该具有一定的可持续性，这样才能推动大盘稳步上升。

成交量增加，这也是投资者分析市场运行趋势的一个重要指标。比如，大盘指数持续下行，势必会出现流入的资金量小于流出资金量的情况。若某一交易日大盘出现上扬，却没有多少场外资金入场，那么，这种上涨势头必然难以持续，此时的上涨，充其量也就是一个反弹，并非趋势反转。

当然，这种反弹也是可以演变为反转的。若大盘在各方面利好因素叠加的影响下持续上行，那么，这种赚钱效应就会放大，场外资金就存在加速入场抢筹的可能，这会进一步推动大盘上扬。

从这一点上来看，市场经常跟踪的几个资金指标就显得特别有用了。

2. 资金指标

（1）北上资金。

北上资金，即借香港证券交易所进入A股市场的境外资金。这是一种被称为“聪明钱”的资金，属于嗅觉极为灵敏的资金。在大盘或板块处于低位时，北上资金往往会率先开始流入，这类资金常常成为推动大盘上扬的一股重要力量。同时，北上资金也常常成为很多散户入场的风向标，很多人习惯跟随北上资金的进出进行交易。

（2）主力资金。

这是一股比北上资金体量更大的资金，包括各类基金、投资机构、国家养老保险基金等各路大资金机构。事实上，真正对股市发挥重要影响的力量就是这类资金。当主力资金不肯进场时，市场肯定不会有多大做为的。

（3）散户资金。

这里的散户资金主要为散户的增量资金，即新进入股市的散户资金。投资者可以通过查看每周或每月的新增股东开户数统计来研判散户资金进场的情况。如图2-8所示，这是最近几年每月的新增股东数据情况。

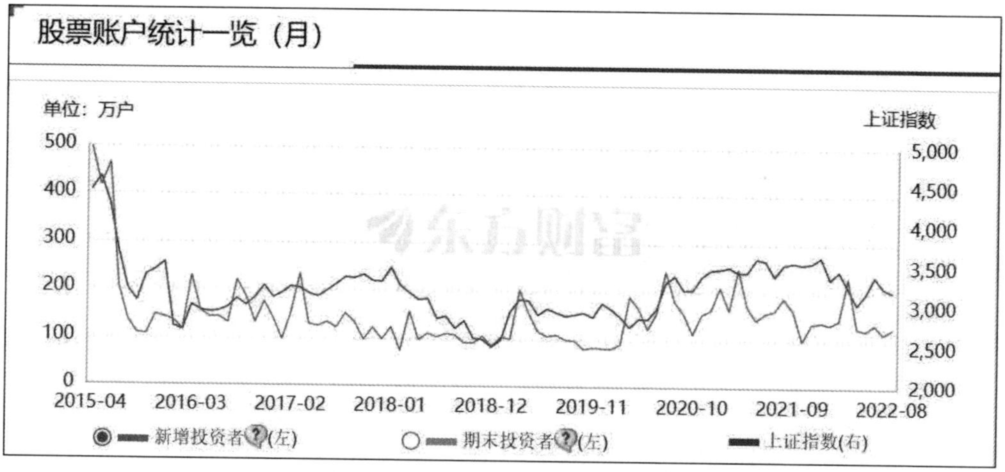

图2-8　新增股票账户数量统计（来源：天天基金网）

从图2-8中可以看出，自2015年牛市高点出现了每月超过400万的开户数后，最近几年新增开户数一直维持在每月100万到200万户之间的水平。进入2022年10月后，新增开户数也就在每月120万户左右的水平，这说明市场缺乏赚钱效应，投资者不愿意入场。

总之，股市整体上扬势必需场外资金持续流入。若没有更多的增量资金入场，市场就整体上处于场内资金搏杀的态，也许此时局部板块会有所表现，但也注定只能是“东边日出西边雨，拆了东墙补西墙”。

四、行情本源——价值、主线与题材

从波浪理论来看，股价运行过程中，都是可以用各类波浪来刻画的。有波浪，必然就会有第三浪，但第三浪的大小是有区别的，只有那些上升规模较大的第三浪才能真正被称为主升浪。

从技术分析的角度来说，第三浪是波浪运行过程中的必然产物，但从投资的角度来看，这些主升浪的产生肯定不是毫无缘由的，其背后必然有深层次的原因。正因如此，才会有增量资金愿意入场，愿意拉升这些股票。这些深层次的原因，概括起来说，无外乎以下三类，如图2-9所示。

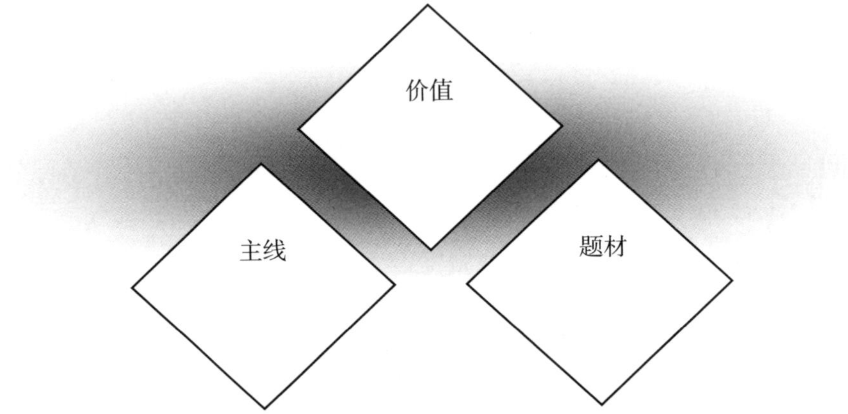

图2-9　主升浪启动的本源示意图

1. 股票价值

股票价值包括内在价值与投资价值两个方面。其中，股价又是两类价值之间的连接点。当股价低于其内在价值一定幅度时，其投资价值必然就会凸显出来，这也就是巴菲特所说的“安全边际”。反之，当股价经过一波大幅上攻后，已经远远超过其内在价值时，此时的投资价值就会相对较弱。当然，关于内在价值的核算方法，不同的人可能会有不同的思路，也正因如此，即使同属于价值投资者，也会对同一只股票赋予不同的估值。

股票价格、内在价值与投资价值，三者之间的动态转换，一直是价值投资者最为关心的问题。

当然，股价的涨跌不仅与其内在价值的波动有关，也与外界的市场环境有关。当大盘出现大幅下跌时，投资者的信心就会受到严重打击，很多投资者都会倾向于卖出手中的股票，这会导致很多绩优股出现非理想的下跌。

此后，当市场环境趋于缓和时，这些牛股很自然地就会启动一波主升浪来修复其价值。当然，若这些超级绩优股的业绩进入持续大幅上升趋势时，其股价也很可能会掀起主升浪行情。总之，这都属于受内在价值支撑启动的主升浪，如图2-10所示。

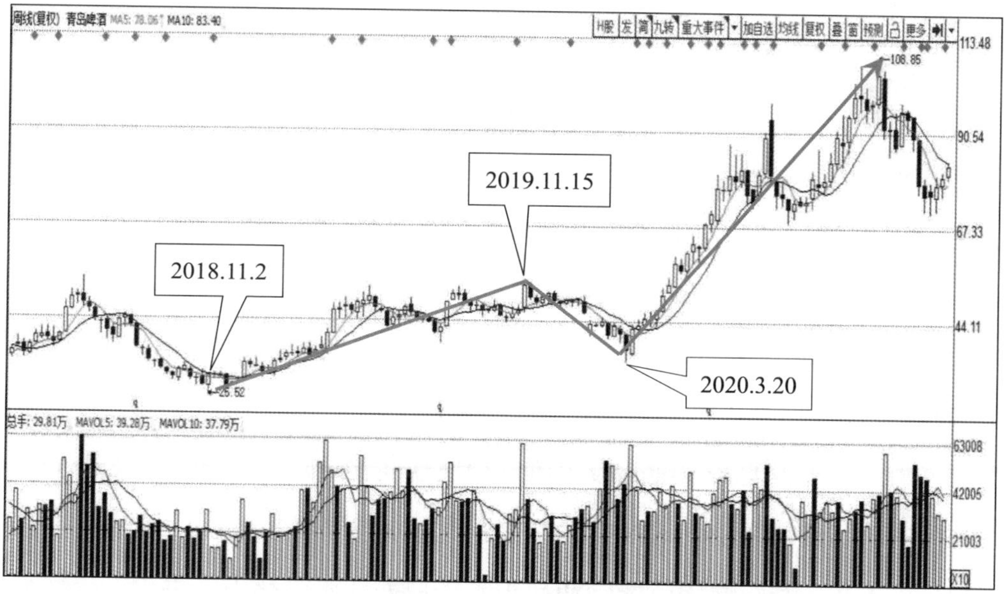

图2-10　青岛啤酒（600600）周K线走势图

青岛啤酒的股价自2018年11月2日振荡上升，2019年11月中旬到达阶段高点后，出现了振荡回调走势。2020年年初，受疫情影响，大盘出现了大幅回调，青岛啤酒也出现了一波大幅下跌走势。不过青岛啤酒作为国内啤酒行业的龙头老大，业绩十分突出，此时的下跌肯定属于非理性的下跌。

进入2020年3月，大盘开始企稳，青岛啤酒的股价也自2020年3月20日正式进入了主升浪行情。其实，这波主升浪行情就是典型的价值修复走势。

2. 炒作主线

在某一时段内，涨幅较大的板块或概念，很可能属于当时市场的投资炒作主线。股票市场上，大多数时间内，都不会出现普涨或普跌行情，多数都是振荡行情。在振荡行情中，又常常是个别板块的表演时刻。主力资金常常将攻击的重点集中在主线板块，当其将主线板块内的股票价格炒到高位后，通过赚钱效应带动市场情绪和资金向主线板块靠拢，然后再借机出货，获利了结。

一波主线行情启动，相关板块内的股票常常会出现可观的涨幅，板块龙头更可能出现股价翻番，甚至翻几番的情况。从个股走势来看，这些属于投资主线板块内的个股，常常会在此期间走出主升浪行情。

一般来说，这类主线行情具体如下几个特点。

第一，持续时间相对较长，少则几个月，多则几年。比如新能源行情持续了两年之久。

第二，主线内的各个细分板块可能会出现轮番启动的行情，比如新能源汽车行情中，整车概念、动力电池概念、汽车零部件概念等。

第三，在主线行情内可能会涌现出若干只龙头股或超级大牛股。这些大牛股就充当了主线行情的“旗手”。

以赣锋锂业为例。

在2020年到2021的新能源汽车炒作浪潮中，新能源汽车各个细分板块轮番掀起上攻浪潮。其中，动力电池作为新能源汽车的关键组成部件，成为这波主升行情的领涨板块。赣锋锂业作为动力电池领域的代表企业，也在这波上升行情中“表现不凡”。

赣锋锂业，是全球第三大及中国最大锂化合物生产商及全球最大金属锂生产商，其主营业务为各种深加工锂产品的研究、开发、生产与销售等。目前，赣锋锂业的业务贯穿上游锂资源开发、中游锂盐深加工及金属锂冶炼、下游锂电池制造及退役锂电池综合回收利用。

下面来看一下赣锋锂业的案例，如图2-11所示。

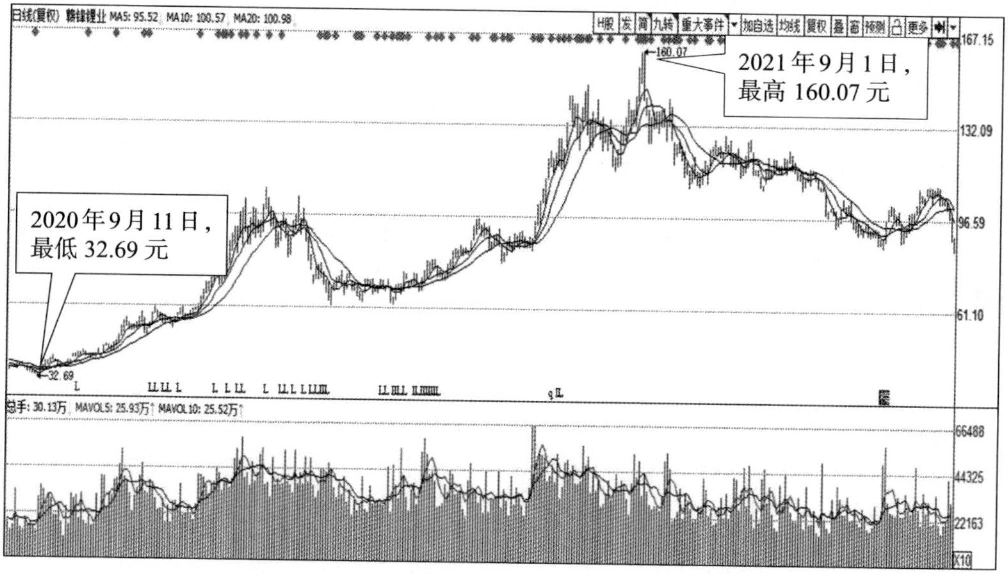

图2-11　赣锋锂业（002460）日K线走势图

赣锋锂业的股价自2020年9月到2021年9月的一年时间里，一直呈现出了振荡上升走势。该股股价从2020年9月11日的32.69元一路上涨至2021年9月1日的160.07元，股价翻了将近6倍。

当时，在新能源汽车和锂矿概念的催动下，该股股价上涨明显加速，期间还出现了几个涨停板。

3. 热点题材

市场上的股票很多，资金却是有限的。某一类股票在某一时段能够获得资金关注，尤其是短线资金的关注，就可以称之为市场上的热点股票。这些热点股票可能因为某些关联而被划分为若干主题、题材或概念。

热点题材，特别是短线热点题材，是游资的最爱。游资最喜欢通过炒作热点题材来吸引市场投资者的目光，借以实现盈利。

热点题材股票具体如下几个特点。

第一，要有故事、有想象空间。想象空间越大的题材，越容易被炒作到高位。

第二，基本面不重要，是不是垃圾股也不重要，但盘子大小要适中。盘子过大，游资拉升吃力，盘子太小，游资出货不易。

第三，一般炒作时间不会太长，但涨势往往非常迅猛。多为一波流或两波流到达高位。通常来说，股价到达高位后，股票热点也会随之消散，后面股价再想上升就会非常困难。

很多个股短期内走出主升浪，正是源于市场资金对热点题材的炒作。这类股票主升浪持续的时间从几个交易日到十几个交易日不等，不过拉升的幅度可能一点儿也不小。这类股票的主升浪开启后，可能短短几个交易日就能实现股价翻番。

下面来看一下华森制药的案例，如图2-12所示。

华森制药的股价在2022年4月下旬终结下跌行情后，出现反弹走势，到了6月29日，该股股价又转入调整走势。2022年9月下旬，股价再度调整至低位区域。

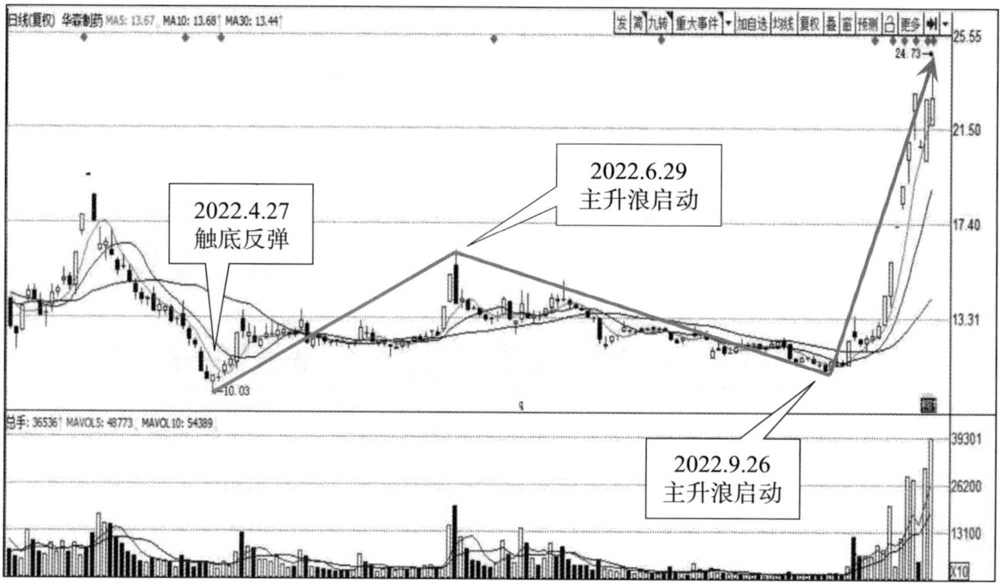

图2-12　华森制药（002907）日K线走势图

此后，由于受疫情重启的刺激，新冠病毒防治概念成为市场热炒的概念。华森制药作为新冠病毒防治概念板块的龙头，也从2022年9月底开始正式进入主升浪行情，该股股价短短的十几个交易日内就翻了一番。

第三章

主升浪量价结构分析

从技术分析的角度来看，主升浪启动时，在K线图、成交量以及技术指标等方面都会同步发出异动信号。投资者若能准确捕捉到这些信号，无疑可以增加捕获主升浪的准确性。

第一节　主升浪启动时的量价结构

意味着股价将会进入一轮快速上升的通道。在主升浪启动之前以及启动初期，整个盘面的技术指标系统，包括K线、成交量以及技术指标等，都可能会发出一些异动信号。投资者通过分析与解读这些异动信号，无疑可以增加捕捉到主升浪的概率。

下面来看一下开普云的案例，如图3-1所示。

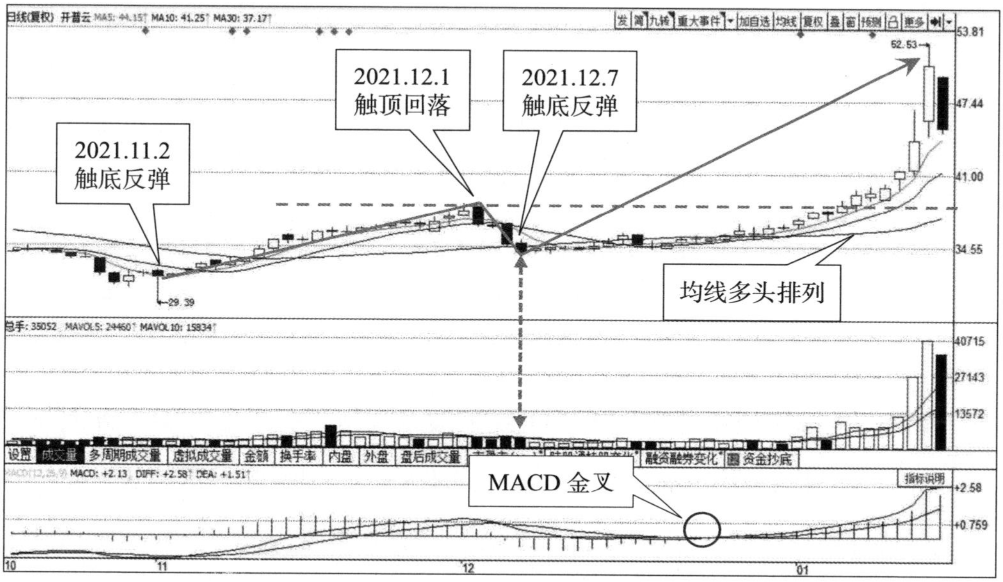

图3-1　开普云（688228）日K线走势图

开普云的股价经过一波较长时间的下跌后，自2021年11月2日开始启动反弹走势。

该股股价在2021年12月1日触顶高点后回落。当股价回调至30日均线附近时，因受均线支撑而重新振荡上升，并正式开启了一波主升浪行情。主升浪开启时，MACD指标在0轴附近形成了黄金交叉形态，各条均线也进入了多头发散排列。从K线形态上来看，该股股价在主升浪启动前，至少形成了两个明显的低点，且后一个低点要高于前一个，这是第三浪（主升浪）较为显著的一个特征。

一、底部形态的构建

从股价K线走势来看，主升浪的启动必然伴随着股价的二次触底，且最后一个底部的低点要高于前一个底部，否则就不符合波浪理论中关于第三浪的定义了。当然，这两个低点的距离，在波浪理论中并没有明确地说明。从K线走势来看，两个低点之间可能会形成多种不同的形态，其中双底形态、三重底形态以及头肩底形态是最可能构建出主升浪行情的形态。这些底部形态必须符合波浪理论中关于第三浪的定义，主要包括以下几点。

第一，无论是双底、三重底还是头肩底，最后一个底部的低点肯定都要高于前一个底部，这是第三浪成立的条件。

第二，股价K线完成对底部形态的突破，特别是放量突破形态颈线位时，往往也可以看成是对主升浪启动的一种确认。具体的确认方式与底部形态成立相似。

第三，与底部形态相似，股价K线突破颈线位，并不意味着主升浪一定会立即开启，股价也可能会出现振荡回落走势。按照波浪理论的定义，每一波浪内部还会被细分为若干子浪，因此，投资者在股价开始呈现突破形态入场时，需要做好风险防控工作，合理控制自己的仓位。

下面来看一下海天瑞声的案例，如图3-2所示。

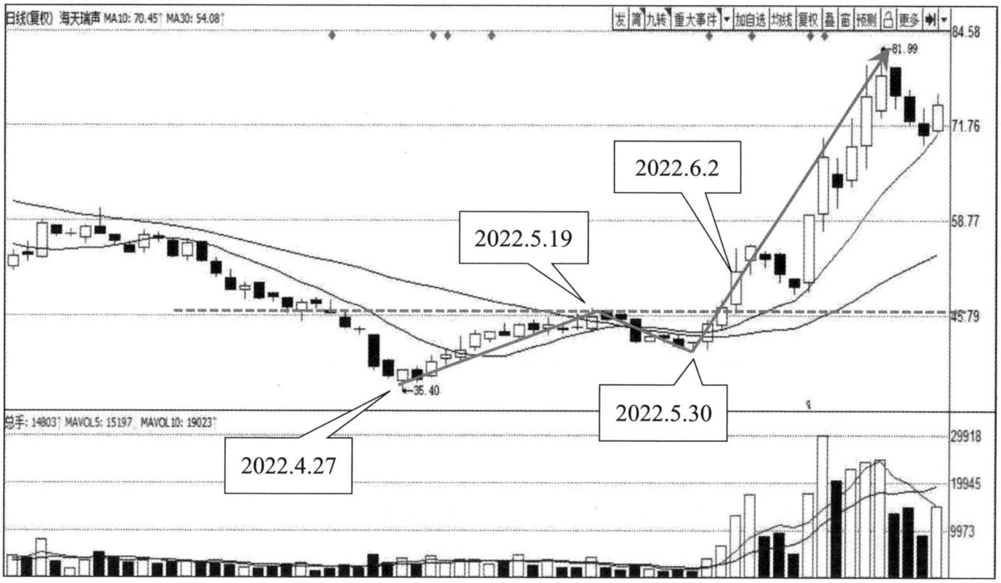

图3-2　海天瑞声（688787）日K线走势图

海天瑞声的股价在2022年年初，出现了一波下跌浪潮。2022年4月27日，该股股价触底反弹。反弹至5月19日，股价触及阶段高点后出现回落态势。

2022年5月30日，该股股价再度触及低点后启动反攻走势，且5月30日的低点明显高于4月27日的低点。投资者此时可将5月19日的高点作为可能的双底颈线位，这也是重要的走势研判位置。

6月2日，该股股价向上放量突破5月19日的高点，这说明该股的双底形态正式成立，也说明该股存在发动第三浪（主升浪）的可能，此时投资者可以考虑入场建仓该股。

二、量价突破形态

主升浪之所以能够称为主升浪，就是因其巨大的上升幅度。股票出现大幅上攻前，往往都是先完成对某一重要阻力位的突破，随后出现大幅上攻走势。与股价K线完成突破相对应的是，成交量会同步放大，如图3-3所示。

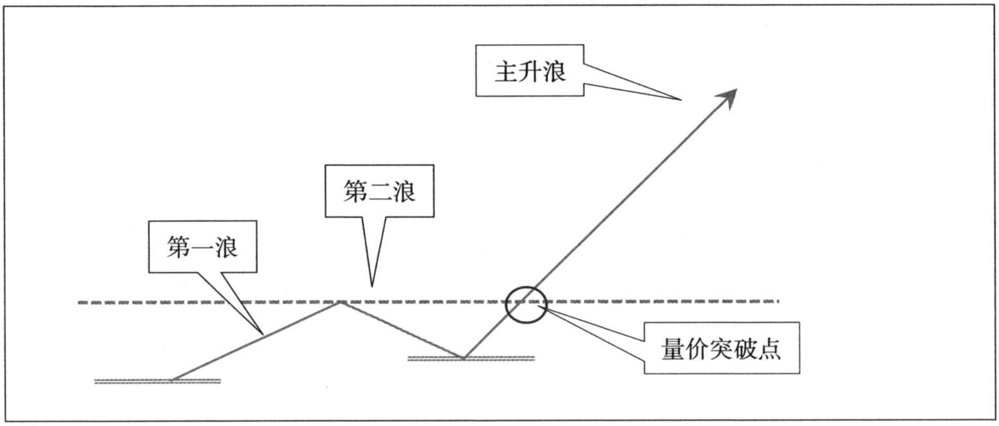

图3-3　量价突破形态示意图

从图3-3中可以发现，量价突破形态具有如下几个特点。

第一，量价出现突破前，股价K线已经形成了两个明显的低点，且第二个低点要高于第一个，这是第三浪启动的基础条件。

第二，量价出现突破时，主升浪事实上已经启动了，这属于典型的右侧交易，即投资者需要追涨。当然，尽管没有第一时间入场，但此位置入场相对来说安全性更高。

第三，第三浪启动时，突破的阻力位越重要，前期的套牢盘越多，股价未来的涨幅可能越大。

第四，股价K线形成对前期阻力位的突破时，必然要求有成交量放大相支撑，但成交量不能放大过头，以防主力趁机出货。

下面来看一下直真科技的案例，如图3-4所示。

直真科技的股价在2022年1月出现了一波回调走势。2022年1月27日，该股股价触底反弹。反弹至2月9日，股价触及阶段高点后出现回落走势。

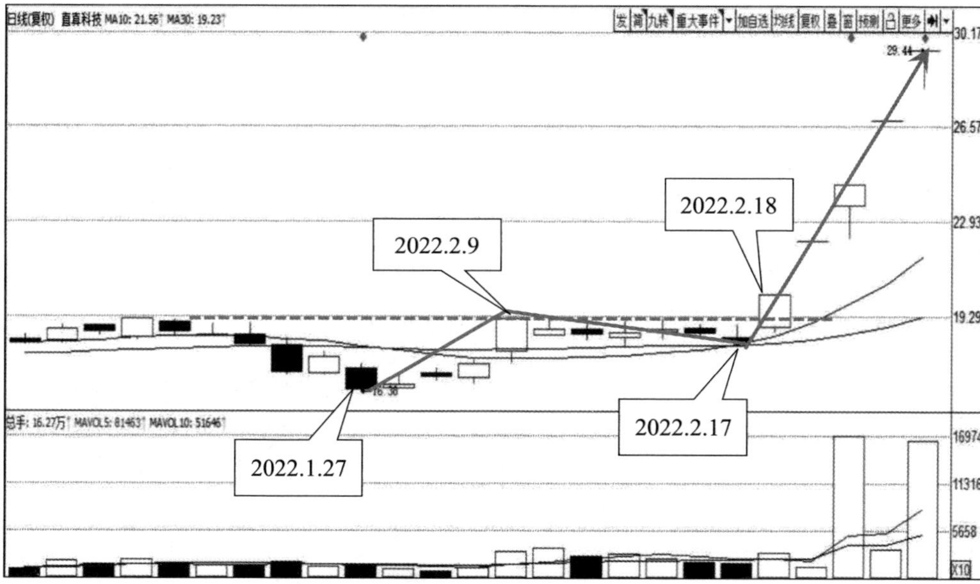

图3-4　直真科技（003007）日K线走势图

2月17日，该股股价回调至30日均线附近，得到均线的支撑后出现企稳迹象。当日低点位置要高于1月27日的低点。

2月18日，该股股价放量拉升至涨停板位置，且当日股价还突破了2月9日的高点位置。至此，量价突破形态出现，这也意味着股价存在很大的启动主升浪的可能，投资者可以考虑入场建仓该股。

三、技术指标的最佳买入信号

从波浪理论的角度来看，第一浪启动也会带动各项技术指标发出买入信号，第三浪（主升浪）启动时，同样也会带动各项技术指标发出买入信号。不过，两者之间还是会有些差异的，毕竟第三浪启动是基于第一浪随后出现的。从技术指标方面来看，其买方力量也会大大强于第一浪。下面以MACD指标为例讲解第三浪启动时的买入信号特征。

第一，与第一浪情况相似，当股价启动第三浪上攻时，MACD指标多会出现黄金交叉形态，这是MACD指标对股价由回调到重新上攻的一个积极反应。

第二，MACD指标金叉出现的位置与第一浪有所不同。出现第一浪时，MACD指标的金叉位置通常比较低。第三浪启动时，黄金交叉的位置已经显著提高，一般在0轴附近位置，以0轴上方附近位置为最佳。

下面来看一下信安世纪的案例，如图3-5所示。

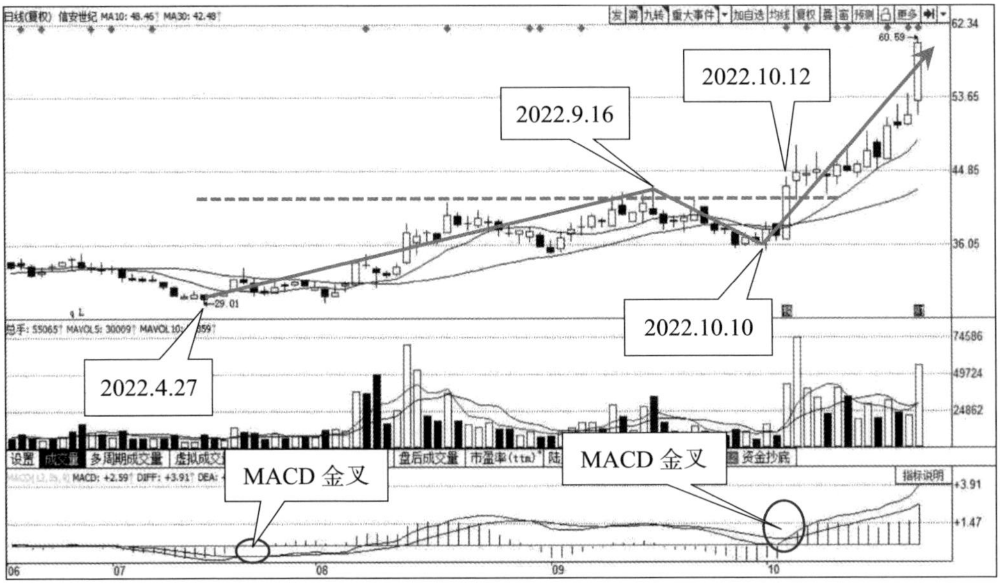

图3-5　信安世纪（688201）日K线走势图

信安世纪的股价在2022年上半年经历了一波较大幅度的下跌，2022年4月27日，该股股价触及阶段性底部后开始企稳。随后，该股股价出现了振荡上升走势，MACD指标同步在底部区域形成黄金交叉后振荡上行。

9月16日，该股股价运行至短期高点位置后出现回调，MACD指标先一步出现了下行走势。到了10月10日，该股股价再度触及短期低位后走出反弹走势。10月12日，该股股价大幅放量上攻，并突破了9月16日的高点，与此同时，MACD指标形成了二度金叉。该金叉的位置明显高于第一个，且位于

0轴上方附近位置，这是典型的看涨信号，这也意味着该股第三浪上攻趋势已经展开。

第二节 主升浪顶部量价结构

主升浪进入顶部区域时，也是投资者需要重点关注的内容。主升浪运行至顶部区域，也是股价即将进入回落走势的转势阶段。从理论上来说，很多人会觉得毕竟主升浪只是第三浪，后面还会有第五浪上升，持股风险不大。不过，由于第五浪的特质，股价走势具有很大的不确定性，很多时候第五浪会走出衰竭或失败形态，这种情况下，股价很可能不会越过第三浪的高点。同时，第四浪也可能会产生较大幅度的回撤。

总之，从投资角度来看，在第三浪（主升浪）进入尾声阶段时，抛出股票是一个非常明智的举动。因此，寻找主升浪进入尾声的信号就显得尤为重要。

一、上涨加速

主升浪被称为上升势头最猛烈的一浪，不过，其上涨过程也并非一直保持匀速上升走势的。一般来说，当股价进入顶部区域时，因主力需要完成出货，将账面利润转为实际的利润，所以必将加大吸引散户入场的步伐。在此阶段，很多进入主升浪尾声的股票常常成为市场上的热点股、龙头股，借以吸引散户的注意。反过来说，当股价经过一波上升后，出现加速上攻的走势，往往意味着主升浪可能即将进入终结阶段。在上升浪终结阶段，其操作要点如下。

第一，股价K线连续出现大幅上涨走势，以涨停板、跳空涨停为主。

第二，当股价涨停趋势终结，往往意味着股价将转入回调走势。

第三，涨停板形态后，出现带长上影线的K线，更可印证股价即将触顶。

第四，从成交量来看，随着股价接近顶部区域，成交量也会同步出现急速放大态势，天量见天价就可能出现在此阶段。

下面来看一下浙农股份的案例，如图3-6所示。

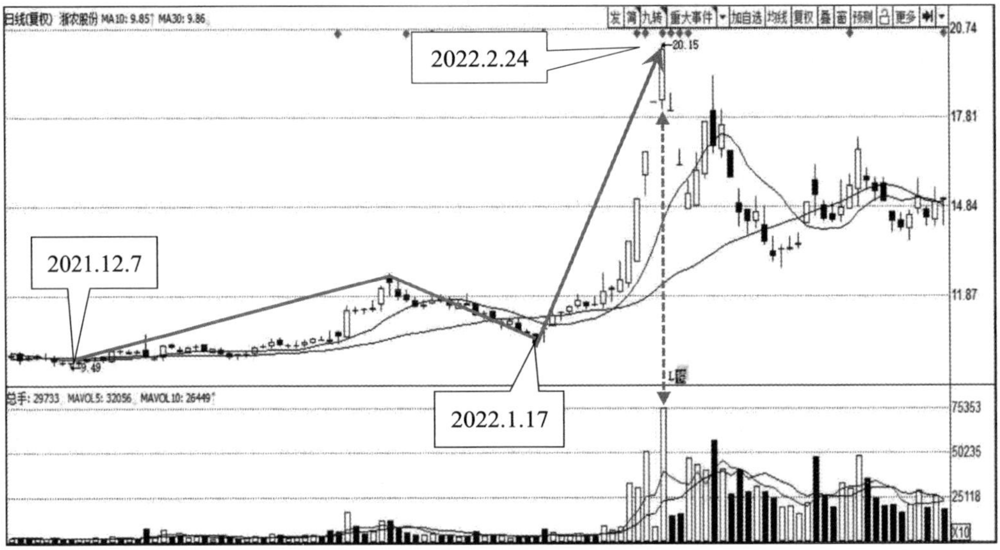

图3-6 浙农股份（002758）日K线走势图

浙农股份的股价自2021年12月7日出现振荡反弹走势，此后该股股价经过一波振荡走高后，又出现回调走势。

2022年1月17日，该股股价重新启动大幅上攻走势，标志着股价已经进入了主升浪区间。此后，该股股价的上涨经历了一个由慢到快的过程。到了2月下旬，股价上攻速度明显加快，并连续拉出多个涨停板。

2月24日，该股股价未能再度封死涨停板，成交量出现了异常放大，当日很有可能出现天量见天价的形态，这也可能是主升浪即将终结的一个信号，投资者需要特别留心。

次日，该股股价直接跌停，该走势更可说明股价已经转入了下行通道，主升浪已经结束了。

二、量价背离

通常来说，股价与成交量良性配合的方式就是股价与成交量同步处于上升的状态。随着股价不断创出新高，成交量也需要创出新高，这说明有源源不断的新资金入场。反之，若股价持续上升，成交量却反向出现了萎缩态势，这说明缺乏足够的新资金入场，股价未来涨势难以走远，这就是典型的量价顶背离。

进入主升浪尾声的量价背离具有如下几个特征。

第一，股价不断创出新的高点，成交量却不再创出新的高点，这是成交量难以维系的一个信号，即成交量无法继续支撑股价走高。

第二，股价上攻可能还会延续几个交易日，其一旦出现触顶回落迹象，则意味着股价的主升浪结束了。

第三，在股价触顶过程中，K线图上可能会形成比较经典的顶部形态，如双顶形态、头肩顶形态等。

下面来看一下盛弘股份的案例，如图3-7所示。

盛弘股份的股价在2021年上半年经历了一波缓慢的振荡下跌后启动反攻走势。

进入2021年7月，该股股价开始进入主升浪上攻区间，股价连续上攻。7月底到8月初期间，该股股价上攻步伐明显加快，并连续拉出涨停板。

8月2日，该股股价创出阶段高点的同时，成交量达到了一个阶段极高值，此后，该股股价经过振荡调整后继续上攻。8月12日，该股股价创出了又一个阶段高点，不过，此时成交量并未同步创出新高，这说明该股股价在顶部区域形成了量价顶背离形态，这是典型的看跌信号，这也意味着该股主升浪即将走向终结。

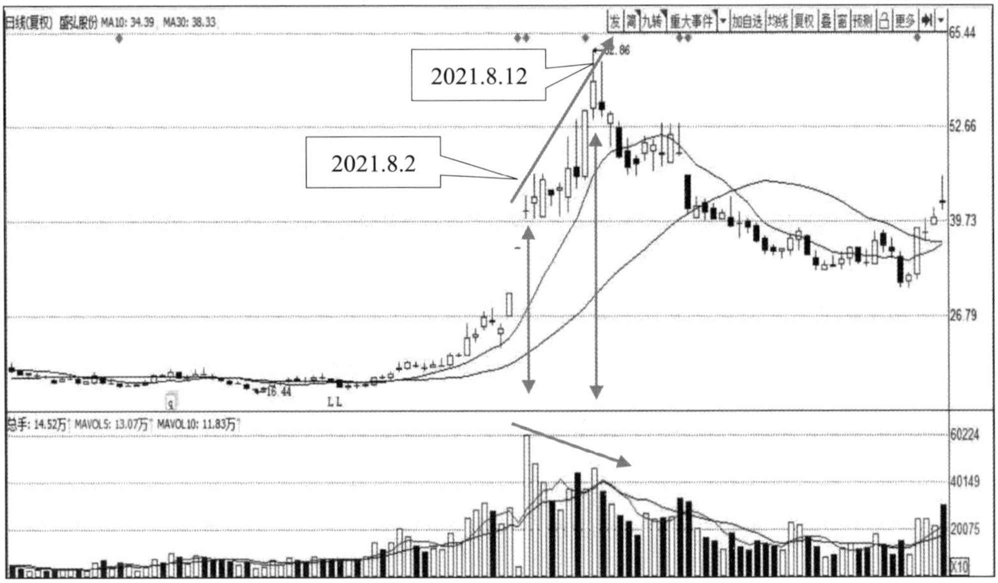

图3-7 盛弘股份（300693）日K线走势图

三、技术指标严重超买

股价进入快速上升期间后，各类技术指标都可能会发出超买信号。当这种超买状态达到一定程度时，比如股价的乖离率指标显示严重超买时，必然有回调的需求。这种处于高速上攻期的股票一旦出现回调，往往就意味着该波段上攻趋势终结，也就是主升浪行情终结。该阶段其操作要点如下。

第一，股价经过连续大幅上攻，各项技术指标已经进入严重超买区间。

第二，以乖离率指标为代表的技术指标显示严重超买。

第三，某一交易日股价终结上涨，并出现了回落，此时各类技术指标立即发出卖出信号，比如随机指标（KDJ）自超买区间直接拐头向下发出死叉，这都是股价触顶反转的有力信号。

下面来看一下珠江股份的案例，如图3-8所示。

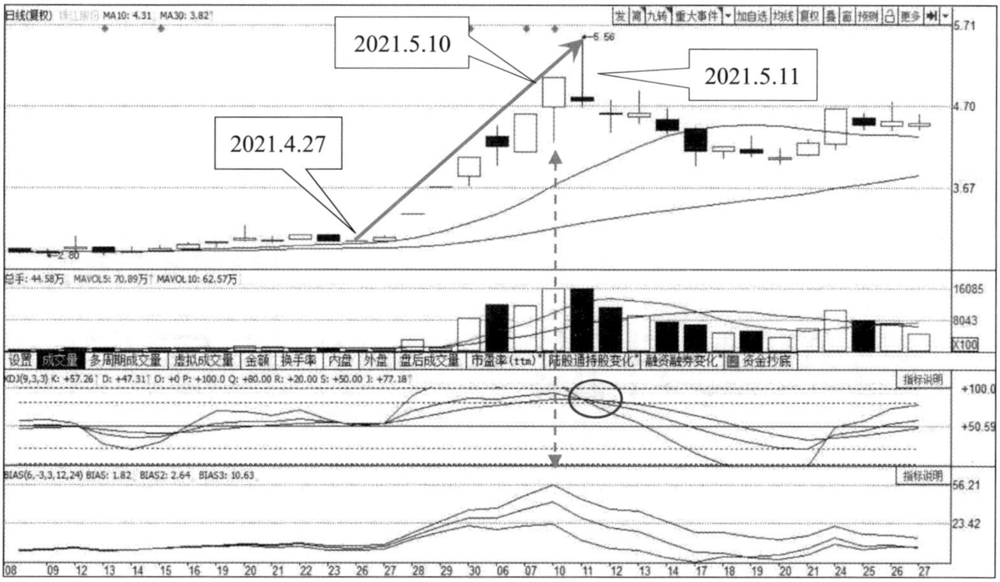

图3-8 珠江股份（600684）日K线走势图

珠江股份的股价自2021年4月27日开始进入了一波主升浪行情，其间该股股价连续多个交易日拉出涨停板，由此可见股价走势之强。

5月10日，该股股价又一次涨停，而乖离率（BIAS）指标创下了新高，KDJ指标也同时达到了极度超买区间，这都意味着股价这种高速上攻趋势难以维系。

5月11日，该股股价冲高回落，BIAS指标出现了回落，KDJ指标也出现了高位死叉，这都是行情短线见顶的信号。

综合以上分析可知，该股股价的主升浪有结束的可能。此后，该股股价进入了回调整理区间。

第四章

超级主升浪——价值回归

每一波主升浪的形成，都有其内在的基本逻辑，主升浪核心的推动力量也源于此。在所有的推动主升浪产生的力量中，价值回归所产生的主升浪往往是持续时间最长、规模最大的。

下面来看一下安琪酵母的案例，如图4-1所示。

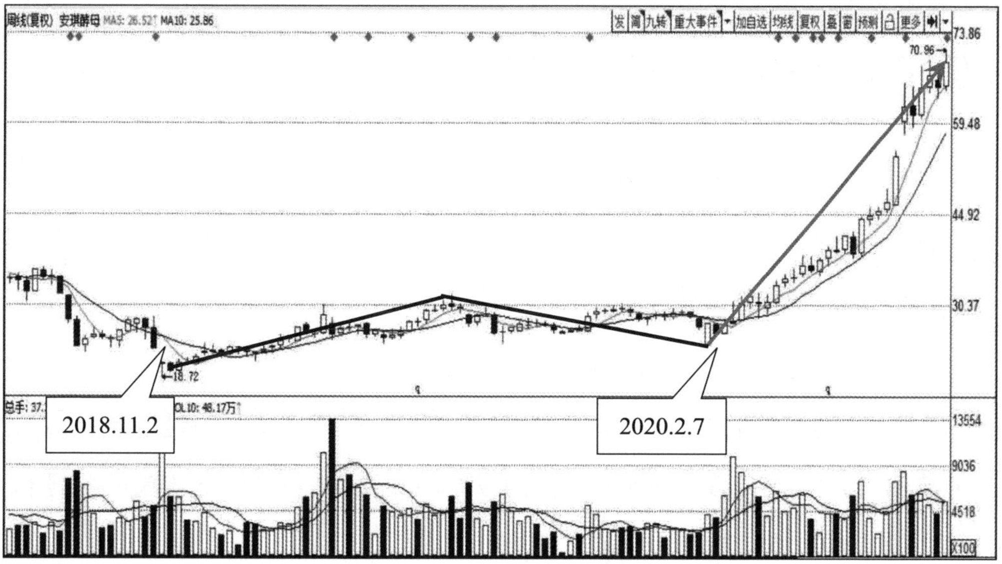

图4-1　安琪酵母（600298）周K线走势图

安琪酵母为市场上的一只经典白马绩优股，其在酵母细分领域拥有绝对的竞争优势，占据了垄断地位。长期以来，该股业绩保持了较快的增长，且净利润持续走高。

进入2018年以后，受燃料价格上扬等因素的影响，该企业当年的净利润增速出现了少见的下滑，一时间引起了市场的恐慌，很多资金选择撤离了该只股票，导致该股股价在短期内出现了大幅下跌走势。到了2018年11月初，该股股价已经下跌至18.72元的低位（复权后价格）。

其实，熟悉价值投资的投资者应该清楚，该只股票的业绩下滑只是短期现象，该企业的市场竞争力仍然十分强大，并没有丝毫被削弱。由此可见，该股股价在2018年的下跌属于典型的非理性下跌，未来该股股价必将向价值回归。

此后，该股股价出现了振荡反弹。不过，该股股价反弹一段时间后，重新进入调整通道。这说明了两个问题：其一，股价筑底是一个长期的过程；其二，优质股票价格大幅下跌后出现回升，同样也需要等待整个市场转暖的信号，即个股走势还是会与大盘环境密切相关。

到了2020年2月初，该股在大盘环境全面转暖的带动下出现了大幅上攻行情。观察此时的股价K线可知，此时该股股价K线正式进入了价值回归主升浪通道。该股股价在主升浪上涨过程中，从不到24元的价格启动，一波流上涨至70元左右，股价涨幅巨大。

由此可见，价值回归主升浪的威力之大。

当然，价值回归的主升浪，最终上涨幅度与股票本身的质地以及投资价值密切相关，因此，操作价值回归的主升浪是需要与科学的选股策略相结合的，并非单纯借助波浪理论来筛选股票。

第一节　价值回归主升浪的选股策略

在实战过程中，很多投资者都发现了这样一个问题：并不是所有的股票遭遇了暴跌后都能实现顺利“回血”的。其中有一些股票从高位暴跌后，可能就此沉沦了。如果简单地以股价下跌幅度来选择股票的话，可能很多已经退市的股票都能成为备选股票了。比如曾经风光一时的暴风集团（旗下著名应用软件为“暴风影音”）上市后，股价一度上涨至123元，而临近退市前，只有0.27元了。也就是说，即使你等到股价自高点回落50%甚至80%以后，也很难等到真正意义上的主升浪的。

这种股票经过长期大幅下跌后，之所以没有走出价值回归的主升浪，归根结底是因为股价缺乏基本面的支撑，这类股票是很难掀起价值回归主升浪行情的。也就是说，如果你要参与股票的主升浪行情，必须选准股票，只有业绩优良的股票，其遭遇非理性下跌后，才有可能形成价值回归主升浪行情。

选股票本质上就是在选公司。一般来说，无论遇到何种逆境都能重新起来的企业，一般需要具备的特征有高技术壁垒、特许经营权以及强大的品牌优势等。

一、拥有高技术壁垒

拥有高技术壁垒是指企业通过掌握了较为尖端的、其他企业没有掌握的技术。这些尖端技术是其他企业无法掌握或者短期内无法掌握的。

1. 技术壁垒的类别

高技术壁垒包括如下几类。

第一，独家掌握某种核心技术。企业掌握的技术是其他企业没有掌握或者在短期内无法突破的技术，这类企业拥有最强的技术壁垒。在其他企业突破这项技术前，拥有高科技壁垒的企业将会独享这类技术带给自己的巨大收益。

第二，拥有核心技术的几家企业中的一员。这类企业在A股市场上比较多，投资者需要识别该企业在这几家企业中的技术实力情况以及竞争对手、客户应用该技术的情况。若其他企业都属于国外企业，只有这家企业是国内企业，那么，它将很容易独享该技术在国内市场带来的收益。

第三，众多拥有某项核心技术企业中的一家。对于这类企业而言，高技术壁垒的作用已经并不明显。企业要想获得更多的利益，必须不断地扩展市场，与竞争对手周旋，方可赢得市场，赢得客户。也就是说，这类企业具有的竞争优势只是一种相对的优势，并非绝对优势。

2. 分析要点

构成高技术壁垒的因素，主要从以下三点来分析。

（1）技术壁垒的厚度。

技术之所以能够被称为壁垒，是由于不容易被别人攻克。若其他企业很容易就可以攻克这一技术壁垒，那么这个壁垒的意义也就不大了。当然，这里还有一些专利和知识产权保护的因素。也就是说，企业在构建技术壁垒时，必然要依托专利和知识产权保护来加厚壁垒。不过，专利和知识产权保护都是有时间期限的，投资者在分析投资标所拥有的技术专利以及核心技术壁垒时，需要重点考虑这些专利、知识产权能够发挥作用的时效。

（2）壁垒能够带来的利益。

并不是所有的技术壁垒都能给企业带来巨额的利润，只有那些经济价值较高的技术壁垒，才会为企业赢得竞争，赢得利润。同时，投资者在选择拥有技术壁垒的企业时，还需要识别这些技术壁垒所能带来的收益是当下的还是预期的。若是预期的，那么需要多长时间能够兑现。通常情况下，只有短期内能够兑现的收益才是比较真实的。

在股市中，很多短线资金都热衷于炒作预期概念。在概念未兑现时，往往会被轮番炒作，股价暴涨。概念兑现时，这些资金就会提前退场了。投资者选择价值投资的标的股时，往往都是立足于长线持股的，这就要尽量避免落入短线炒作资金的圈套。

（3）技术的可替代性。

没有永远不过时的技术。目前，第四次工业革命刚刚启动，许多行业都可能面临革命性的变革。很多在今天看来属于非常前端的技术，明天就有可能被淘汰。投资者选择股票时，要考虑这些企业掌握的核心技术有无被替代的可能。

下面来看一下万华化学的案例。

万华化学集团是世界上掌握异氰酸酯（MDI）生产核心技术的6家企业之一，国内唯一能生产MDI的公司。技术壁垒确立了该公司在MDI市场上的垄断地位，其产品在国内市场的占有率超过30%。万华化学最近几年的净资产收益率平均值在20%以上，特别是2021年，在疫情的影响下，还是实现了超过40%的净资产收益率，这说明该公司的经营情况良好。下面来看一下万华化学的周K线走势图，如图4–2所示。

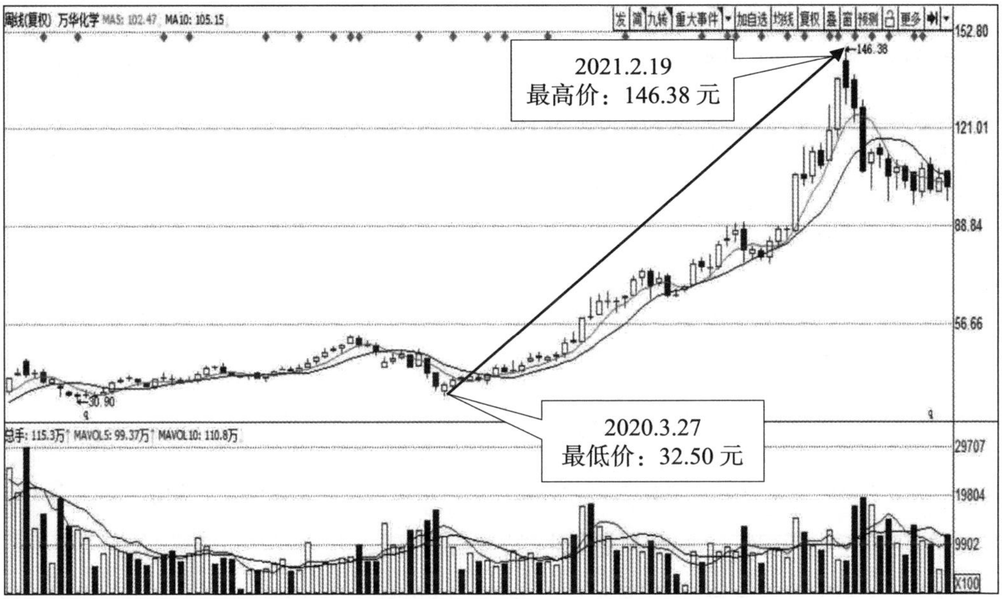

图4–2　万华化学（600309）周K线走势图

从图4–2中可以看出，万华化学的股价自2018年11月启动振荡上涨行情，到了2020年年初，该股股价出现了一波回调走势，股价下跌幅度较大，股价一度触及32.50元低位（该股每股未分配利润接近15元）。此时，该股股价已经严重偏离了其内在价值。

2020年3月27日，该股股价再度启动上升行情，随即进入主升浪模式。

到了2021年2月19日，该股股价到达了146.38元的高位，股价短时间内翻了四倍，由此可见价值回归主升浪的势头之猛。

二、拥有特许经营权

关于特许经营权，美国著名投资家沃伦·巴菲特（Warren E. Buffett）在1991年致股东的信中给出了清晰定义："拥有市场特许经营权的产品和服务具备的特质有：它被人们需要或渴求；被消费者认为找不到其他替代品；不受价格管控的约束。企业是否存在以上特质，可以从企业能否定期且自由地对其产品与服务定价，从而可以赚取较高的资本回报上看出来。此外，特许事业能够容忍不当的管理，低能的经理人尽管会降低特许事业的获利能力，但不会对其造成致命的伤害。"在A股市场上，拥有国家级绝密配方的云南白药、片仔癀，无疑都属于拥有特许经营权的典型。

特许经营权通常情况下都能够给企业带来相当可观的利润，不过，并不是每个拥有特许经营权的企业股价都会不断走高，投资者还需要关注以下几点。

第一，特许经营权的可持续期。有些特许经营权可能会一直存在，有些特许经营权则会有一定的期限。这就如同专利保护期一样，一旦企业持有的特许经营权到期，那么企业的高回报就无法持续。

第二，特许经营权的价值大小。有些企业的特许经营权所获的收益相对较小，而企业的支出可能会很大，这种特许经营权的价值对投资者而言就要大打折扣。例如，很多经营高速公路的上市公司，理论上拥有较佳的特许经营权，但这种特许经营权获得的利润不得不用于支付大量的人工成本（收费员工资）、公路贷款以及公路维护费用等，这就为特许经营权的价值打了一个折扣。

第三，内部成本控制水平。特许经营权可以为企业带来丰厚的回报，但企业利润的形成除了收入项目外，还有成本与支出项目有关。若企业内部成本控制做得不到位，仍有可能出现手握特许经营权却连年效益不佳的情况。

下面来看一下中国中免的股价走势情况。

中国中免最值钱的资产就是手中握有免税店全国经营权的牌照（真正的特许经营权），这就使得全国所有机场的免税店都由中国中免经营。在中国中免营收构成中，免税店销售收入就是中国中免最核心、最重要的收入，也是最大的利润来源。同时，国家正在大力鼓励消费和旅游，而国内免税店的数量和营业额与国外相比仍有很大的差距。未来，中国免税店还将有一段时间较长的发展期，其中中国中免将会成为最大的受益者，如图4-3所示。

图4-3　中国中免（601888）周K线走势图

中国中免的股价在2019年到2020年年初随着大盘指数的大幅走低而出现了振荡下跌走势。

自2020年3月开始，该股股价出现了振荡走高态势。到5月初，该股股价再度出现回调走势。中国中免的股价在回调至30周线附近时获得了足够的支撑，随后快速进入主升浪行情。

2020年7月30日，该股股价达到了230元的高位，牛股风范尽显。

三、强大的品牌优势

品牌优势是企业诸多经营优势中最重要的一种。强势品牌可以轻松占领消费者的心智资源。当消费者购买商品时，这些强势品牌理所当然地成为首选。例如，当你想要买高档白酒时，自然会想到茅台、五粮液等品牌，购买家用电器可能会想到海尔、格力等品牌。一家企业若能在某一细分领域建立强大的品牌优势，将会获得丰厚的超额利润。

1. 品牌优势的类别

拥有品牌优势的企业包括这样几类。

第一，通过历史传承获得品牌优势的老品牌。这类品牌的价值是难以估量的，因为它们都是经过历史检验的。这些品牌给企业带来的收益也是无法估算的，例如一些中华老字号品牌，如同仁堂、云南白药、贵州茅台等。

第二，通过自身努力逐渐建设起来的品牌。这类品牌是随着企业生产产品以及服务质量的提升而逐渐在消费者心目中建立起来的。当然，广告宣传在这里也起到了相当大的作用，例如海尔的白色家电、格力的空调等。这种品牌优势一旦建立，将会很容易从众多竞争品牌中脱颖而出，成为消费者购物的首选。

2. 品牌优势分析要点

品牌优势通常情况下都能给企业带来相当大的利润，不过，投资者在利用品牌优势选择投资标的股时，还要注意以下几点。

第一，品牌强势程度。只有品牌强势程度高，才能获得更多的超额收益。其实，几乎所有的企业都有自己的品牌，而且有些企业的品牌确实存在较高的知名度和美誉度，但这与具有品牌优势的企业存在明显的差别。这些具有品牌优势的企业，是可以单纯凭借品牌优势赚钱的。也就是说，消费者一见到该品牌就会无条件地接受。

第二，品牌的维护情况。具有品牌优势的企业就如同一个具有良好信誉的人，个人的行为举止都可能为自己的信誉加分或减分。企业也一样，若企业对自己的品牌保护不力，甚至为了短期利益，对品牌不加限制地滥用或授权给其他组织使用，都可能削弱品牌的价值。也就是说，投资者在选择企业时，不仅要看一个企业是不是具有品牌优势，还要看其品牌维护与保护情况。

第三，内部成本控制水平。与具有其他优势的企业相同，具有品牌优势的企业也需要注意企业的内部控制。若企业内部成本控制做得不到位，仍有可能出现手握品牌优势却连年效益不佳的情况。

下面来看一下贵州茅台的案例。

贵州茅台酒股份有限公司是一家主要经营贵州茅台酒系列产品的公司。该公司的贵州茅台酒系列产品在市场上享有很高的声誉，其生产的茅台酒被称为世界三大名酒之一，拥有很高的品牌知名度和美誉度。该企业的产品属于稀缺型消费品，对下游经销商具有很强的议价能力，而且经常出现供不应求的情况。基于强大的品牌优势，该公司的经营效益极佳，净资产收益率连年走高，销售毛利率能够达到90%。可以预见，未来该股仍具有较佳的成长性。下面再来看一下该股的周K线走势图，如图4-4所示。

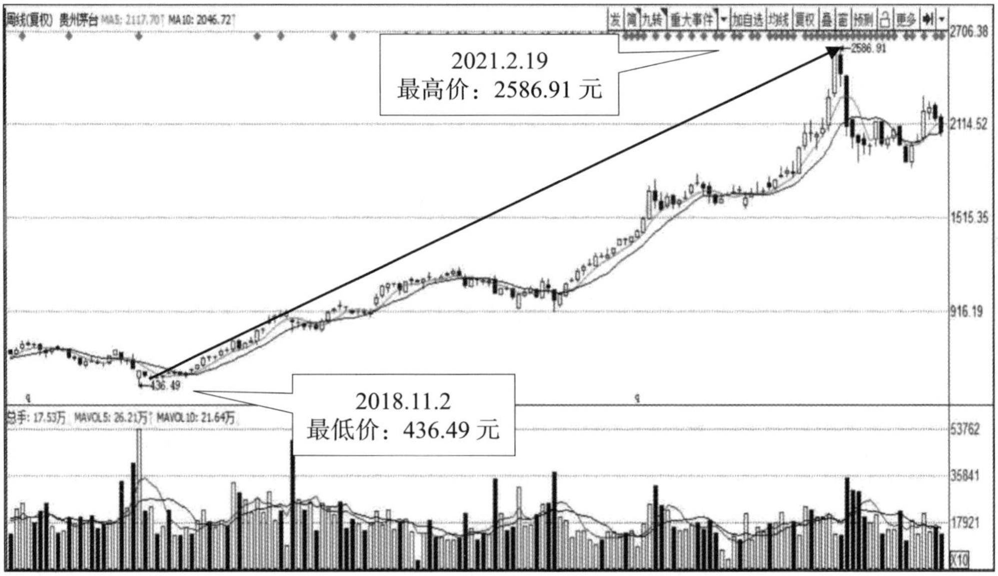

图4-4 贵州茅台（600519）周K线走势图

从图4-4中可以看出，贵州茅台的股价自2018年11月初的436.49元（复权价）启动上涨，随后进入了主升浪行情。

到2021年2月19日，该股股价到达了2586.91元的高位，几年时间股价翻了五倍多。由此可见，这类超级绩优股是非常容易受到资金追捧的。

第二节　价值回归主升浪介入时机

从某种意义上来说，价值回归主升浪介入的机会都是可遇不可求的。这类股票本身都属于超级绩优股，有大量资金驻守，股价很少出现较大幅度的回调，股价低于其内在价值或者投资价值凸显的机会并不是很多，除非遇到某些特殊的情况。也就是说，投资者想要把握这类股票的主升浪，就需要抓住一些历史性的机遇，包括以下几点。

第一，临近熊市末期时。

第二，个股遭遇黑天鹅事件。

一、熊市过后市场企稳时

相对于其他股票来说，超级绩优股总是非常抗跌的。在熊市开始阶段，很多超级绩优股股价总是会显得非常坚挺。但是，当大盘出现了较长时间、较大幅度的下跌后，这些超级绩优股很可能会出现补跌行情。其走势具有如下几个典型的特征。

第一，超级绩优股有大量资金驻守，而且都是各大基金的心头肉，基金一般不愿意放弃。因而在熊市初期，超级绩优股往往都会表现得非常抗跌。当大盘出现较大幅度的下跌之后，先是大家都不愿意卖，或者有的基金出手部分股票后，其他基金会吃进。

第二，当大盘熊市进入尾声时，很多绩优股已经下跌了较大的幅度，此时，这些超级绩优股的股价还停留在较高的位置。从市场的角度来看，这些股票也需要进行一轮补跌。先是一些基金扛不住，开始抛出绩优股，而后各路资金争相卖出，从而造成一定程度的踩踏效应，这会导致超级绩优股在熊市末期出现快速下跌行情，很多超级绩优股甚至会出现超跌走势。

第三，超级绩优股经过一轮急速下跌之后，会带动整个大盘指数出现“最后一跌”，此后大盘就会逐渐企稳，个股也会出现反弹走势。此时，这些超级绩优股也会逐渐出现企稳反弹走势。不过，鉴于先前出现过暴跌，很多投资者都会对市场“心有余悸”，因此股票价值的回归过程并不会一蹴而就。

第四，当股价回升一段时间后，也会出现一定幅度的调整，这也是为了消化底部入场的获利盘，并清退持股意志不坚定的投资者。接着，当股价回调至某一重要支撑位时，就会因获得支撑而重新上攻，此时，这类超级绩优股的价值回归主升浪就要真正开启了。

下面来看一下五粮液的案例。

大盘指数在2018年年初到2019年年初期间出现了一波振荡下跌走势。即使从整个市场的角度来看，这也是一个中等规模的熊市了，如图4–5所示。

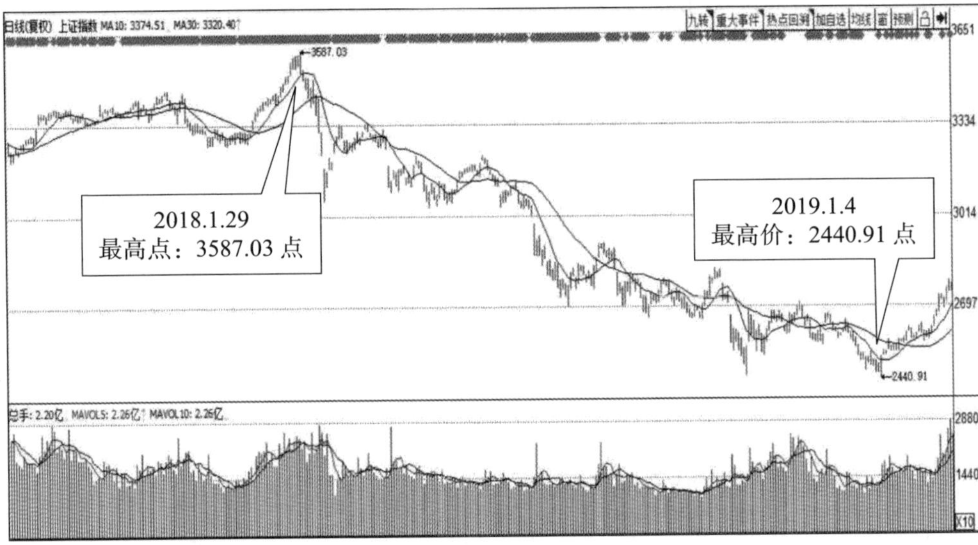

图4–5　上证指数日K线走势图

上证指数在整个2018年全年都处于振荡下行趋势中，大盘指数下跌幅度超过1000点，属于典型的熊市。

下面再来看一下五粮液的股价走势情况，如图4–6所示。

2018年，在大盘持续走低的影响下，五粮液的股价也出现了振荡走低走势。不过，在2018年10月23日之前，相比于大盘的下跌幅度，五粮液的跌幅十分有限，这与该股有大量基金驻守有关系。由于该股属于典型的超级绩优股，很多基金都选择了长线驻守，因而在大盘下跌初期，该股的跌幅并不大。

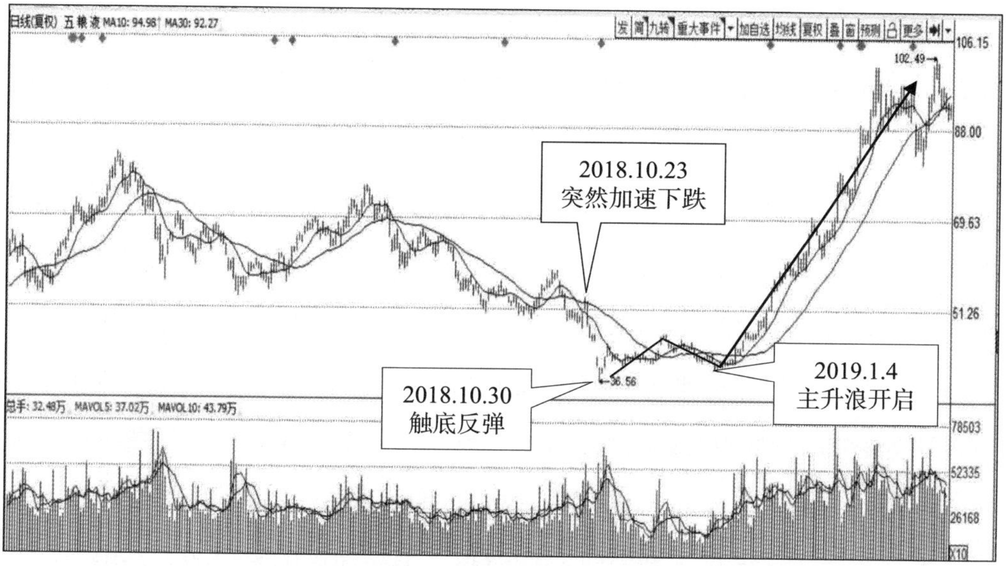

图4-6　五粮液（000858）日K线走势图

到了2018年10月23日，大盘下跌幅度已经很深了，有一些基金公司开始选择了撤退。由于众多基金争相出逃，造成了互相踩踏效应，该股股价短期出现了大幅下跌走势。

2018年10月30日，该股股价经过连续大幅下跌后，已经变得极具投资价值了。于是，很多资金开始入场抄底，推动股价出现了反弹走势。

该股股价反弹一段时间后再度出现回调。2019年1月4日，该股股价又一次开始反弹向上，至此，价值回归主升浪正式开启。

此后，该股股价在一波上涨行情中出现了巨大的涨幅。

二、个股遭遇黑天鹅事件

黑天鹅事件，通常用来指非常难以预测且会对市场造成较大负面冲击的事件。通常情况下，黑天鹅事件的出现会对股价走势造成非常大的冲击。不过，从另一方面来说，对于想要入场的价值投资者而言，黑天鹅事件的出现无疑是一个绝佳的入场时机。

巴菲特曾经说过，在别人贪婪时恐惧，在别人恐惧时贪婪。黑天鹅事件出现时，往往是市场上充满恐惧气氛的时候，其实这正是入手廉价绩优股的时机。

投资者在分析黑天鹅事件时，需要注意事件影响的大小。有些黑天鹅事件可能会对企业甚至行业造成致命一击，有些黑天鹅事件可能只是短期对股价有影响，投资者需要对黑天鹅事件的影响程度有所预判。只有那些在短期内可能影响企业经营的黑天鹅事件，才是最佳的投资机会。比如说2018年中兴与华为被美国无理制裁事件，由于华为并非上市公司，整个制裁主要反映在企业业绩方面，特别是手机业务方面。对中兴通讯来说，由于其是上市公司，所以当美国的制裁大棒打下来的时候，中兴通讯的股价随即开始了连续的大幅下跌走势。对于中兴通讯来说，这就是一次典型的“黑天鹅”事件，如图4-7所示。

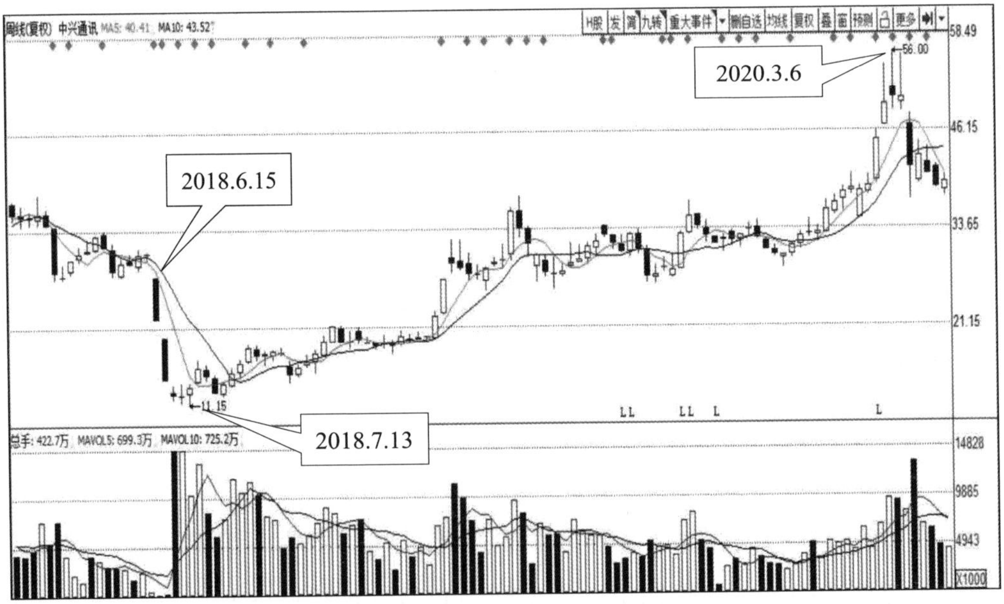

图4-7　中兴通讯（000063）日K线走势图

中兴通讯的股价在2018年上半年随着大盘的走势出现了振荡下跌走势。

2018年6月中旬，美国开始了对中兴和华为的制裁。中兴通讯为了能活下来，不得不低头向美国政府缴纳了大量的罚款（这一罚款数额足以抵消该公司自1997上市以来所产生的全部利润的64%）。由此而见，这一罚款数额对企业打击的程度。

到了2018年7月13日，该股股价与6月中旬的股价相比已经下跌超过60%的幅度。由此可见，黑天鹅事件为股价带来的影响之大。不过，对于想要入场建仓该股的投资者来说，黑天鹅事件的发生就是一个再好不过的机会。其后，该股很快从制裁的阴影中走了出来，并重新开启了一波快速上升行情。

正确的买入时机，意味着更低的价格，也就为投资者提供了更为宽阔的安全边际，这就相当于为投资安全加装了一道保险。

第三节　价值回归主升浪战术解析

价值回归主升浪的形成是以股价大幅下跌，甚至低于内在价值而产生的。在市场上，当股价创出新低或者出现大幅下跌后，并不见得会立即转入上升通道，甚至形成主升浪。其主升浪的启动，既有内在基本面改善的因素，也有外部市场环境转暖的因素。总之，这是多种利好因素共振的结果。

一、熊牛转换，价值回归正当时——泸州老窖

价值回归主升浪战法的应用需要将大盘走势与个股选股选时相结合。在操作过程中，既要考虑外部环境，也要考虑股票本身的质地和入场时机等因素。

1. 股票本身质地

选股是操作价值回归主升浪的核心。一波熊市，往往是检验真假牛股的试金石。很多先前涨幅很大的股票，在经历一波熊市后，再也无法起来了，甚至就此沉沦下去，这就是“假牛股”。相反，一些真正的牛股和绩优股，虽然在熊市期间可能也会出现大幅下跌走势，但市场环境一转好，这类股票很快就会迎来价值回归主升浪，这也是反复强调选好股票的原因。

本节选择的股票为泸州老窖，该公司是白酒领域中的龙头企业，泸州老酒在市场上是仅次于贵州茅台、五粮液的存在。该公司的业绩连续多年持续增长，净利润增长率连续多年保持在30%左右，这是一个非常亮眼的数据，也反映了该公司的市场竞争力极强。

2. 市场环境

尽管超级绩优股拥有多只基金驻守，相对比较抗跌，但这也是在熊市初期的表现。随着熊市下跌力度的加大，市场上投资者的心理防线逐渐被击溃，很多人为了投资安全起见，不得不采取赎回基金、卖出手中压仓股票等方式来应对风险，这在一定程度上造成了绩优股最后阶段的快速下跌。

当然，这也常常被看成一个反向指标，即当这些超级绩优股不顾一切地下跌时，往往就是熊市即将结束的一个信号。在整个大盘企稳后，这类股票很快就会进入修复行情。

下面来看一下2017年年底到2020年年底的大盘走势情况，如图4-8所示。

从图4-8中可以看出，上证指数自2018年2月初开始启动了一波振荡下跌走势，到了2019年1月初，上证指数已经从3587点下跌至2440点，跌幅还是非常大的。此后，大盘企稳走高，不过振荡上升一段时间后开始回调，在2020年3月20日又出现了一个阶段低点后，重新开启反弹走势。

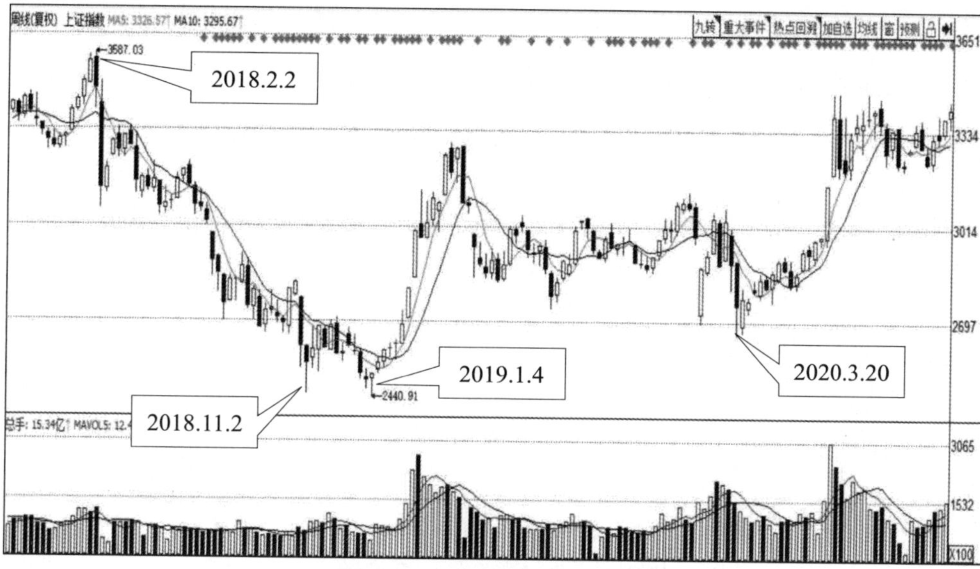

图4-8　上证指数周K线走势图

从大盘走势来看，上证指数在2018年2月初的下跌初期和2018年年底的下跌末期是下跌速度和幅度最快的时期。这主要有两个原因：第一，在下跌初期，主力资金加大出逃力度，目的是要快速将散户套牢于高位；第二，在下跌末期，主力资金特别是基金公司长线驻守的超级绩优股出现了争相出逃的踩踏事故，进而带动大盘出现快速下跌。

3. 个股介入时机

下面先来看一下泸州老窖的股价走势情况，如图4-9所示。

泸州老窖的股价自2018年6月中旬开始快速下跌走势。在6月中旬之前，该股股价还能出现振荡上升。观察上证指数的走势可知，6月中旬之前，上证指数已经经历了一波快速下跌。这从侧面也可以看出该股股价具有较强的抗跌能力，这是该股被很多基金重仓带来的一种效果，即大基金不卖出，股票价格是很难走低的。

进入10月末，由于市场已经连续下跌了八个月，很多投资者的信心被消磨殆尽，开始陆续赎回一些基金产品。因此，很多基金不得不忍痛割爱，卖出手中的压仓股票，这使得泸州老窖在10月末出现了大幅下跌，这也是各路资金争相出逃产生的结果。此时，该股股价的下跌幅度已经远远低于其内在的投资价值（到达了26.62元低点），这也是未来股票价值回归的基础。

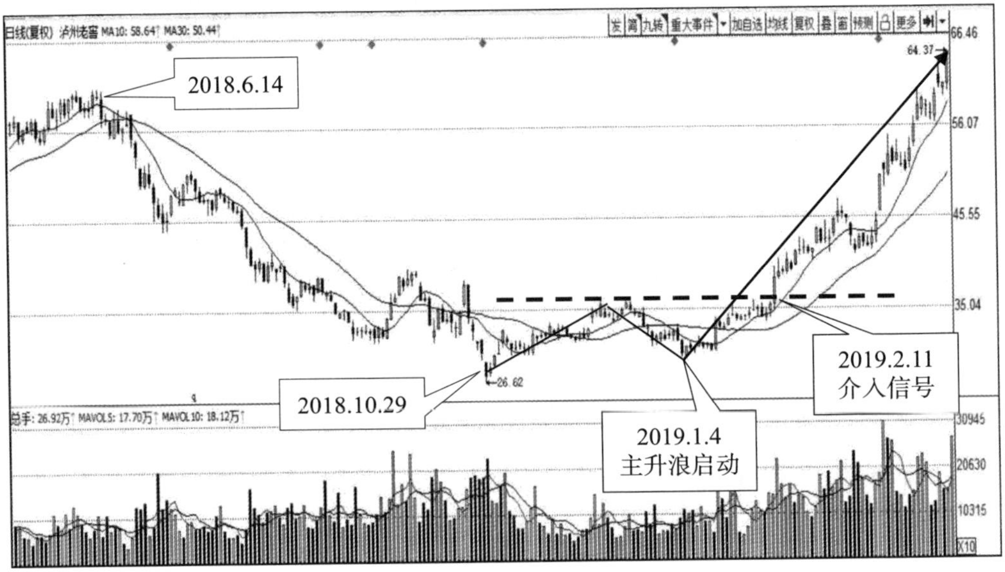

图4-9　泸州老窖（000568）日K线走势图

此后，当大盘出现小幅反弹时，泸州老窖的股价也出现了振荡反弹走势。到了2019年1月4日，大盘创出新低，泸州老窖的股价也同步创出一个回调低点，不过，这个低点要高于2018年10月29日的低点。此时，泸州老窖的股价与大盘走势已经产生了一定的背离，这也是个股即将起涨的标志。

此后，大盘环境全面转暖，并出现了振荡走高态势，泸州老窖的股价则借此掀起了一波价值回归主升浪走势。2019年2月11日，该股股价向上突破了前期的高点位置（也可以看成双底形态的颈线位），这是主升浪成立的一个确认点，也是投资者追涨入场建仓的合适点位。

此后，该股在短期内就实现了股价翻番。

二、黑暗之后是天明——华东医药

物有所值，在绝大多数时间内，绩优股的价格都是比较高的。因此，想要抓到价值回归主升浪并不是一件非常容易的事。除了整个市场步入熊市期，大量股票低于其内在价值，才有机会抓价值回归的主升浪。事实上，这类熊市行情也并不经常发生。一般来说，几年中有一年出现这类行情就不错了。不过，针对一些个股的突发情况，比如黑天鹅事件，却可能时不时地在股市中出现。绩优股一旦遇到黑天鹅事件，若未来能顺利走出阴影，价值回归主升浪的出现就是顺理成章的事了。

在操作过程中，重点在于考虑股票本身的质地、黑天鹅事件的本质、未来影响分析和合理的入场时机等因素。

1. 股票本身质地

这是操作价值回归主升浪的基础。华东医药是一家集医药研发、生产、经销为一体的大型综合性医药上市公司。医药商业、医药工业以及医疗美容等业务是其核心业务方向。在整个利润构成体系中，医药工业领域的几个拳头药品占据了总利润中较大的比重，医美则代表了企业的未来发展方向。其2021年的经营收入构成，如图4−10所示。

业务名称		营业收入(元)	收入比例	营业成本(元)	成本比例	利润比例	毛利率
按行业	商业	242.04亿	70.03%	224.51亿	93.71%	17.11%	7.24%
	制造业	105.19亿	30.43%	22.33亿	9.32%	80.92%	78.77%
	国际医美业务	6.66亿	1.93%	2.34亿	0.98%	4.21%	64.80%
	国内医美业务	3.67亿	1.06%	-	-	-	-
	抵消(分部间抵消)	-11.92亿	-3.45%	-9.62亿	-4.01%	-2.25%	-
按地区	国内销售	338.83亿	98.03%	237.21亿	99.02%	95.81%	29.99%
	国外销售	6.80亿	1.97%	2.36亿	0.98%	4.19%	65.30%

图4−10　华东医药经营收入构成（2021年）

医药商业是该公司收入构成中最大的一部分，占比超过了70%；医药制造业贡献了该公司80%的利润总额，是该公司真正意义上的生命线。而且从毛利率来看，医药制造的毛利率高达78.77%，由此可见该企业产品市场竞争力之强。

从该公司整个营收和利润构成也可以看出，该公司在市场上还是具有较强的市场竞争力的，属于市场上典型的优质股票。长期以来，该公司的股票价格一直处于稳步上升态势之中。

2. 黑天鹅事件

黑天鹅事件，本身预示着不可预测的重大稀有事件。华东医药在2020年1月就遭遇了这样一类事件。

2020年1月17日，国家组织的第二批药品集中采购开始竞标，当日盘中一些集采消息流出。华东医药核心产品之一的阿卡波糖在本轮集采中失标出局，直接导致资金的恐慌抛售。由于阿卡波糖属于华东医药产品线中的拳头产品，为企业贡献了较多的利润，因此，当其流标的消息传出后，该股股价被直线打压至跌停板，如图4-11所示。

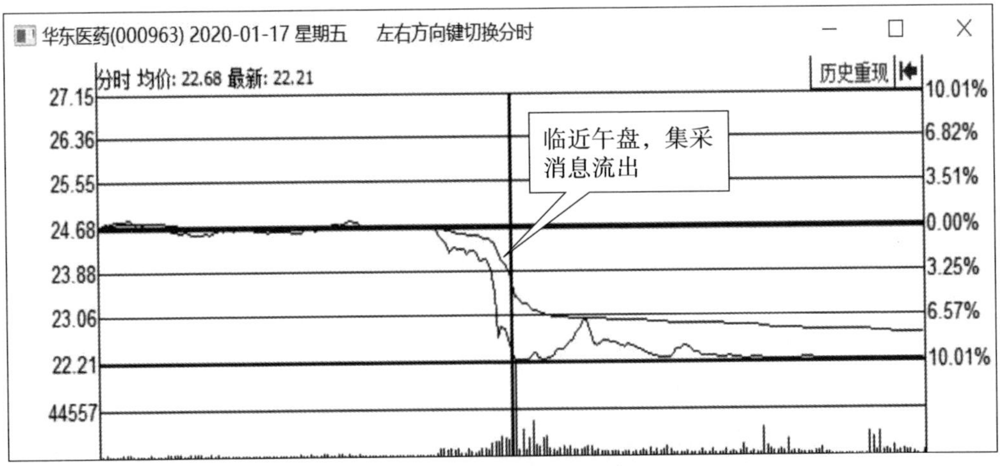

图4-11　华东医药（000963）分时走势图（2020.1.17）

华东医药的股价在2020年1月17日开盘后走势一直比较平稳。不过，临近中午时段，由于集采消息传出，华东医药的报价明显高于竞争对手，集采出局已经没有悬念。该药品对华东医药的利润贡献很大，因而各路资金夺路而逃，股价被打压至跌停板位置。

通常情况下，跌停板出现后，下一个交易日股价还将延续下行态势，直至利空消息的影响被市场消化。

3. 未来影响分析

绩优股出现黑天鹅事件后，股价是否能够回归，这是一个需要仔细分析的问题。投资者需要厘清整个事件对企业未来盈利的影响有多大。若企业未来能够走出这种困境，那么，股价自然很快就会回归；反之，若企业很难走出来，那也就不会有价值回归主升浪地出现了。

阿卡波糖是华东医药的核心产品之一，短期来看，集采流标势必对企业业绩产生冲击。不过，投资者也需要清楚，该产品只是华东医药几个拳头产品之一，这是第一层面的问题。

第二层面，华东医药的阿卡波糖占据了较高的市场份额，而集采所影响的药品大约占了整个市场40%的份额，也就是说，华东医药还是可以着力抢占剩余60%的市场份额的，集采对华东医药的冲击也并没有想象中的那么大。

第三层面，华东医药已经在创新药物研发与生产方面占据了较强的优势地位，未来还有若干强力产品上市，这都能够抵消药品集采流标带来的不利影响。

第四层面，医美领域是华东医药未来发展的一个重要业务领域，目前营收正在放大，而且该领域的毛利率也很高。

综合以上分析，华东医药应该很快能够走出集采流标带来的阵痛，未来仍是值得投资的优质标的。

4. 介入时机

从理论上来说，最佳的介入时机一定是股价开始触底反弹的时候。但谁也无法准确判断“何时是底？”“未来还会不会有更低的底了？”因此，当股价反弹一波后再度回调，且能够在某一位置获得支撑重新启动上攻时，也就是主升浪开启的入场时间点，该点无疑也是最为安全的选择，如图4-12所示。

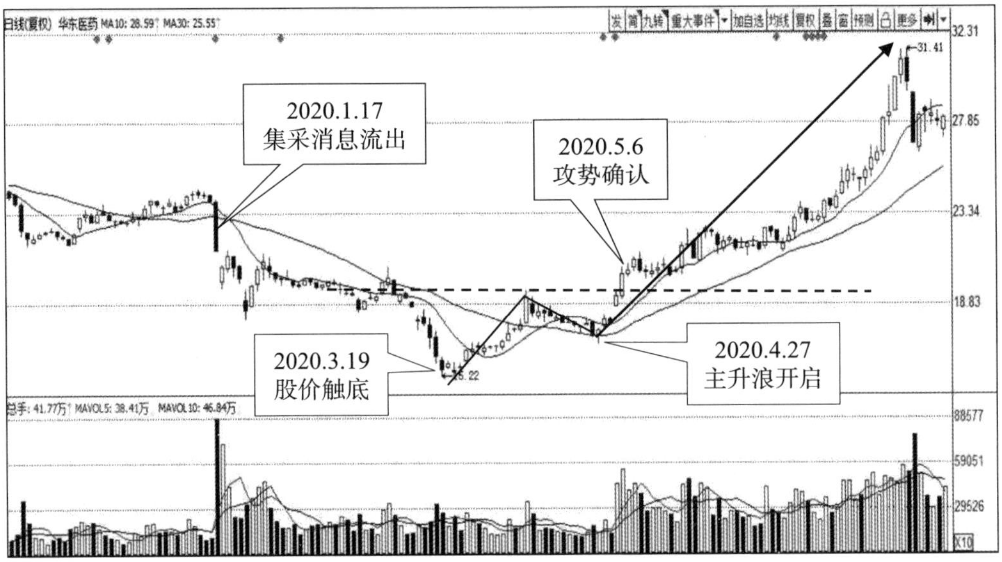

图4-12　华东医药（000963）日K线走势图

华东医药的股价在2020年年初先是出现了一波振荡上升走势。到了2020年1月17日，该股股价受集采流标消息的影响盘中直接跌停。此后，该股股价出现了一波快速下跌走势。同年3月19日，华东医药的股价已经跌到了15.22元的低位。该价格相对于集采流标前的价格已经下跌了较大的幅度，且已经偏离了华东医药的内在价值。

从2020年3月19日开始，该股股价出现了一波反弹，不过很快又转入了调整走势。2020年4月27日，该股股价调整到30日均线附近时，因受均线的支撑反向上攻，至此，该股正式进入价值回归的主升浪行情。

同年5月6日，该股股价突破了回调前的高点位置，这是对主升浪行情的确认，投资者可以在此时入场建仓买入该股。

此后，该股股价在短期内出现了较大的涨幅。

第五章

龙头主升浪——板块轮动

有龙头的地方就有主升浪。一波主线行情启动，相关板块内的股票常常会出现可观的涨幅，板块龙头更是可能会出现股价翻番甚至翻几番的情况。板块龙头轮动所产生的主升浪涨幅，往往也是十分巨大的。

下面来看一下浙江建投的案例，如图5-1所示。

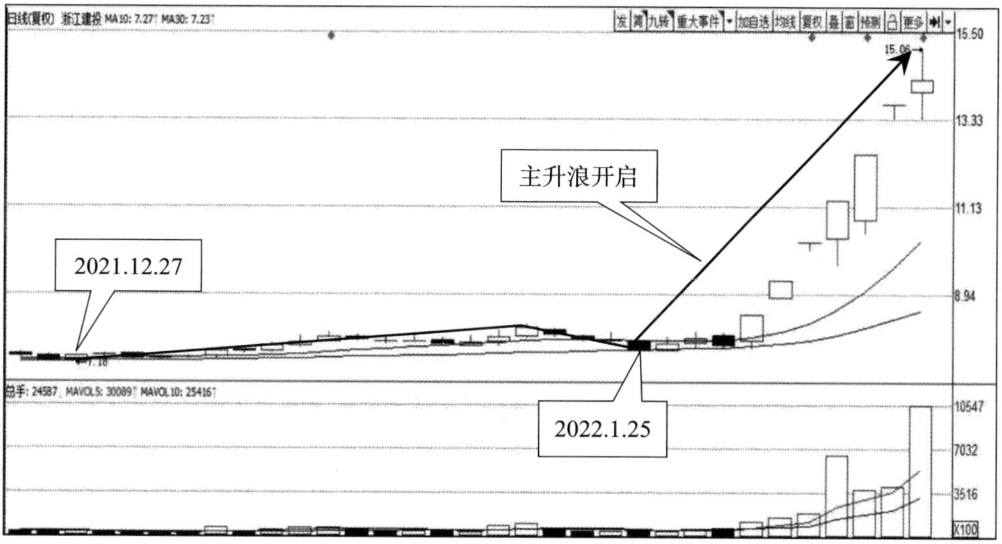

图5-1 浙江建投（002761）日K线走势图

在2021年的中央经济工作会议上，针对房地产领域的调控提出了一些新的表述，即“支持商品房市场更好地满足购房者合理的购房需求，因城施策，促进房地产良性循环和健康发展”。一些城市提出了具体的松绑措施，让市场产生了“房地产松绑”的想象空间。

进入2022年后，受疫情影响，国民经济受到了较大的影响，更使得市场对基建房产政策调整有了更多的期待。

浙江建投本身属于房产建设行业内的企业，还具有装配式建筑、建筑节能等概念。自2021年12月下旬触底反弹后，该股出现了小幅振荡上升态势。

但是，该股股价在2022年1月中旬又进入了回调区间。

2022年1月下旬，在楼市限购松动预期和装配式建筑热炒的催动下，地产基建概念成为市场热炒的对象，浙江建投成为这波行情的绝对龙头。该股股价自2022年1月25日回调受到支撑后，只是小幅整理了三个交易日后立即转入大幅拉升的节奏，主升浪行情正式开启。

此后，该股股价在一个月的时间内翻了数倍之多，由此可见板块轮动龙头股的主升浪行情有多么的凶猛。

板块轮动龙头的主升浪固然非常诱人，但抓住这类主升浪并不容易，同时，介入该类股票可能还要承受相当大的风险。首先，需要确认市场的投资主线；其次，在热门板块内找出龙头股。投资主线内的热门板块龙头，行情才会走得更远。

第一节　确认投资主线

纵观整个A股市场历年的走势，可以发现这样一点：纯粹的牛市和熊市非常少，整个市场经常维持在一种横向宽幅振荡格局之中。这也就意味着，市场上很少出现普涨或普跌的行情。但在某一周期内，某些板块涨得却非常好，另外一些板块可能又会出现较大的跌幅，这也是很多散户满仓踏空行情的原因。

某一时段内，涨幅较大的板块或概念，可能就属于当时市场的投资主线。此时，投资者若能围绕主线进行投资，则可能会取得不错的收益。其实，对于很多主力资金特别是游资来说，最好的行情并非普涨行情，而是大盘处于振荡之中时，此时个别板块往往有精彩的表现。此时，这些主力资金就可以将攻击的重点集中在主线板块，当其将主线板块内的股票价格炒到高位后，通过赚钱效应带动市场情绪和资金向主线板块靠拢，主力则借机出货，获利了结。

因此，追逐主升浪，选择的目标领域、目标股票也应该在投资主线的范围内寻找，这类股票主升浪的涨幅往往更大，持续的时间也更长。

一、主线行情的演绎

一波主线行情启动，相关板块内的股票常常会出现可观的涨幅，而板块龙头更是可能出现股价翻番甚至翻几番的情况。可以这样说，把握了主线行情，散户就等同于找到了从市场掘金的“金钥匙”。

一般来说，主线行情的演绎具有如下几个特征。

第一，能够成为市场投资主线，行情持续的时间肯定会相对比较长。这并不意味着这个概念板块内的股票会一直涨，而是会呈现出典型的振荡上升态势。

第二，在围绕主线振荡上升过程中，主线内部各细分板块或概念可能都会有所表现，但表现的时间并不一定很一致，很可能会出现此起彼伏的情况。

比如，新能源主线行情中，当光伏组件领域内的企业拉升一段时间后出现调整，生产硅料的企业可能承担起拉升整个新能源板块的重任。当其示弱后，可能风能板块或电源板块等又接力展开行情。总之，市场上的资金是有限的，资金在进攻时，往往会挑选核心的进攻领域，然后逐次展开。资金并没有义务将所有的股价抬升至高位，他们仅仅是为了实现自身利润最大化而已。因此，当某一细分板块的股价被抬升至很高的位置时，这些资金就会撤出，有时也会出现夺路而逃、互相踩踏的情况。反映在股价方面，可能就会出现股价暴跌的走势。从这一点上来看，很多牛股股价大幅走低，并不意味着其基本面发生了改变，或市场不再青睐于它，而仅仅由于其短线股价过高，市场不得不进行调整，否则就面临没有资金接盘的窘境。

随着传统化石能源逐渐枯竭，以及对环境保护、气候变暖的关注，新能源受到了越来越多的关注和青睐。目前，世界各国都加大了对新能源的投入，光伏、风力发电等成为整个新能源板块最为耀眼的明星。

2020年到2021年期间，新能源板块都是最强的投资主线。下面来看一下隆基绿能的股价走势情况，如图5-2所示。

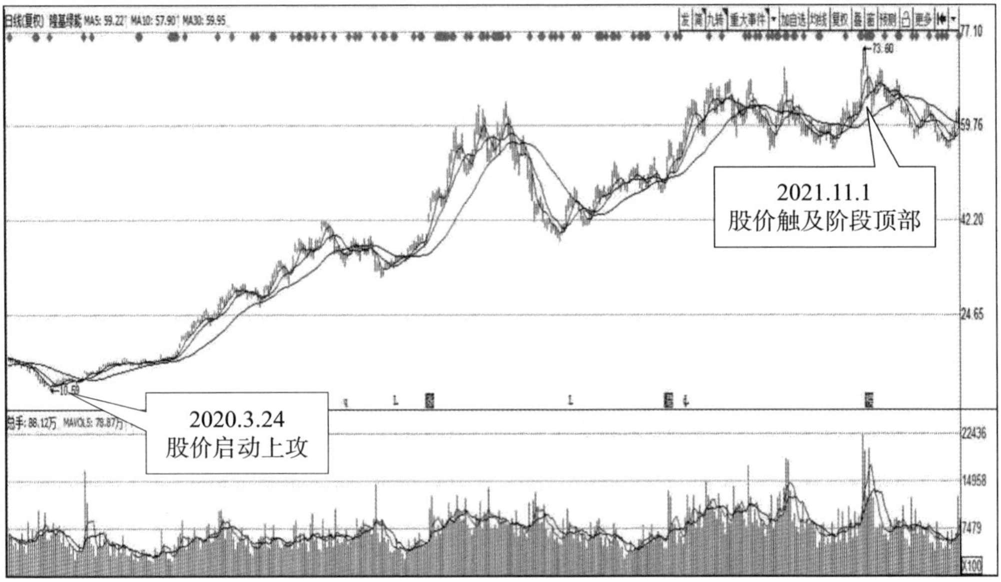

图5-2　隆基绿能（601012）日K线走势图

隆基绿能的股价自2020年3月24日底部的10.59元（复权后价格）启动上攻，到2021年11月1日，该股股价已经达到73.60元的高点，股价在一年半的时间里翻了七倍有余。整个新能源板块在隆基绿能的带动下全线上攻，整个板块上升势头也持续了一年多的时间。

二、市场热点与板块轮动

在一条投资主线内，还会细分为若干投资热点。比如，前面所介绍的新能源主线，内部就涵盖了光伏概念、风电概念、电源设备等诸多细分领域，这些细分领域都可能在不同的时间点成为市场炒作的热点。而且市场环境不同、投资主线的延续性不同，这些热点切换的频率、时间也不尽相同。

市场没有了热点，交易者也就失去了交易的动力，整个市场也就会如同一潭死水。因此，在一个交易日内，在不同的时段，盘面上会出现不同的热点概念。这些热点概念持续的时间有长有短。如图5-3所示为2022年9月21日早盘盘面热点情况。

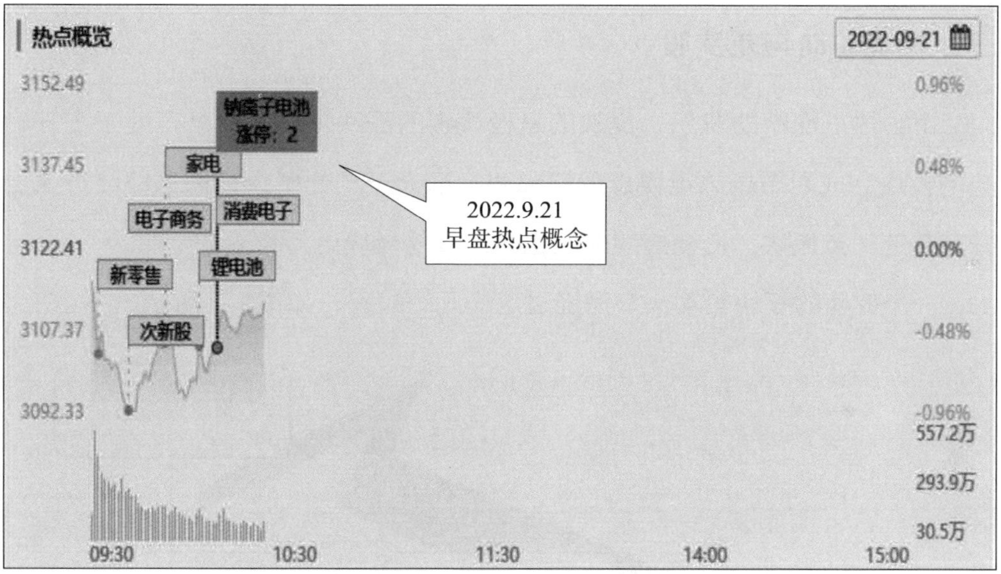

图5-3　市场热点概念示意图（2022.9.21）

从图5-3中可以看出，在2022年9月21日开盘后的一个小时内，盘面上已经先后出现了多个起涨的热点概念。不过，从热点拉升情况来看，只有钠离子电池在拉升过程中出现了两个涨停板。大部分热点概念都没有封板个股，这也就意味着这些热点的资金聚集效应并不算强。同时，由于市场轮动速度过快，每个热点持续时间都很短，这也是整个市场呈现了弱势形态的一种表现。

分析市场热点与板块轮动与整个市场的关系的基本要点如下。

第一，市场热点较少，且轮动速度快，说明整个市场交易清淡，交投不会活跃，这是市场处于熊市的典型特征。

第二，市场热点较多，且轮动速度慢，说明市场交易活跃，做多气氛较浓，很多场外资金会被赚钱效应吸引而纷纷入场买入股票。

第三，越是出现短线龙头股或者大龙头股的热点板块，其热度所持续的时间越能长久。毕竟大龙头股是最能吸引市场上的投资者跟风的。

三、板块轮动与龙头股

市场热点涨跌的背后，反映的是板块内的涨跌轮动。一个正处于上升趋势的板块，成为市场热点概念的概率要远远大于其他概念，而且已经进入上升趋势的热点板块，行情持续时间也要比其他板块更为长久。

一个完整的板块轮动大多需经过这样几个过程，如图5-4所示。

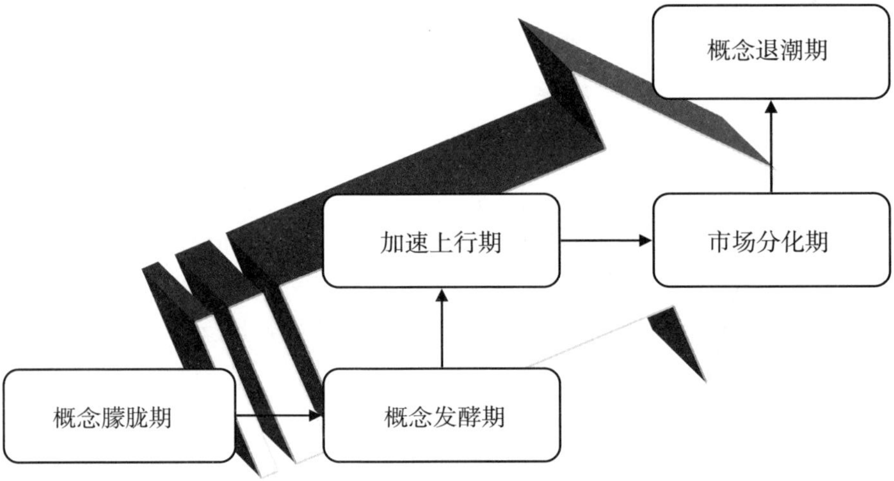

图5-4　板块轮动的五个阶段

第一阶段：概念朦胧期。

某个概念开始出现时，市场上也就只有一两只该概念的核心股票出现了大幅上攻走势（龙头开始启动），整个概念的其他股票即使出现上涨，涨幅也很小，很多散户对该概念还不甚理解。其实，这时候往往是主力开始加大建仓力度，寻找替代龙头股的时期。

第二阶段：概念发酵期。

在该阶段，由于先前率先启动的龙头股已经连续上攻，整个市场对该概念开始警觉，相关板块和个股逐步开始启动，很多未来的龙头可能就在这个时候开始现身，投资者应该寻找那些量价配合较佳的投资标的进行攻击。很多先期启动的大龙头已经接近高点，并会在这一阶段出现大幅振荡的走势。成交量异常放大的股票，投资者一般不宜介入，因为此时先期介入的资金很可能已经开始撤出。

第三阶段：加速上行期。

从本质上来说，该阶段往往是股价上升速度最快、上涨幅度最大的一个阶段，很多板块龙头股的股价翻番都是在此阶段完成的。该阶段与炒作概念相关的板块都出现了较大幅度的上攻，市场赚钱效应凸显，很多散户开始涌入相关概念板块股票。无论是龙头股还是与龙头相关概念的股票，都能取得不错的涨幅。此阶段股价上涨幅度最大，相对而言，往往也是持股最为安全的一个阶段。

第四阶段：市场分化期。

过了概念普涨阶段后，市场开始出现分化。很多与概念相关的股票开始回落，而龙头股一般还能坚挺，甚至在调整后出现新的上攻行情，此时，市场上的关注焦点已经完全聚焦于龙头股，这也是很多资金关注和炒作龙头股的根本原因所在。

第五阶段：概念退潮期。

无论哪种概念，炒作都会有一个退潮期。区别在于，有些概念在退潮期来临前会经历几波加速上涨与走势分化，有些概念可能只有一波加速上涨就进入了退潮期。总之，对于主力来说，如何快速将手中筹码兑现才是王道。主力持仓情况不一，退潮的形式也有所不同。若在上攻阶段存在多主力抢筹的情况，那么，退潮阶段也可能引发多主力争相出逃，导致股价连续大幅下挫的情况；反之，若只有一家主力坐庄，那么在退潮时，主力可能会采取更加从容的高位振荡方法来完成出货。

龙头股的退潮与其他个股有所不同，因各路资金介入龙头股的程度不同，其退潮方式也会有所不同。资金介入不高或股价到顶峰时，大部分资金完成了撤退，那么股价可能会出现连续大幅的暴跌；反之，若资金介入较深，则可能出现顶部振荡走势，或者下跌一定幅度后再反弹的退潮模式。总之，所有的动作都是主力为了确保自己的资金顺利地撤出。

另外，从以往的概念炒作情况来看，若一个概念经历了完整的五个炒作阶段，往往能够获得较佳的持续性，股价上升持续时间较长，上升的幅度也会比较大；反之，当一个概念启动初期就出现了快速发酵并出现概念板块普涨的情况，行情持续性往往会比较差。

第二节　寻找热门板块龙头股

通常情况下，某一板块成为市场上的热门板块后，整个板块内的股票可能都会有所表现，但上涨的幅度和持续时间就有很大的区别了。热门板块内的龙头股，主升浪一旦开启，百分之五十乃至几倍的涨幅都是有可能的，而同板块内的其他股票就没有这么幸运了。因此，踏准投资主线后，选对龙头股也是十分重要的。

一般来说，图5-5所示的几类股票是容易出现龙头股的。

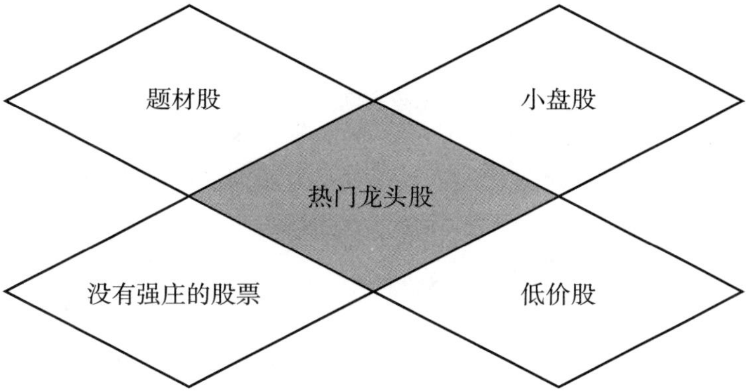

图5-5　热门龙头股的特征

一、从题材上看龙头股

市场上的大龙头股必然都是有题材、有故事的品种，当然，你也可以说市场上的股票几乎每种都有各自的题材或概念，但为何拉动行情上涨的往往只是少数的几个题材？因为龙头股是这些炒作题材中少数中的少数。另外，能否得到爆炒，还要看题材的内在质量。当然，这种题材的质量更多的是从主力资金的角度来看的，主要侧重点也是在于是否具有广泛的炒作空间。

主力机构并不会凭空去拉升某只股票或某个板块，他们每天都会在信息与资讯方面做很多功课，对可能出现的热点事件、热点题材、各路上市公司的消息进行分析与评估，并对各类题材进行深入的挖掘。

一般来说，容易受到炒作题材包括图5-6所示的几种类型。

1. 新题材

以前没有炒作过的、可能制造较大想象空间的题材，更容易获得主力资金的关注。人人都有喜新厌旧的倾向。同时，旧题材已经被反复炒作多次，想象空间已经不大了。新题材则完全不同，由于之前没有被炒作过，这就有了更大的想象空间。

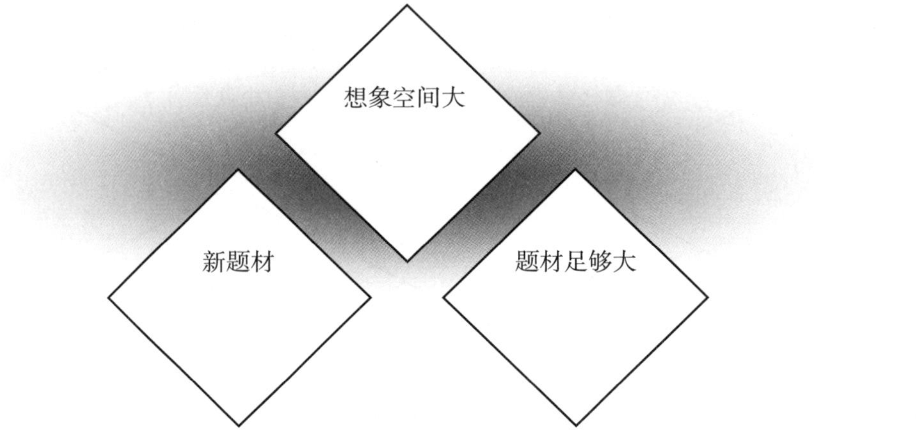

图5-6　市场容易热炒的题材类型

比如2021年9月，受脸书投资元宇宙消息的刺激，国内各路资金开始寻找元宇宙核心标的。9月6日，中青宝官网发布消息，其基于元宇宙中虚拟与现实相结合的模拟经营类游戏《酿酒大师》上线，中青宝一时间成为元宇宙概念的核心标的，各路资金争相入局，爆炒该股。中青宝股价走势如图5-7所示。

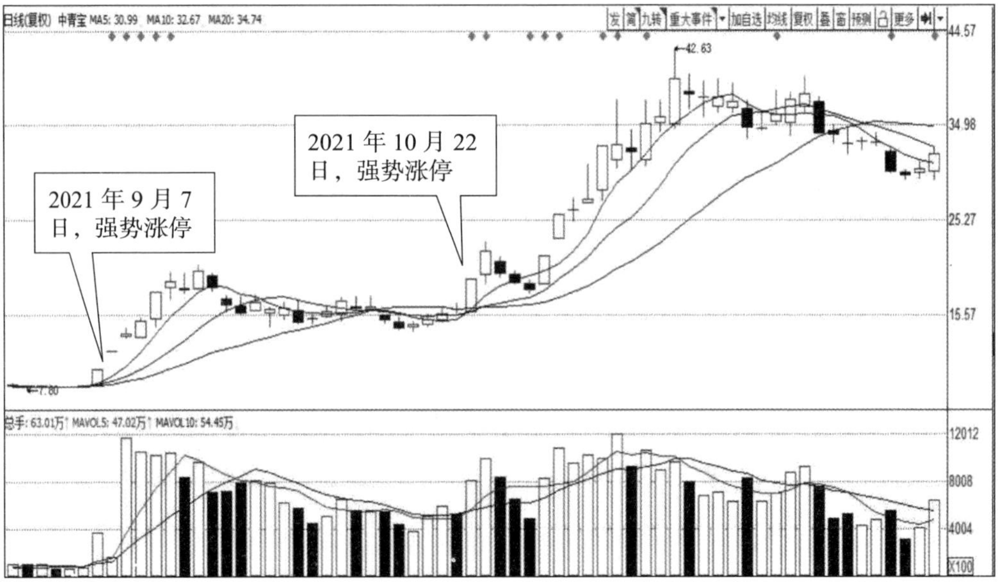

图5-7　中青宝（300052）日K线走势图

2021年9月底以前，中青宝受到的关注较少，股价一直呈低位横向振荡态势。

2021年9月7日，元宇宙概念横空出世，中青宝作为“元宇宙”概念的龙头股率先启动，并被封上涨停板。此后，该股股价连续拉出多个涨停板，随后进入调整阶段。

2021年10月22日，中青宝再度启动上攻，标志着“元宇宙”概念第二波炒作浪潮启动，这一阶段的涨幅竟然比第一阶段的涨幅还要大。

其实，该股股价的走势也基本符合游资短线炒作的特征。由于元宇宙概念属于新兴概念，之前从来没有炒作过，因而第一波炒作只是一个预热。随着元宇宙概念逐渐发酵，市场对元宇宙概念的挖掘也越来越多，因此，当第二波炒作启动后，追涨的资金也更多，涉及的领域也更广泛，而这正是龙头股行情走得更远的基础。

2. 想象空间大的题材

炒股票更多的是在炒一种预期。因此，一些朦胧的、想象空间大的题材，受到的追捧就会更多。想象力的空间越大，市场做多的意愿就会越强烈。比如，市场上经常炒作一些重组题材的个股，其实这就是一个单纯的炒作想象空间的概念。个股破产重组并不意味着业绩一定会变好，但却给市场提供了一个可以变好的想象空间，比如在2022年大放异彩的预制菜概念。从本质上来说，预制菜并非一个全新的概念。

预制菜是运用现代标准化流水作业，对菜品原料进行前期制备工作，简化后期制作步骤，经过卫生和科学的包装，再通过加热或蒸炒等方式，就能直接食用的便捷菜品。

据艾媒咨询调查，2021年，中国预制菜的市场规模为3459亿元，同比增长19.8%。到2025年，中国预制菜的市场规模或将突破8000亿元。据相关机构预测，受疫情的影响，预制菜的销售规模将会持续保持高速增长。

到了2022年，预制菜概念股开始被市场广泛关注，很多预制菜概念股开始被资金频频炒作，得利斯成为预制菜的龙头股。

得利斯是一家以生猪屠宰、肉制品深加工、速冻调理产品加工、牛肉系列产品精细加工为主营业务的企业。“得利斯”牌低温肉制品连续多年在全国市场同类产品的销量中保持第一名。

近年来，公司在冷却肉、低温肉制品等基础上，拓展了牛肉系列产品、速冻米面产品和预制菜产品等相关业务，产品结构不断完善，这也使得该股成为“预制菜”概念股。

下面来看一下该股的财务数据情况。截至2021年年底，得利斯的总营收为31.3亿元，每股盈利0.09元，每股净资产为2.77元。2022年6月底，该股总市值为50亿元左右，每股股价为8元左右。

得利斯的基本面一般，每股盈利较低，同时，该股的总市值较小。在该股因预制菜概念被大幅炒作前，股价更低，这就使得该股非常容易成为短线资金攻击的对象，成为预制菜概念的龙头品种。

下面来看一下该股的股价走势情况，如图5-8所示。

2022年1月中旬以前，得利斯受到的关注较少，股价一直在低位徘徊。

2021年1月12日，预制菜概念受利好消息的刺激掀起了涨停潮，多只预制菜概念股强势涨停，得利斯更是直接一字封板，强势尽显。

此后的几个交易日，得利斯更是连续拉出涨停板，该股股价在几个交易日内涨幅超过90%，由此可见市场资金对预制菜概念的追捧程度。

预制菜概念能够被热炒，与其有一个巨大的想象空间密不可分。毕竟，在疫情持续的影响下，堂食餐饮行业受到了较大的冲击，越来越多的家庭选择在自己的家中就餐，预制菜正好拥有了一个可以施展拳脚的舞台。

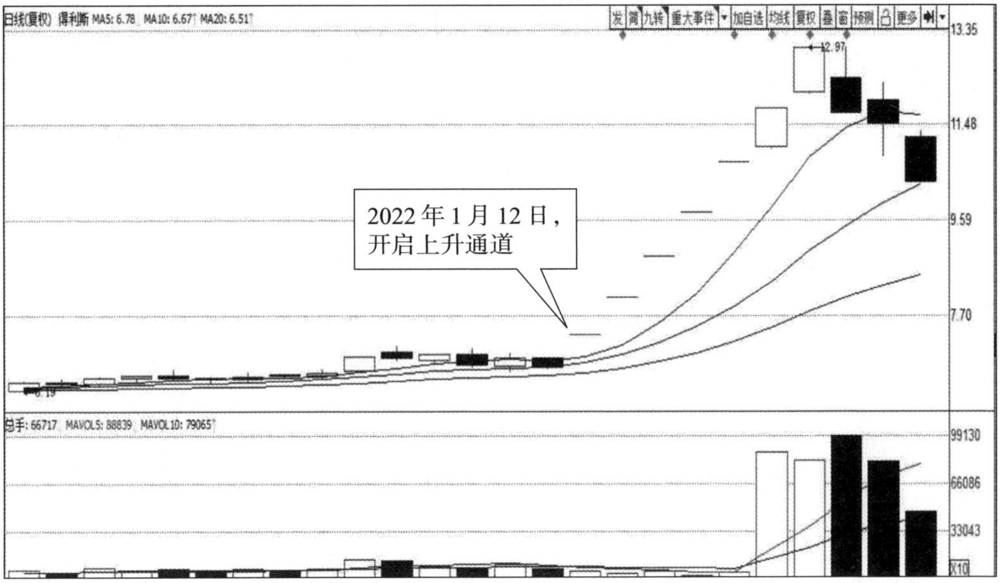

图5-8　得利斯（002330）日K线走势图

3. 题材足够大

大题材拥有最大的想象空间。在A股市场上，最大的题材一般都来自国家政策与规划方面，毕竟国家政策方面的规划涉及的领域、行业与企业较多，都是关系国计民生方面的重要领域，这些政策、规划孕育的投资机会也会比其他题材更多。最为典型的国家政策方面的规划包括国家级新区建设、自贸区建设以及针对个别产业、行业的规划等。最近几年来，与国家政策规划有关的龙头股也是层出不穷，比如2013年的上海自贸区概念、2017年的雄安新区概念等。

最近几年的海南自贸区也是其中一个典型的代表。

海南自由贸易港是按照中央部署，在海南全岛建设自由贸易试验区和中国特色自由贸易港，这是党中央着眼于国际国内发展大局，深入研究、统筹考虑和科学谋划做出的重大决策。

2020年6月1日，中共中央、国务院印发了《海南自由贸易港建设总体方案》并发出通知，要求各地区各部门结合实际认真贯彻落实。一时间，海南自贸港概念板块出现了热炒浪潮。

海德股份属于典型的海南本地股，其所处的行业为房地产开发、酒店经营以及制药等行业，同时还有不良资产管理等业务。海南自贸港的建设将会对该股产生直接的利好作用，因而在《海南自由贸易港建设总体方案》发布前后，海德股份的股价出现了一波暴涨行情。海德股份的股价走势，如图5-9所示。

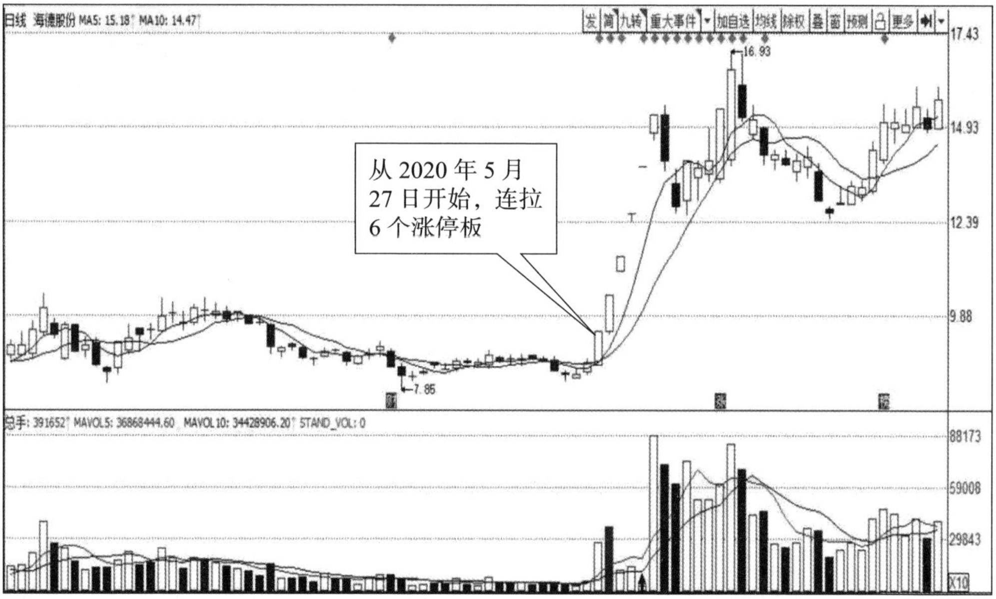

图5-9 海德股份（000567）日K线走势图

海德股份的股价在2020年5月初开始了横向筑底走势，股价波动较小，这可能属于股价正在选择突破方向。其后，到了5月下旬，该股股价突然下挫，给人一种即将向下突破的感觉。之前介绍股价突破形态时曾经说过，当主力将要拉升股价时，往往可能会先向下打压。此时，投资者要密切关注股价的后续变化。

2020年5月27日，该股股价突然放量拉升至涨停板。当时市场就有传闻，海南自贸港相关规划文件将要出台。此后几个交易日，该股股价连续拉出涨停板。到了6月1日，相关规划文件正式出台，该股股价又连续拉出两个涨停板后，宣布拉升结束，股价开始进行高位调整走势。

二、从盘子大小看龙头股

从以往的龙头股盘子情况来看，小盘股明显会受到更多的青睐。只有特殊情况下，才有“大象起舞”的现象。绝大多数情况下，龙头股还是以小盘股为主。具体说来，小盘股成为龙头股主要基于以下两点。

第一，盘子相对较小。这里的盘子主要指的是股票的流通盘，而非总股份数。大盘股往往有大量的主力资金和庄家驻守，游资很少参与这类股票。但游资挑选的标的股票，也并非盘子越小越好。若盘子过小，流通性就可能不足，这样游资进去拉升之后，很可能短期内找不到接盘的，自己也就炒作成了股东，这肯定不是游资想要的效果。因此，盘子的大小要适中，这里所说的“适中”，主要是基于游资的实力水平定义的。一个只有几千万元资金的游资和十几亿元资金的游资，所选的股票盘子大小肯定是不一样的。

第二，流动性要好。大家回顾一下之前讲解的几只游资拉升的股票就可以发现，这些股票的流动性往往极佳，在拉升的后期，每日的换手率高达20%以上，这样游资想要进出就会变得很容易。大家需要清楚一件事，游资炒作股票的主要目标是盈利，是能够兑现的盈利，而不是将股价拉升至高位持股不动。其实，对于这些游资来说，将股价拉升起来相对比较容易，但如何才能顺利在高位出逃才是关键的。

那么，什么样的股票流动性好？显然，流动性好的股票就是市场上的那些热门股票。对于一些游资来说，股票流动性的重要性还要高于盘子的大小。

同理，一些大牛股，即使一波上攻结束，股价也不会很快下跌，而是会出现较长时间的横向盘整，这时，先前介入的游资就可以从容撤出。另外一些股票即使短线出现了暴涨，但股价很快又会跌回来。由于行情持续时间过短，其实会有很多游资困在其中。也就是说，不仅散户不喜欢这类股票，就是游资也不喜欢这类股票。

总之，一般来说，游资还是比较偏好流通市值在50亿元左右的股票。市值过低，容易造成流通不畅，市值过高，游资拉升也有困难。

2021年年底到2022年上半年，被市场炒作的部分大牛股的盘子情况如表5–1所示。

表 5-1　牛股市值与涨幅数据表

股票名称	起涨时间	起涨前收盘价	总股本	流通股本	起涨前流通市值	波段最高价	波段涨幅
九安医疗	2021.11.5	6.10 元	4,81 亿	4.56 亿	27.82 亿	88.10 元	1345.58%
热景生物	2021.4.13	34.82 元	0.92 亿	0.65 亿	22.63 亿	157.01 元	350.92%
浙江建投	2022.2.7	7.63 元	10.81 亿	4.93 亿	37.62 亿	47.29 元	519.8%
翠微股份	2022.1.4	8.09 元	7.99 亿	6.52 亿	52.75 亿	30.44 元	276.27%
恒宝股份	2022.1.24	7.42 元	6.99 亿	5.90 亿	43.78 亿	17.98 元	142.32%
新华制药	2022.4.26	9.23 元	6.7 亿	4.36 亿	40.24 亿	40.55 元	339.33%
中通客车	2022.5.13	4.34 元	5.93 亿	5.93 亿	25.74 亿	27.97 元	544.47%
集泰股份	2022.6.10	5.99 元	3.73 亿	3.62 亿	21.68 亿	20.72 元	245.91%
浙江世宝	2022.6.13	5.23 元	7.90 亿	5.53 亿	28.92 亿	15.57 亿	190.71%
赣能股份	2022.6.28	5.91 元	9.76 亿	9.76 亿	57.68 亿	17 元	187.65%

从表5–1中可以看出，这些超级大牛股起涨前的市值普遍不高，流通市值最高的赣能股份仅为57.68亿元，最低的集泰股份仅为21.68亿元。涨幅最高的三只股票分别为九安医疗、中通客车和浙江建投，其流通市值均低于40亿元。

从市场资金角度来看，只要流通性够好，总市值越低越有利于炒作，毕竟这样的股票拉升起来比较容易，自己能够控盘的程度也更高。

三、拒绝强庄股票

炒作资金在选股方面还是非常注意的，并不是见到属于热点板块的股票就会入手。在入场前，资金会对目标股票的股东情况进行排摸。只有那些没有强庄的股票，才有可能成为龙头股的候选标的，进而被炒作资金青睐。

1. 大股东情况

大股东情况包括大股东的持股情况。通常情况下，大股东的持股都相对比较稳定，因而大股东的持仓占比越高，说明市场中流动的筹码越少，资金拉升就会相对容易。

同时，资金最担心的就是在其拉升股价时，大股东突然宣布减持股票，这会对资金的整个操盘计划产生较大的影响。股价进入高位后，大股东减持，实质上就是与资金争夺承接盘。大股东手中的筹码价格极低，其减持势动作势必会对资金操盘产生沉重的打击。

事实上，很多有实力的资金在介入股票前，都会多方面了解大股东的情况，包括是否存在减持意愿等。有些时候，这些资金甚至能够通过所在证券营业部联系到大股东，以具体了解企业的经营情况和大股东的持仓意愿等。当然，也有一些资金甚至会与大股东合力拉升股价，以配合大股东减持的情况，这就属于涉嫌操纵股价的违规问题了，这里不深入展开。

2. 主力与庄家情况

目前，很多股票都会有一些庄家常年驻守。这些主力庄家通过低位吸筹并在高位散筹的方法，以获取股价波段振荡的利润。

这类股票有以下几个特点。

第一，主力庄家可能有一个或多个，这与股票的盘子大小有关。

第二，一般主力庄家持仓量较高，持仓时间也比较长。

第三，这类股票的价格走势相对较平稳，毕竟股价的波动几乎都在主力庄家的掌控之中。

第四，这类股票还有可能属于超级绩优股或大盘股。这时候，主力庄家就不再是一家或几家了，而是有很多大基金驻守。市场游资一般是不愿意触碰这类股票的，毕竟自己的资金投入这类股票中，无法对股价产生较大的影响，只能顺着这些大资金操盘的方向做。

相对于散户来说，这些资金的资金体量很大，但相对于主力庄家来说，市场游资的资金量并不是很大，这就使得其与主力庄家较量时容易陷入被动。特别是自己拉升股价时，若主力庄家砸盘，有时候自己都可能接不住。因此，市场游资在选择拉升标的时，常常会选择避开有强庄或很多主力庄家驻守的股票，而倾向于选择股份非常分散的股票。

四、低价股更有潜力

从以往牛股的股价来看，显然低价股更受游资欢迎。对此，可能很多投资者并不是很理解：游资拉升不是应该以流通盘大小为基础吗？这与股价高低有什么关系呢？

概括起来说，龙头股多来源于低价股，主要有这样几个原因。

第一，一般来说，低价小盘股很少会受到大资金的光顾，即很少有基金或大机构资金入驻这些股票。即使有，也是少数。这就意味着这些股票本身没有强庄驻守，游资拉升更加方便。

第二，低价股拉升一段距离后，股价仍然不高。这样吸引接手盘进场也更加容易。一只股票从5元涨到10元就翻了一倍，而10元股在市场上仍属于低价股的行列，再找接盘方也比较容易。若是50元股价涨到100元，再想找接盘方就不那么容易了。

第三，固然股价高低对于拥有大量资金的游资来说影响并不大，但对于喜欢跟风的散户来说，肯定是不一样的感觉。比如，一只股票经过一波拉升后才八九元的价格，而另外一些股价，两个涨停板后股价就到了八九十元的高位。哪种个股更容易吸引散户？这是一目了然的事。低价股更容易吸引散户跟风，原因也非常简单，很多人都有这样的一种感觉，即使低价股再下跌，其下跌空间也比较有限了，而高价股则不同，它们下跌的空间可能会相当大。正是因为游资多是站在散户的角度思考问题和选择股票的，所以，低价股才屡屡成为市场龙头股的候选标的。很多发动连续涨停的个股，起涨前的价格都比较低。前面表5-1所列的十只市场龙头股中，除了热景生物外，其他个股起涨前的价格均低于10元，这就是市场给出的选择。

第三节　板块轮动主升浪战术解析

板块轮动主升浪的形成，有时候与个股基本面或内在价值关联不是很大，关键是要看市场炒作的风向和政策导向，核心要素是“是否拥有足够大的想象空间或发展空间”。板块炒作可发挥的空间越大，主升浪的上攻幅度就会越大。

一、强者恒强——翠微股份

应用板块轮动主升浪战法，需要将投资主线、市场热点与个股选股选时相结合。在操作过程中，主要考虑市场环境、散户情绪以及个股本身题材等方面的因素。

想要准确捕捉板块轮动的主升浪，找准市场投资主线和炒作热点是先决条件。也就是说，想要手中的股票能够飞起来，自己先要站到风口上。投资主线、市场热点就是风口。判断市场投资主线和市场热点时，可以从以下几个角度来分析。

第一，整个市场大环境。

这个大环境包括政策环境和宏观经济环境。宏观经济环境不佳时，国家可能会推出一系列刺激消费或投资的政策。国际局势出现动荡时，特别是出现较大的冲突时，整个金融市场就可能随之出现动荡，很多资金就会流向避险领域，一些黄金类、军工类股票就可能迎来上扬。同时，从长远来看，人类社会不可避免地会面对粮食危机和能源危机，这都是必须要面对和克服的问题。

第二，市场资金流向。

市场上主力资金攻击的方向，往往就是市场热点聚焦的领域。若是主力资金持续流入某一概念板块，更可印证该板块就是当前市场的热点板块。

第三，涨停板集中的领域。

若某一板块内涨停个股数量较多，则说明该板块是市场的热点所在。特别是如果市场的总龙头来自某个细分板块，更可印证该板块为市场热点板块。

下面以移动支付概念中的翠微股份为例进行介绍。

移动支付也称为手机支付，就是允许用户使用其移动终端（通常是手机）对所消费的商品或服务支付款项的一种服务方式。

最近几年来，随着移动互联网技术的发展和智能手机等移动终端设备的普及，支付方式的电子化、网络化和移动化趋势越发明显，移动支付的应用场景和产业链条得到极大的拓展和延伸。

翠微股份是北京市海淀区区属商业龙头企业，也是北京市著名商业品牌。其核心业务包括商业零售业务以及银行卡收单业务等。翠微股份下属子公司海科融通，除了布局智能销售终端机外，还推出了兼容二维码扫码支付的“海码”、扫码盒等新兴支付工具，因此，翠微股份也成为移动支付概念股。在2022年年初时段，该股的流通市值在50亿元左右，属于典型的小盘股。

2022年1月初，受移动支付利好消息的刺激，更因盘子较小，因而获得了炒作资金的青睐，该股曾数度出现短线暴涨走势，如图5-10所示。

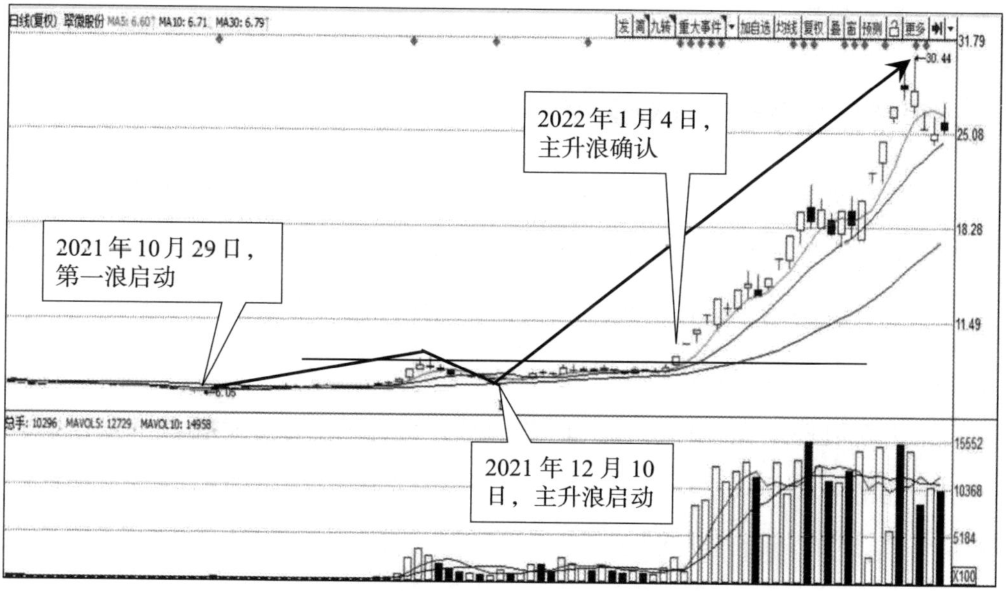

图5-10　翠微股份（603123）日K线走势图

从图5-10中可以看出，翠微股份的股价在2021年10月底触底后出现了振荡反弹走势。在11月底到12月初期间，股价出现了一波小幅上攻走势，但很快又转入了调整区间。此时，市场出现了有关移动支付和数字货币的消息，特别是央行数字人民币的炒作，牵动了市场资金的神经，这从侧面也说明了市场上开始有资金流入该股。

2021年12月10日，该股股价触及30日均线后出现振荡反弹走势。从技术分析角度来看，此时该股主升浪已经开启，但由于先期股价涨幅较小，市场并没有察觉到。到了2022年1月4日，该股股价在移动支付概念的催动下暴力上攻，以涨停的方式突破了第一浪的高点，这也是主升浪启动最为明确的确认信号。与该股同步上升的还有很多同概念股票，这也是整个板块启动的一个明确信号。

基于以上分析可知，移动支付板块成为当时市场炒作的热点，其中翠微股份已经开始了主升浪模式，这正是投资者可选的较佳对象，投资者可以积极入场买入该股。

二、市场总龙头——九安医疗

有些股票从启动的那一刻开始，就注定要成为市场上的总龙头，九安医疗就是如此。这类股票从启动伊始，就给人一种惊天动地的感觉。同时，由于其股价短线启动立即转入暴涨的模式，让很多投资者对其望而却步。

第一，市场投资主线。

由于新冠疫情在全球范围内扩散，对病毒检测产品、病毒防护产品以及疫苗产品的需求持续增加，因此，自2020年开始，市场上围绕该投资主线就掀起了一轮又一轮的炒作狂潮。

第二，热门概念中的龙头股。

进入2021年11月之后，国外市场对病毒检测产品的需求持续增加，国内很多生产相关产品的企业受其刺激，都出现了一波上升热潮。也就是说，整个与疫情有关的炒作主线已经推进至以病毒检测为核心的炒作方面，九安医疗是其中最有代表性的一只股票。

自新冠疫情出现后，各大医疗器械公司相继推出了各类病毒检测工具，其中抗原家用自测试剂盒类产品在国外受到了较高的关注和欢迎，很多医疗器械生产企业的产品相继获得欧美国家药监管理机构的批准，开始大量向海外供货，因此，这些企业的业绩也同样迎来了跨越式发展。九安医疗一个季度挣的钱甚至超过了过去十年的总和，正因如此，九安医疗成为那波行情中绝对的大龙头，如图5-11所示。

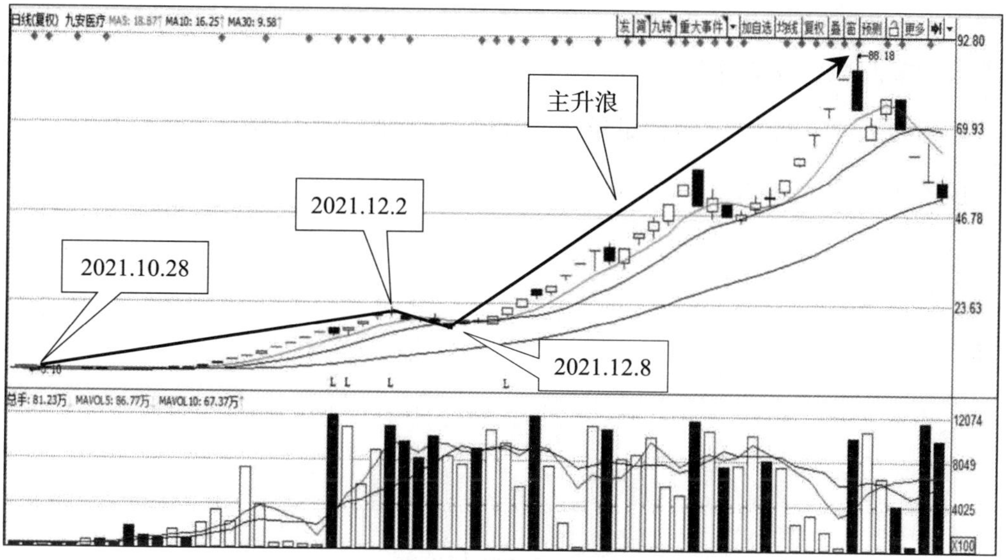

图5-11　九安医疗（002432）日K线走势图

九安医疗的股价在2021年11月之前一直处于下行趋势。10月28日，该股股价触底反弹。此后，该股股价一直呈小幅振荡上升态势。到了11月中旬，该股股价受利好消息的刺激，直接进入了强势上攻节奏。该股启动前，并未像其他股票一样来一波打压洗盘走势，而是直接启动了上攻。这说明多路主力已经在利好消息的刺激下纷纷入场抢筹，没人敢打压洗盘了。也就是说，该股未来的走势已经是显而易见的，没有主力愿意等待了。

12月2日，该股股价经过一波强势拉升（15个涨停板）后，达到了阶段高点后开始回调。至此，该股的第一波炒作和拉升结束，此后转入回调走势。不过，与其他强势股不同，该股回调的幅度并不大，且很快在疫情的推动下自12月8日再度开始上攻。

该股股价很快转入连续涨停的强势上攻模式，这就是大龙头的走法。可能很多投资者都不适应该股行情走法，毕竟这时股价会给人一种恐高的感觉。不过，大龙头的走法总是与众不同的。其自12月8日启动的主升浪更是让人心生恐惧，毕竟相对于10月底的价格，12月8日的股价仍是很高很高的高位了。但龙头就是龙头，股价从来都是没有最高，只有更高。一波主升浪下来，该股股价又翻了很多倍。

超级大龙头的主升浪总是给人超级震撼的感觉，但这个主升浪并不是所有投资者都敢介入的，毕竟风险太大了。

第六章

主升浪——回踩支撑位

股票经过第一浪的上升后，股价已经到达短期高点的位置。此时，市场会有一定的短期获利盘需要兑现，主力为了后面的拉升，也会刻意向下打压股价。当股价回调至某一重要支撑位时，因获得该位置的支撑而出现企稳反弹迹象。此时，主力则趁机发力向上拉升股价，此后股价正式进入主升浪行情，如图6-1所示。

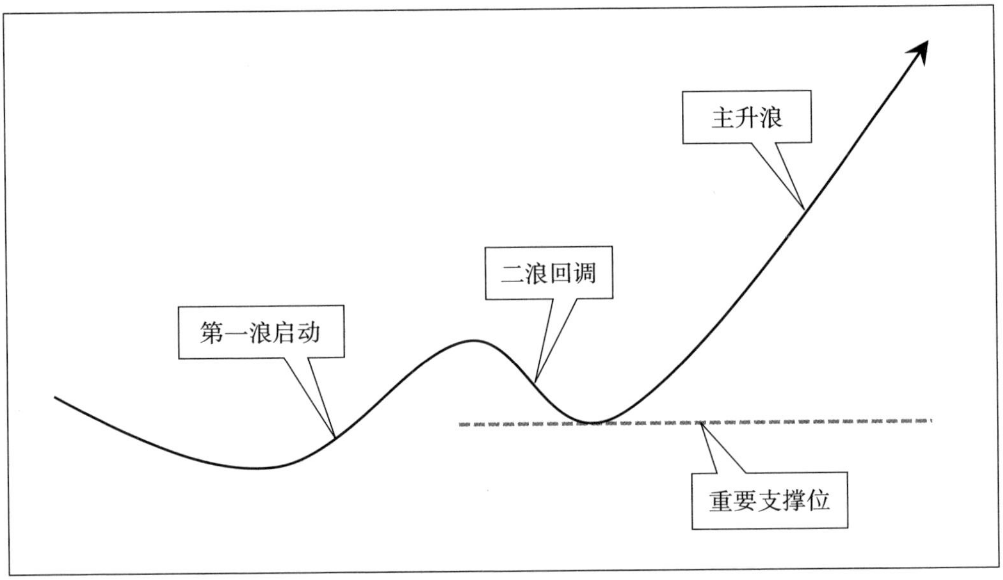

图6-1　回踩支撑位示意图

股价回踩支撑位后反向上攻，有时并不一定意味着股价将会立即进入主升浪，有些只是短暂反弹一下就又重新回到下跌通道。实战中，在识别回踩支撑位启动主升浪时，需要考虑以下几个因素。

第一，外部环境。良好的外部环境是主升浪启动的基础。除了个别妖股的启动，大部分股票在启动时还是会考虑外部环境的。其实，很多个股的主升浪都是借助利好开启的。

第二，支撑强度。越是强支撑位，股价获得支撑后，启动上升的概率越高，发动主升浪的可能性也就越大。通常来说，这类支撑位包括中长期均线位置、前期低点或高点位置、前期某一重要的放量价位（如放量涨停、放量跌停）、重要的整数关口等。

第三，技术方面因素。主升浪启动时，技术方面的信号存在诸多相似的地方。比如，在二浪回撤时，成交量也可能会同步萎缩，当股价重新上扬时，成交量再度放大。MACD指标也可能会在0轴附近形成二度金叉等。

第一节　回踩中期均线战法

在所有支撑位中，中期均线是最为典型的一个，也是主升浪启动前和股价回踩过程中最容易获得支撑的一个位置。

一、基础战法解析

股价回踩中期均线后，因获得中期均线的支撑而反向上攻，从此股价顺势进入主升浪行情，如图6-2所示。

丽江股份的股价自2022年4月底触底反弹后启动了第一浪上升行情。6月1日，该股股价触及短线高点后回落。

6月14日，该股股价K线在回调至50日均线位置时，因受其支撑而拐头向上。此后，经过几个交易日的盘整后，股价正式进入上攻区间，主升浪行情正式开启。

股价回踩中期均线后进入主升浪区间战法，可以通过以下几个维度来解析。

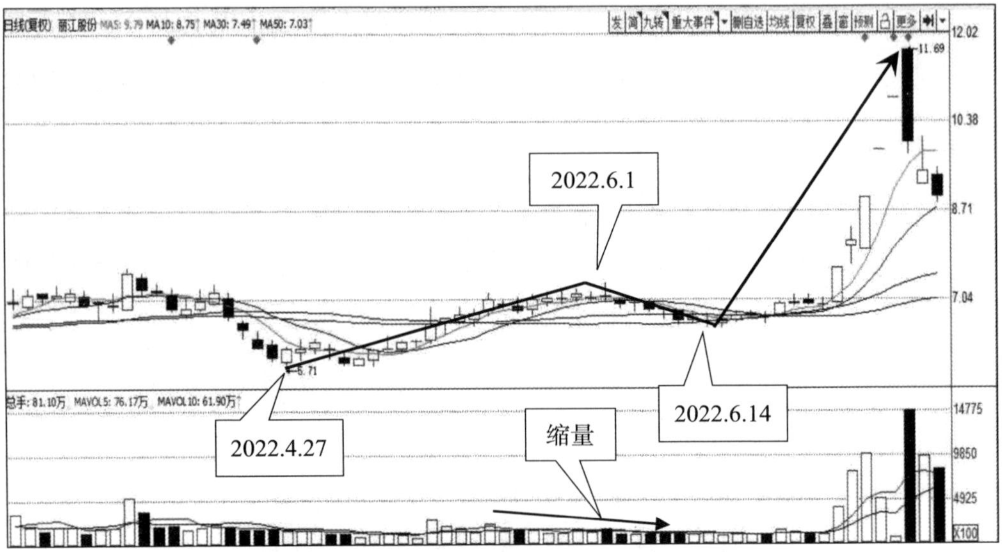

图6-2 丽江股份（002033）回踩中期均线

1. 核心维度——回踩均线系统

相对而言，中期均线要比短期均线更加稳定。当股价上升趋势已经明朗的时候，很多场外资金往往会将中期均线看作较佳的入场位置。也正因如此，中期均线常常具有较强的支撑能力。

在股价开始呈现波浪式上攻过程中，第一浪的启动往往带有很大的突然性和不确定性。很多时候，交易者认定的第一浪都是在股价第三浪（主升浪）启动后才明确的。在第一浪刚刚出现时，很多人都会心存疑惑。不过，当第一浪即将走完时，很多场外资金就可能预知到了股价运行趋势已经转向。

毕竟，随着股价的持续走高，各条均线系统已经开始拐头向上，这是股价进入上升趋势的明确信号。很多没有入场的资金，此时就会密切关注股价的后续走势，特别是股价进入第二浪回撤行情时，更是会观望股价的运行状态，以便及时入场。

自第一浪启动到终结，市场上必然会积累较多的获利盘，第二浪回调也是在逐渐消化这些获利盘。当股价回调至中期均线附近时，外部的买盘开始入场，此时主力也不愿意进一步打压股价，以免造成筹码流失。因此，股价回调遇到支撑后，随即转入了上升趋势。

一般来说，这些具有强力支撑能力的中期均线，主要包括30日均线、50日均线、60日均线等。

2. 辅助分析维度——量价关系

从以上案例可以看出，该股股价第一浪上攻态势并不算特别的猛烈，此后股价进入回调区间。与股价走势相配合的是成交量的变化，在第一浪启动后，随着股价缓步上行，成交量也同步温和放大。从量价关系来看，这是一种较为良性的量价配合形态。由于股价上行的速度较为温和，成交量放大的程度也较为温和。当股价转入回调走势时，成交量也同步出现萎缩。与股价波动幅度相似，成交量的变化也非常小，这也是主力有意识地控制量价波动的结果，表明主力希望借此消耗持仓者的耐心，促使其在股价启动前放弃手中的筹码。

当股价遇到中期均线，场外资金开始入场后，主力无法再通过控制股价波动来获得散户手中的筹码了，于是其顺势启动拉升行情。此后，股价正式进入主升浪上升通道。

二、MACD指标解析战法

MACD指标被认为是最经典的振荡指标，更是有“指标之王”的美誉。该指标在判断股价低位买点方面具有较大的优势。

通常来说，MACD指标会随着股价的波动出现振荡。当股价触底反弹时，MACD指标也会随之出现低位金叉形态。不过，由于此时股价处于低位区域，市场做多气氛不浓，所以该处的金叉成色并不高，仅预示股价可能会有一波反弹走势。至于反弹的幅度和持续性，很难通过指标加以评估。当股价进入第二浪回调区间时，MACD指标会同步出现死叉形态。此后，当股价再度起涨时，MACD指标又会二度呈现黄金交叉形态。此时的交叉点会远远高于第一个金叉，且位于0轴附近位置。从MACD指标角度来分析，这个金叉的成色更高，看涨意味更浓，这也符合股价即将进入主升浪的判断。

下面再来看一下丽江股份的案例，如图6-3所示。

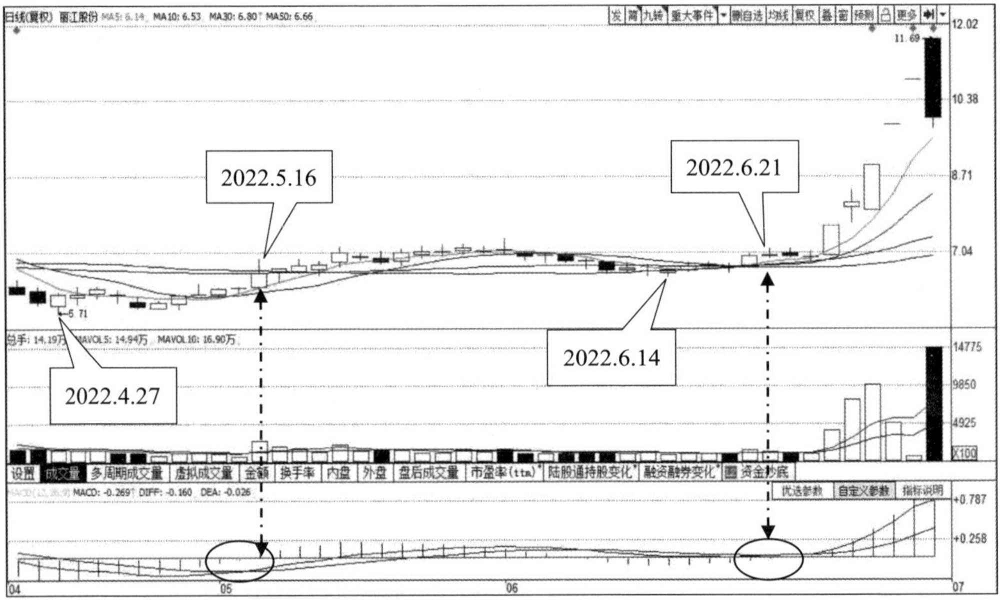

图6-3　丽江股份（002033）日K线走势图

丽江股份的股价自2022年4月27日触底反弹后，MACD指标随之拐头上行。到了5月16日，股价开始尝试突破中期均线，MACD指标也在底部形成了金叉。不过，该金叉的位置相对较低，成色明显不足，投资者可保持观望。

到6月初，该股股价出现了回调，也就是进入了第二浪回调区间。MACD指标同步出现死叉，不过并未跌至0轴下方。6月14日，该股股价再度获得支撑出现反弹，MACD指标同步开始拐头向上。

6月21日，该股股价在前日大幅上升的基础上小幅收高，与此同时，MACD指标也在0轴上方附近位置再度形成金叉。此金叉为MACD指标在短期内形成的第二个金叉，且属于高质量金叉，这更可印证股价即将进入快速上升通道。

此后，该股股价真正迎来了主升浪行情。

第二节　回踩前期核心点战法

前期核心点，多为比较重要的支撑位，如前期高点、前期低点、放量上攻点、整数点位等。这些点位因其具有很强的支撑能力，往往会成为股价回踩获得支撑的点位。

一、基础战法解析

股价回踩前期核心点后，因获得这些点位的支撑而反向上攻，并顺势进入主升浪行情，如图6-4所示。

ST顺利的股价自2022年4月底触底反弹后启动了第一浪上升行情。5月6日，该股股价更是出现了放量涨停的情况，此后该股股价一路振荡上行。

5月底，该股股价自阶段高点开始回落，成交量同步萎缩。7月6日，该股股价K线回调至5月6日收盘价位置时，因受其支撑而拐头向上。此后，经过几个交易日的盘整，股价正式进入上攻区间，主升浪行情正式开启。股价回踩前期核心点位（以案例中的放量涨停位为例进行介绍）后进入主升浪。

区间战法可以通过以下几个维度来解析。

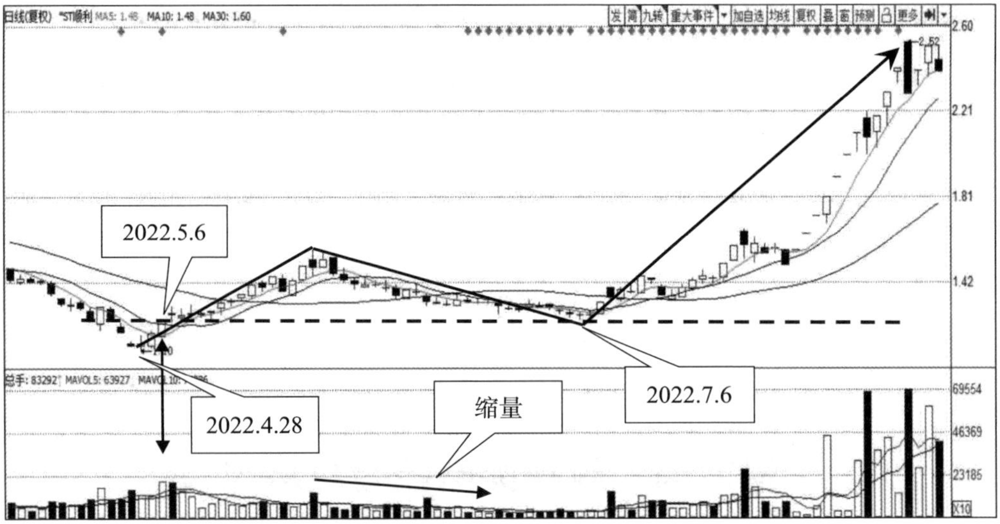

图6-4　ST顺利（000606）回踩前期核心点

1. 核心维度——前期放量涨停位

放量涨停位无论何时出现，都是一个非常重要的核心点位。在第一浪上升过程中，放量涨停K线就是整个行情的风向标。也就是说，该日出现放量涨停，直接宣告了上升趋势确立。

涨停当日，一方面出现了较大的成交量，另一方面还会有相当数量的买盘没有成交。这就意味着一旦股价出现回调，当其再次回到该位置附近时，场外资金势必将其看成较佳的入场位。同时，涨停位置也是这一波上升行情的确立点位，若股价回调跌破该位置，就可能意味着整个上涨行情终结。从这一点上来说，推动这波行情上涨的主力资金不希望行情就此终结，因此会将该位置看成重要的防守位，当股价回到该位置附近时，主力资金也会积极入场拉升股价。

相对而言，股价在之前的波动中形成的阶段低点或高点，都具备一定的支撑作用，特别是有成交量放大支持的高点或成交量萎缩至极低点的阶段低点，都有可能成为支撑位。

2. 辅助分析维度——量价关系

一般来说，在量价关系方面，与之前的战法相似。该股股价的第一浪上攻态势并不算特别猛烈，此后股价进入回调区间。与股价走势相配合的是成交量的变化，在第一浪启动后，随着股价的缓步上行，成交量也同步温和放大。

不过，这里的量价形态与之前的战法还存在些许不同。由于股价上升行情自放量涨停开始，其后的股价上升过程中并没有突破这一成交量高点，这在一定程度上形成了某种量价背离形态，这也注定了第一浪上升不会走得太远。

当股价转入回调走势时，成交量也同步出现了萎缩。与股价波动幅度相似，成交量的变化也非常小，这是主力有意识地控制量价波动的结果，表明主力希望借此消耗持仓者的耐心，促使其在股价启动前放弃手中的筹码。

当股价遇到前期放量涨停点位，场外资金开始入场后，主力就无法再通过控制股价波动来获得散户手中的筹码了，于是其顺势启动股价拉升，此后股价正式进入主升浪上升通道。

二、MACD指标解析战法

从MACD指标角度来分析，股价在前期核心点位获得支撑，与在中期均线位置获得支撑，本质上并没有太大的区别，这也使得两者用MACD指标分析的差别也不是很大。

通常来说，股价在第三浪（主升浪）启动时，必然已经形成了两个明显的阶段低点。与之相对应，MACD指标也会形成两个低位金叉，且后一个金叉的位置要高于第一个。第二个金叉一般位于0轴附近位置，以0轴上方为最佳。其实，这也是MACD指标中非常经典的“双金叉”形态，该形态具有强烈的看涨意味。

下面再来看一下ST顺利的案例，如图6-5所示。

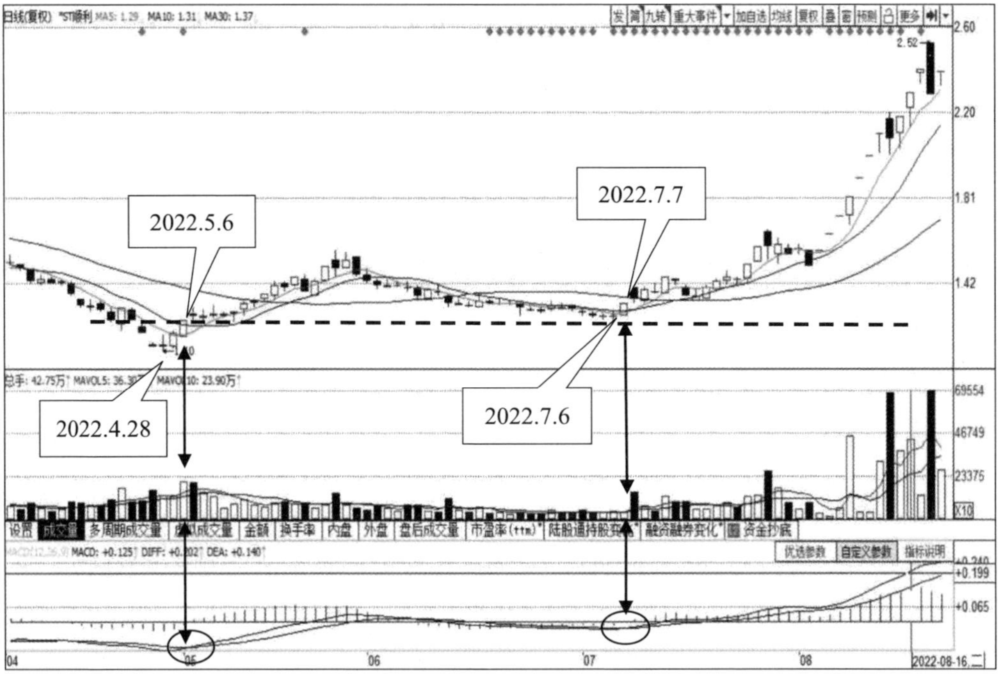

图6-5 ST顺利（000606）日K线走势图

ST顺利的股价自2022年4月28日触底反弹后，MACD指标随之拐头上行。到了5月6日，该股股价放量涨停，MACD指标同步在底部形成了金叉。不过，该金叉的位置相对较低，看涨成色明显不足，投资者可保持观望。

到了6月初，该股股价出现回调，也就是进入第二浪回调区间，MACD指标同步出现了死叉。7月6日，该股股价再度因获得支撑而出现反弹。7月7日，该股股价强势涨停，MACD指标在0轴下方附近位置再度形成金叉。此金叉为MACD指标在短期内形成的第二个金叉，且属于质量较高的金叉（MACD指标位于0轴下方附近），这更可印证股价即将进入快速上升通道。

此后，该股股价真正迎来了主升浪行情。

第三节　长腿踩线战法

长腿踩线战法，从本质上来说，也可以看成是回踩均线或回踩核心点的特殊形态。从大的形态走势上看，它们之间并没有什么不同，只是股价K线回踩当日在K线图上留下了一个比较明显的下影线形态，如图6-6所示。

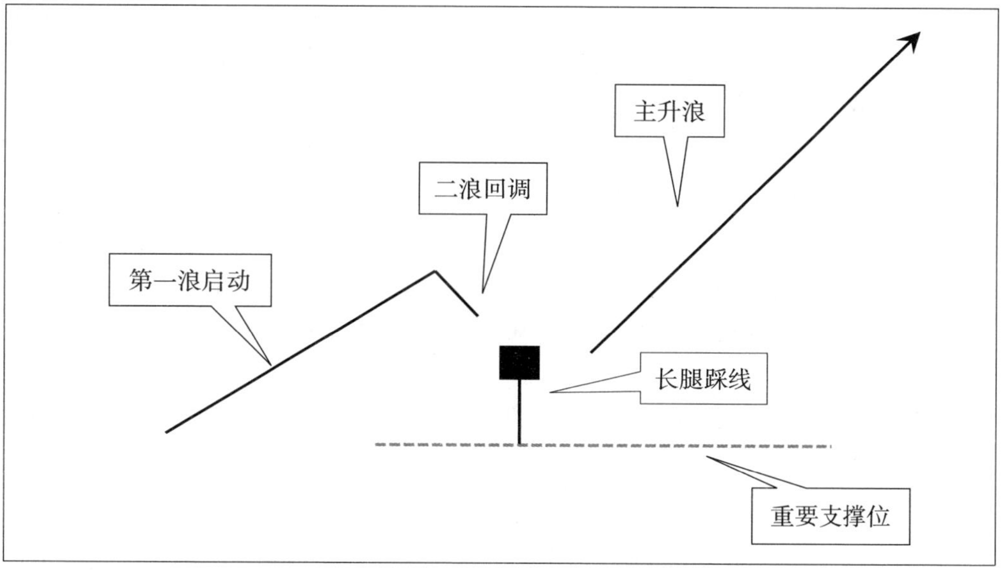

图6-6　长腿踩线形态示意图

长腿踩线战法的核心要求包括以下几个方面。

第一，K线的下影线越长，说明下方承接力度越强，股价反攻的概率和幅度也会越大。

第二，下影线回踩的支撑位越重要越好。一般以中长期均线、前方高点或低点、放量涨停点等核心点位为宜。

第三，长腿踩线形态出现当日，多会以成交量放量相配合。

一、基础战法解析

股价在回调一段时间后出现长腿踩线形态，因获得这些点位的支撑反向上攻，由此顺势进入主升浪行情，如图6-7所示。

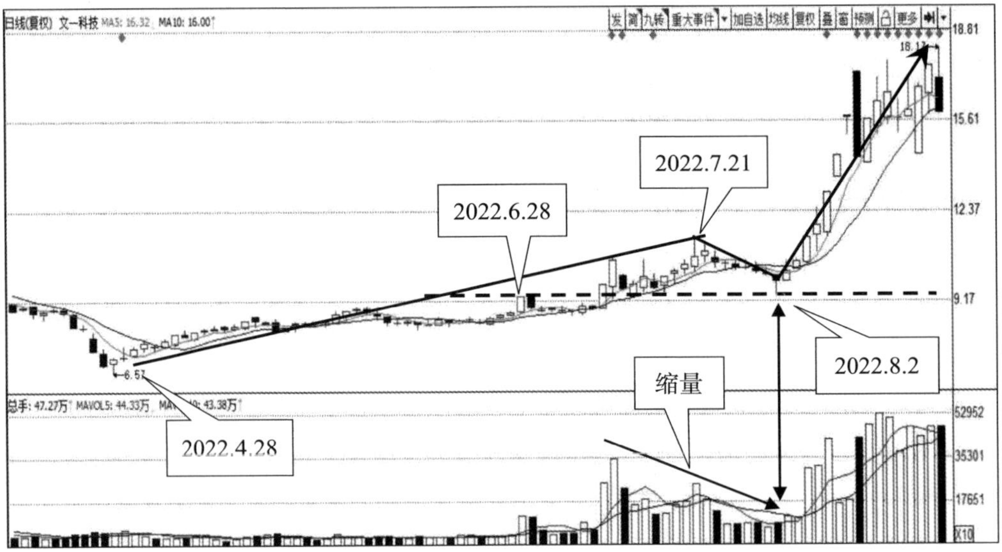

图6-7　文一科技（600520）回踩前期核心点

文一科技的股价自2022年4月底触底反弹后启动了第一浪上升行情。6月28日，该股股价更是出现了放量上涨的情况，此后该股股价经过一波振荡再创新高。

7月21日，该股股价自阶段高点开始回落，成交量同步萎缩。8月2日，该股股价大幅回落。当股价回调至6月28日收盘价位置时，因受其支撑而拐头向上，并在K线图上留下了一根带长下影线的K线。此后，该股股价反向上攻，正式进入上攻区间，主升浪行情正式开启。

股价长腿踩线后进入主升浪区间战法，可以通过以下几个维度来解析。

1. 核心维度——长腿踩线形态

K线的长腿形态，反映了多方在与空方的激励交锋中开始取得一定的主动地位。结合其出现的位置，更可看成趋势反转的信号。

在第二浪回调过程中，随着股价的下跌，空方力量逐渐得以释放，多方也在不断地积累力量。由于第一浪上涨积累了较多的获利盘需要消化，所以股价才会一跌再跌。不过，凡事都有一定的限度，多方必然也会设置各条防御战线阻止股价下跌，当股价调整至某些位置时，多方就会发力反攻。

在股价经过大幅打压回调至前期某一重要点位时，多方发动反攻，当日收复了大量失地，长腿K线形态的出现就是一个明确的信号和证据。

K线出现长腿踩线形态当日，若成交量较大，则说明了多空双方进行了较为激烈的争夺，这也从侧面说明该低点所具备的支撑力还是很强的，这也可能成为股价未来上攻的基础。

2. 辅助分析维度——量价关系

一般来说，在量价关系方面，与之前的战法相似。该股股价的第一浪上攻态势并不算特别猛烈，此后股价进入回调区间。与股价走势相配合的是成交量的变化。在第一浪启动后，随着股价的缓步上行，成交量也同步温和放大。当股价转入回调走势时，成交量也同步出现了萎缩。与股价波动幅度相似，成交量的变化也非常小，这也是主力有意识地控制量价波动的结果，主力希望借此消耗持仓者的耐心，促使其在股价启动前放弃手中的筹码。

当股价大幅下跌，直至触及多方重要防守位时，多方资金就会入场。大量资金入场，将下跌的股价向上拉升，成交量就会同步出现放大现象。当然，若成交量放大过猛，也可能属于主力借机出货行为，未来可能就很难形成像样的主升浪，甚至会直接反向下跌。

总之，作为投资者，必须学会辩证地看待成交量的放大与缩小，不能轻易地根据成交量变化做出买入或卖出结论。

二、MACD指标解析战法

从MACD指标角度来分析，长腿踩线战法与之前讲述的两个技法并没有太大的区别。不过，因为股票走势形态存在差别，MACD指标也会呈现一些不同的形态。比如，在长腿踩线战法中，股价当日下跌幅度可能很大，但随后又被迅速拉起。出现这种形态前，很可能股价回调的时间并不太长。有时候股价回调时MACD指标形成了死叉，那么，当股价启动上升时，MACD指标也会同步形成金叉，这其实就构成了MACD指标中一种非常经典的形态，即多头风洞形态。

多头风洞形态是指股价经过一段时间的上涨后出现了调整走势，收盘价短期、长期指数平滑移动平均线间的差（DIFF）也会随之下行，而DIFF线的M日指数平滑移动平均线（DEA）仍保持了上行态势，使得DIFF线与DEA线出现了死叉。但很快，随着股价遇到支撑重新上升，DIFF线重新向上与DEA线形成金叉。MACD指标金叉与死叉之间的形态就是多头风洞，该形态的出现预示着股价很可能进入强势上行通道，如图6-8所示。

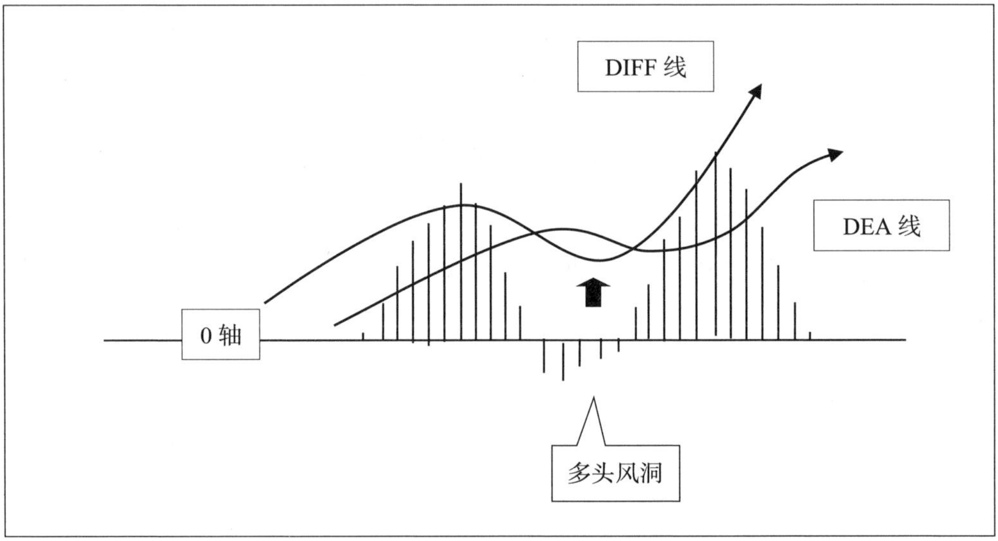

图6-8　多头风洞形态示意图

MACD指标出现多头风洞形态，往往都是主力高位洗盘行为造成。因此，在主升浪开启前出现MACD指标的多头风洞形态，同样具有强烈的看涨意味。

下面再来看一下文一科技的案例，如图6-9所示。

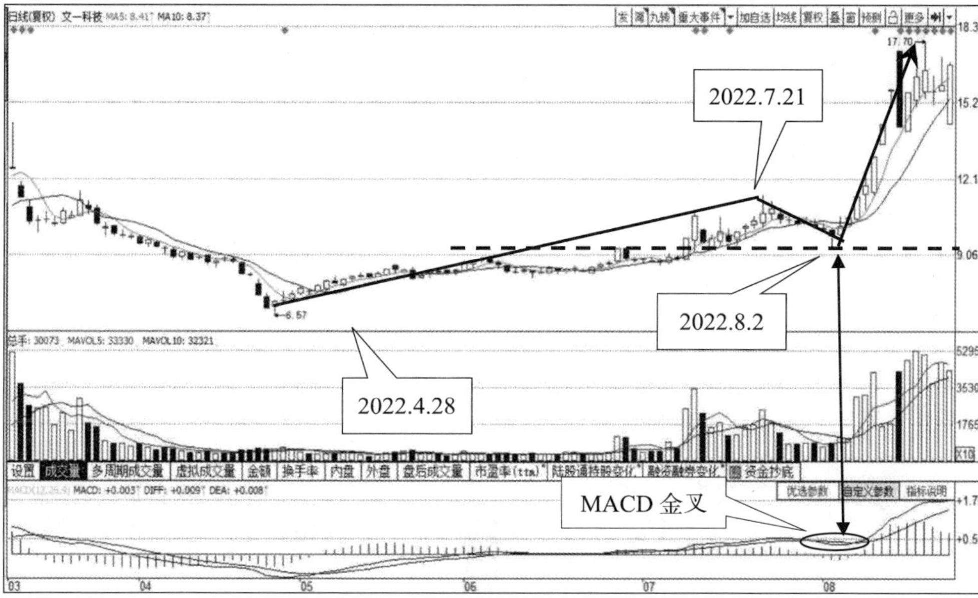

图6-9　文一科技（600520）日K线走势图

文一科技的股价自2022年4月28日触底反弹后，MACD指标随之拐头上行。进入6月份之后，MACD指标一直运行在0轴上方，说明多方实力较强。

7月21日，该股股价自高位回调，MACD指标也同步走低。不过，MACD指标刚刚完成死叉时，该股8月2日随即反向上攻，在K线图上留下了一根带长下影线的K线，MACD指标也在0轴上方附近位置再度形成金叉。此金叉说明MACD指标多头风洞形态正式形成，这是一个典型的看涨形态，更可印证股价即将进入快速上升通道。

第四节　长阴短柱战法

长阴短柱战法，从本质上来说，也可以看成是大阴线回踩均线或回踩核心点的特殊形态。从大的形态走势上看，只是股价K线回踩当日在K线图上留下了一个比较明显的大阴线形态，如图6-10所示。

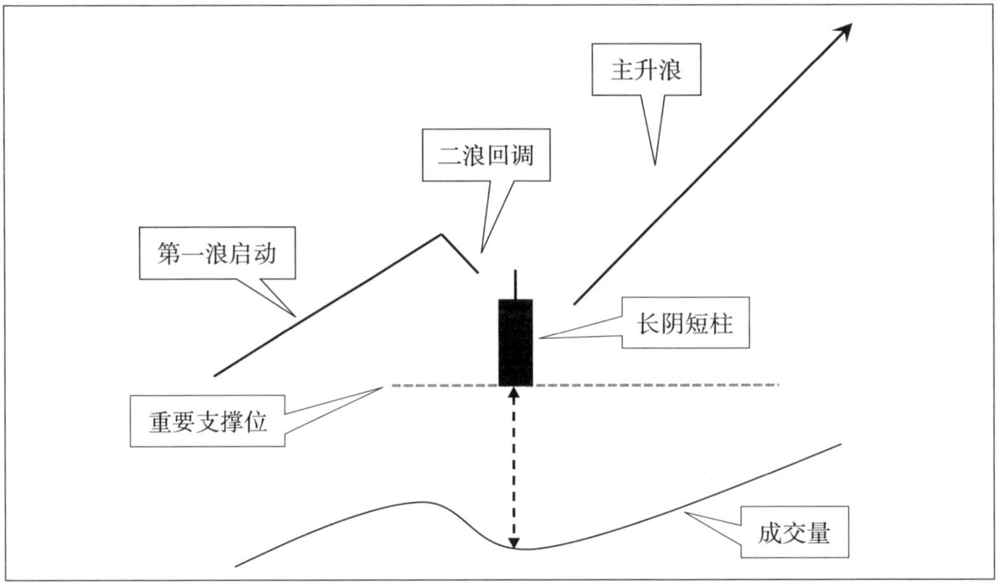

图6-10　长阴短柱形态

通常来说，股价大幅波动都会对应成交量的放大。当股价出现大幅下挫时，如果成交量还能保持一种缩量态势，则说明此时的下跌是主力洗盘而刻意制造出来的走势。特别是当股价自底部启动第一浪上攻之后，在二浪的尾声出现这种长阴短柱形态，且这根大阴线的收盘价停留在某一个重要支撑位置，更可说明主力在制造恐慌，逼迫散户交出手中的筹码，股价很快将会进入主升浪行情。

一、基础战法解析

股价回调一段时间后出现长阴短柱形态，因获得某些点位的支撑而反向上攻，并顺势进入主升浪行情，如图6-11所示。

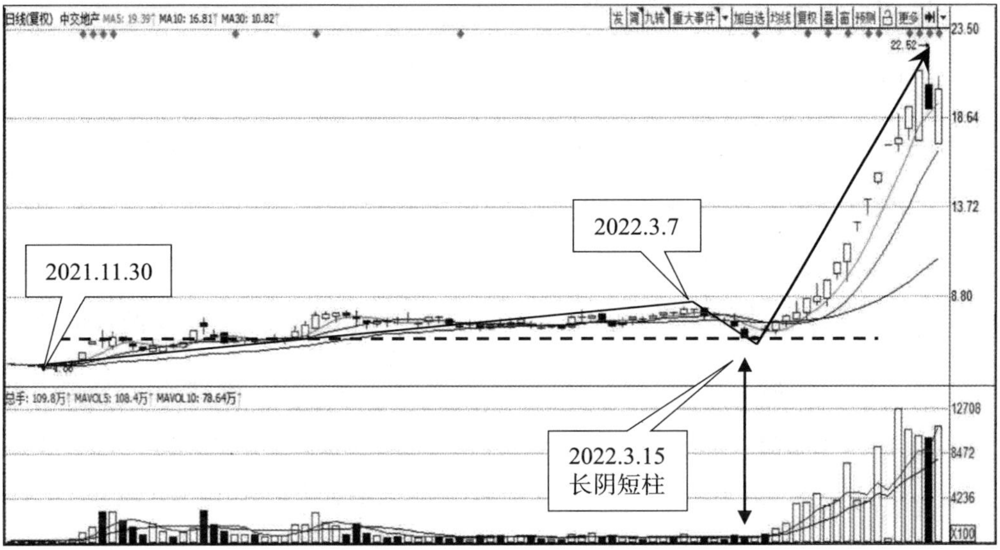

图6-11　中交地产（000736）长阴短柱形态

中交地产的股价自2021年11月底触底反弹后启动了第一浪上升行情。2022年3月7日，该股股价经过一段时间的振荡上升后到达阶段高点，此后该股股价开始振荡回调走势。

2022年3月15日，该股股价大幅跳空下跌，此后股价持续振荡走低，到了收盘时段，股价一度触及跌停位。观察当日的成交量可以发现，相比前一个交易日，成交量并未放大，反而出现了萎缩态势，这说明当日的下跌是主力刻意制造的恐慌，目的是逼迫散户交出手中的筹码。观察当日的收盘价可以发现，此时的价格正是股价从2021年11月底启动第一波上升时的阶段高位。也就是说，该股股价出现长阴短柱当日，正好处于强支撑位置，这就意味着股价未来出现反攻的概率很高。次日，该股股价稍做振荡就立即开启了主升浪行情。

股价出现长阴短柱形态后进入主升浪区间战法，可以通过以下几个维度来解析。

1. 核心维度——长阴短柱形态

K线的长阴形态，表面上看反映了多方在与空方的激励交锋中处于明显的劣势，多方实力不济，空方占据绝对优势地位。但与过大的跌幅相对的却是萎缩的成交量，这本身就是一种量价不协调的现象，也就意味着这种下跌并没有得到市场的认可。

当然，该形态出现的位置不同，其市场含义也不同。比如，在股价处于下行趋势时，出现长阴短柱也可能意味着市场缺少买盘，卖盘为了出货，不得不向下寻找接盘资金；在上升趋势的回调过程中出现该类形态，则是典型的主力洗盘行为。

若股价大阴线踩到的位置正好是前期某一重要核心点位或重要支撑位，更可看出主力的意图。

一般来说，这种形态出现次日是一个较佳的入场位。一旦股价止跌反弹上攻，就可以考虑入场。反之，若股价没有止跌迹象，则说明该支撑位无效，投资者持币观望即可。

2. 辅助分析维度——量价关系

在该形态中，针对成交量的研判是非常核心的内容。通常来说，股价下跌过程中，都会经历放量与缩量的过程。放量，是股价下跌挤出了市场中的恐慌盘造成的；缩量则是洗盘之后，市场已经没有人愿意在该位置出货而留下的痕迹。

按照该形态的要求，成交量必须是缩量的。这种缩量是以前一交易日的成交量作为对比基础的，哪怕只有一点点缩量也可以，缩量超过一半更好。

在技术分析领域，通常会将成交量分析放到非常重要的位置。股价的波动，主力比较容易控制，但在成交量上面却很难造假，尤其是缩量更加难以控制。因此，每次股票缩量特别是严重缩量，都是值得仔细研判和分析的。

二、MACD指标解析战法

从MACD指标角度来分析，长阴短柱战法与之前讲述的技法并没有太大的区别。不过，因股票走势形态存在差别，MACD指标可能也会呈现一些不同的形态。比如，在长阴短柱战法中，股价下跌前，若已经出现了较长时间的缓慢上行，则MACD指标可能会在0轴上方振荡上行多日，这本身就是一个多方处于强势的态势。当股价回调时，尽管MACD指标也会同步回落，但若其没有跌破0轴或跌破0轴后很快又被拉起，在0轴附近位置形成黄金交叉，这也是强烈的看涨信号。

下面来看一下图6-12所示的中交地产的案例。

如图6-12所示，中交地产的股价自2021年11月底触底反弹后启动了第一浪上升行情。在此阶段，MACD指标长期处于0轴上方，说明股价振荡过程中多方一直处于优势地位。

2022年3月7日，该股股价开始振荡回调，MACD指标同步回落。同年3月15日，该股股价大幅走低，MACD指标一度跌破0轴。

不过，随后股价即转入反攻行情，主升浪开启。2022年3月22日，该股股价向上完成了对均线系统的突破，MACD指标同步在0轴位置形成了黄金交叉，这意味着股价迎来了真正的强势上攻行情。

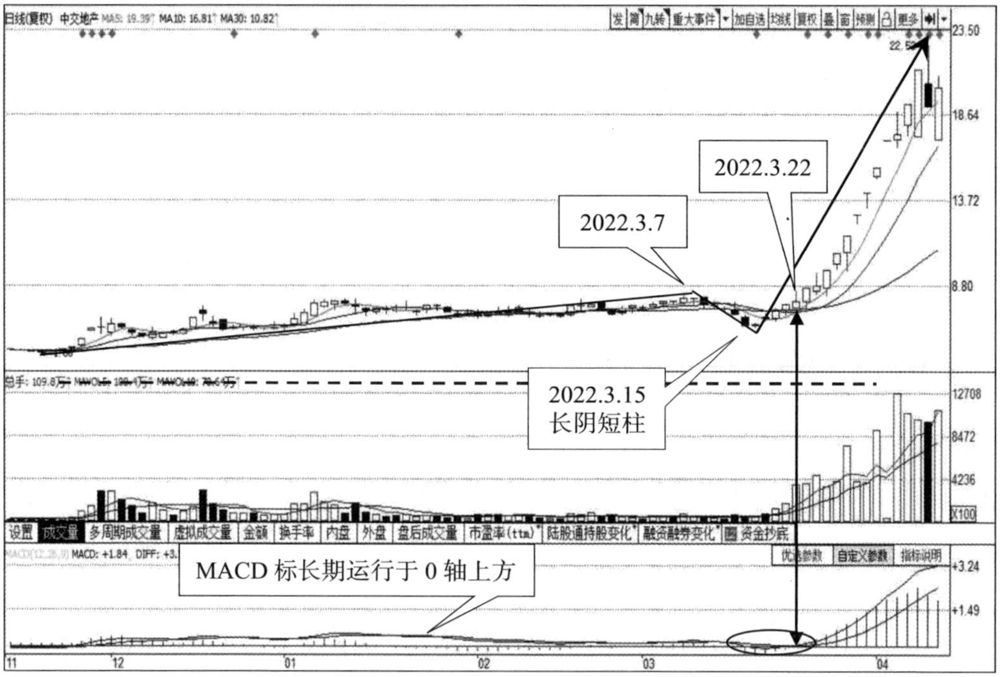

图6-12　中交地产（000736）日K线走势图

第七章

主升浪——跳空启动

股价经过一段时间的振荡上升与回调后，多方突然发力，以跳空的形式带动股价脱离之前的振荡区域，并借此开启主升浪行情，如图7-1所示。

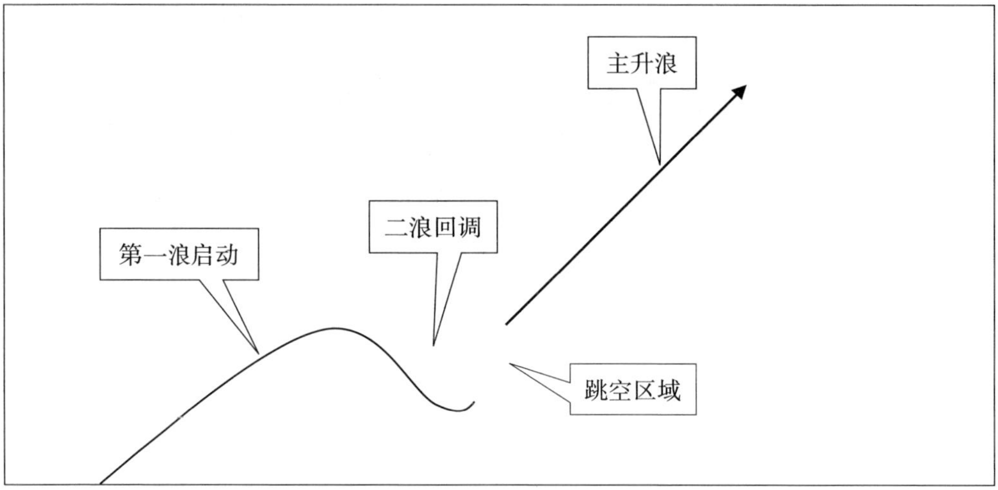

图7-1 跳空主升浪示意图

股价经过一波振荡回调后突然跳空上涨，在某些情况下可能只是主力的诱多行为，并非要进入主升浪行情。因此，在实战中，对于振荡回调后的突然跳空走势，投资者还需要从多方面因素综合考量。在识别股价跳空启动主升浪时，需要考虑以下几个因素。

第一，外部环境。良好的外部环境是主升浪启动的基础。能够出现跳空启动的股票，必然有外部因素的作用，包括大盘突发利好、宏观经济环境转好，以及个股或概念出现利好等。相对而言，某一板块或概念出现利好，更容易走出主升浪行情。

第二，跳空力度。相对而言，跳空的力度越大，股价后市上升的概率越高，跳空涨停后的股票进入主升浪的概率要更高一些。

第三，突破的阻力位成色。股价跳空上扬时，若能完成对某些重要阻力位的突破，则未来进入主升浪的概率更大。

第四，技术方面的因素。股价出现跳空上扬时，很多技术指标可能会迅速向超买区域运行，甚至在短期内发出超买信号，比如KDJ指标就会很容易进入超买区域。之后随着股价的强势上升，KDJ指标甚至会出现高位钝化的情况。MACD指标也会同步迅速进入高位区域。总之，技术指标系统在短期内势必会发出强势的信号。

第一节　蛤蟆跳空战法

蛤蟆跳空形态本身就是一个强烈的看涨形态，其与主升浪行情结合，更可引爆股价的一波上涨狂潮，如图7-2所示。

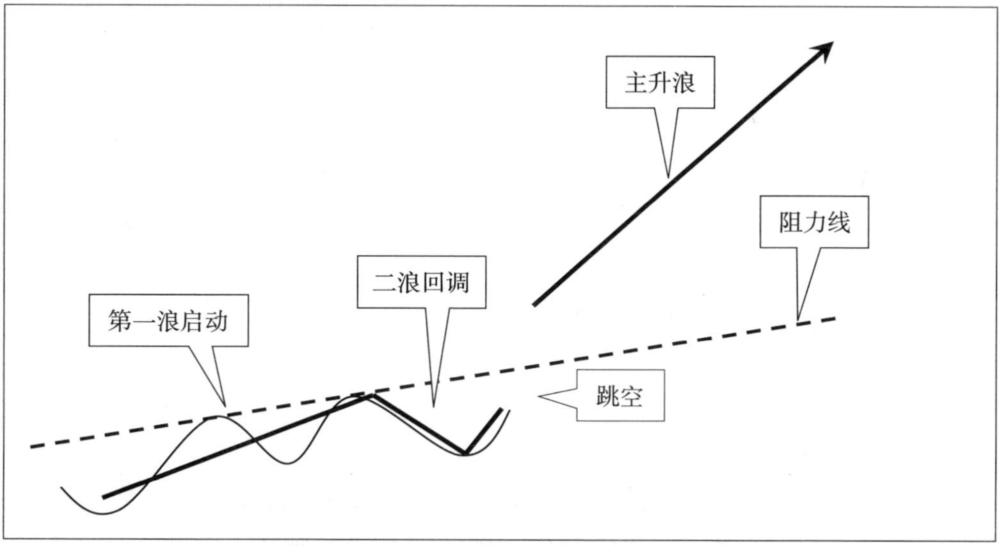

图7-2　蛤蟆跳空形态示意图

该形态的基本要点包括如下几项。

第一，外围环境。股价上涨前，大盘处于横盘或上涨环境中。股价跳空上涨时，大盘延续上涨行情，如果能够大幅上涨更好。

第二，股价已经连续创下两个高点，且后一个高点要高于前一个高点，这两个高点可以用一根趋势线连接。

第三，从均线系统来看，各条均线呈发散状态，且60日均线和120日均线呈开口状态。

第四，某一日股价放量跳空上涨，并且直接越过前期高点趋势线；股价跳空当日，收盘价位于趋势线之上，且成交量放大数倍。

一、基础量价分析

股价经过回调后，开始显露企稳迹象，随后上攻至前期回调高点附近时，突然出现跳空上扬，并顺势开启主升浪行情中上涨最为迅猛的一段行情，如图7–3所示。

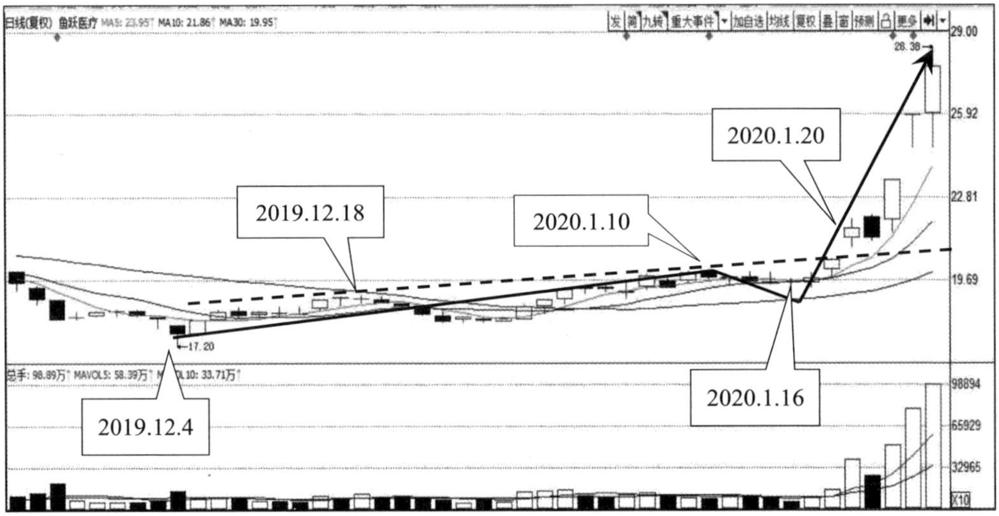

图7–3 鱼跃医疗（002223）日K线走势图

鱼跃医疗的股价自2019年12月初开始振荡反攻。该股股价在振荡走高过程中，分别在2019年12月18日和2020年1月10日创下两个短期高点，且后一个高点要高于前一个。投资者可将两个上升的高点连线，绘制出一条高位阻力线。

此后，该股股价出现振荡调整走势。2020年1月16日，该股股价在回调至10日均线位置后，因受均线的支撑而出现反弹走势。这属于主升浪开始的起点，不过当时还无法确认。当该股股价来到先前的阻力线位置时，自然会感受到相应的阻力。

同年1月20日，该股股价跳空走高，直接越过了先前的阻力线，至此，蛤蟆跳空形态正式成立。同时，该形态的出现，也标志着该股股价走势正式进入主升浪行情中最迅猛的上升阶段，投资者可积极入场追涨。

1. 核心分析维度——蛤蟆跳空形态

K线出现蛤蟆跳空形态，反映出现股价在形成规模较大的突破前，经过了较长时间的酝酿。股价在创出前期两个高点时，后一个高点的位置更高，说明多方实力已经在逐渐增强，并开始酝酿新的突破行动。

股价在创下第二个高点后出现回调时，往往是即将拉升前的深蹲动作。从股价波浪走势上看，此时的回调正好属于第二浪回撤。当然，股价此时的走势也容易给散户造成一定的误判，即股价确实也是攻击前期高点后出现回落，这是一个看跌信号，因此主力的借势打压，洗盘效果会非常好。

此后当股价经过短暂酝酿后，突然启动跳空上扬，带有较大的突然性。很多散户都对股价强势上涨猝不及防，这也是主力要达成的效果。当然有时候这种突然拉升也是在外围突然出现利好的情况下主力采取的行动。

从波浪理论的角度来看，跳空之前，其实股价已经进入了主升浪区间，只是上升幅度较小，投资者很难识别和确认，一般投资者也不需要过早地确认。当形成跳空形态后，投资者再进行主升浪确认就可以了。

2. 辅助分析维度——量价关系

一般来说，在量价关系配合方面，该技巧的表现非常有特点。股价在第一浪波动过程中，尽管创下了两个短期高点，但整体上来说成交量水平并不会太高。当股价出现回调时，成交量的萎缩则会较为明显。

当股价出现跳空上扬时，成交量的放大会特别明显，而且在多数情况下，都会比前两个高点形成的成交量柱更高。当日出现的量价关系，将会成为整个行情发展的基础。只要股价没有有效跌破当日的开盘价或回补跳空缺口，就说明行情还能持续。

二、MACD指标解析战法

从MACD指标角度来分析，蛤蟆跳空战法涉及股价的再度起涨，MACD指标也可能会在0轴附近形成黄金交叉。

不过，因为股票走势形态存在差别，股价在第二次形成高点后，MACD指标回落的力度也会有所区别。若股价回调幅度较小，MACD指标可能在没有形成死叉时就启动了上升走势。MACD指标在0轴上方没有形成死叉，也就不会有金叉出现。这其实构成了MACD指标中一种非常经典的形态，即佛手向上形态。

佛手向上形态是指随着股价止跌反弹，DIFF线与DEA线在0轴下方形成金叉后，指标线继续上扬，并向上突破0轴，MACD柱线同步拉长。其后，随着股价的调整，DIFF线向DEA线靠拢，但并未跌破DEA线，而MACD柱线同步萎缩至0轴。接着，因股价受到支撑重新上攻，DIFF线随后高高跃起，MACD柱线同步快速伸长。

在佛手向上形态中，MACD指标的金叉距离0轴较近，且金叉之后DIFF线和DEA线双双向上突破了0轴，此后DIFF线出现回调，在与DEA线完全靠拢前即被DEA线托起，如图7-4所示。

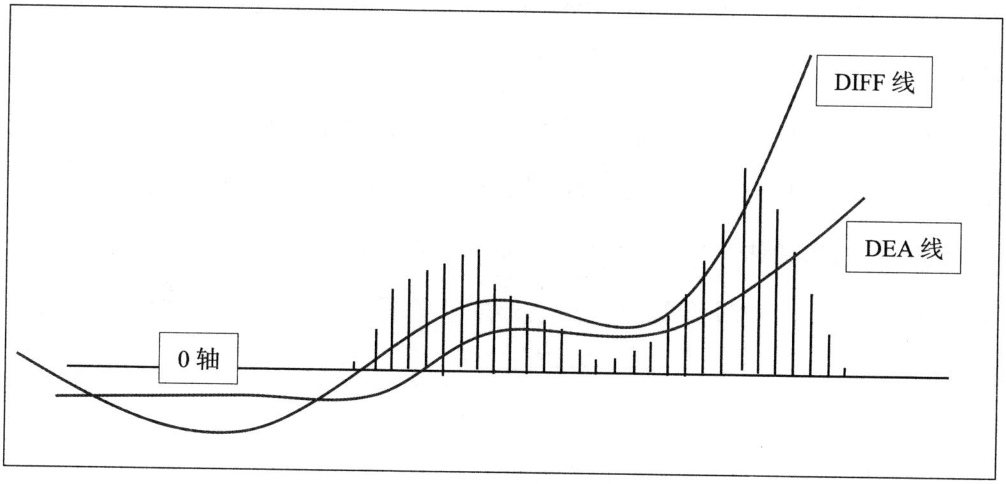

图7-4　佛手向上形态示意图

佛手向上形态是一种典型的看涨信号，该形态出现后，股价一般都会迎来一波可观的上涨。

下面再来看一下鱼跃医疗的案例，如图7-5所示。

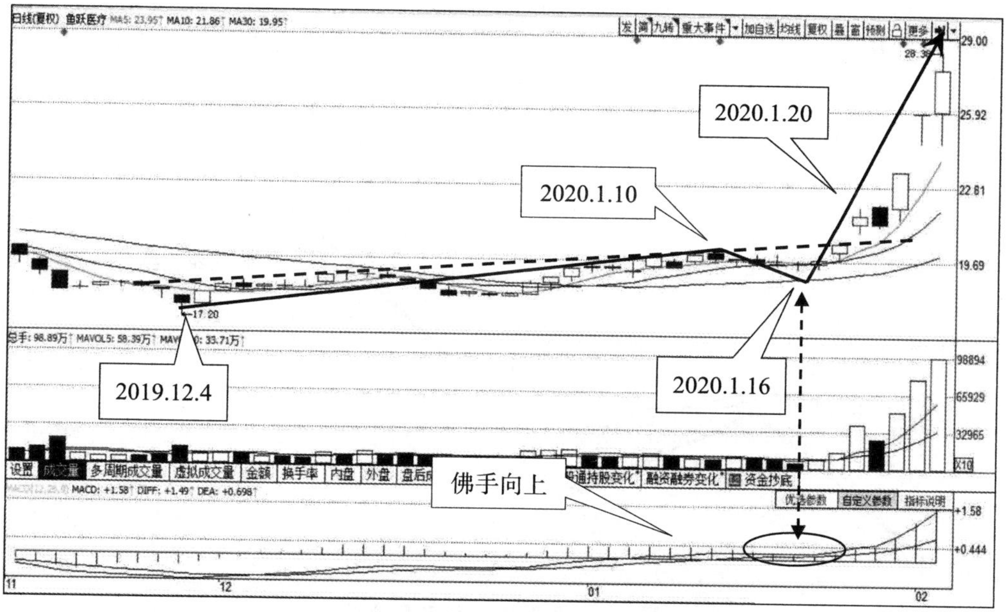

图7-5　鱼跃医疗（002223）日K线走势图

鱼跃医疗的股价自2019年12月4日触底反弹后，MACD指标随之拐头上行。进入2020年之后，MACD指标向上突破了0轴，说明多方实力较强。

2020年1月10日，该股股价自高位回调，MACD指标同步走低。不过，MACD指标中的DIFF快线即将向下跌破DEA慢线时，被DEA慢线托起，这就形成了MACD指标中非常经典的佛手向上形态。

1月20日，该股股价跳空上扬，形成了蛤蟆跳空形态，此后该股一路振荡上行。

第二节　鱼跃龙门战法

鱼跃龙门形态本身也是一个强烈的看涨形态，其与主升浪行情相结合，更可引爆股价一波上涨狂潮，如图7-6所示。

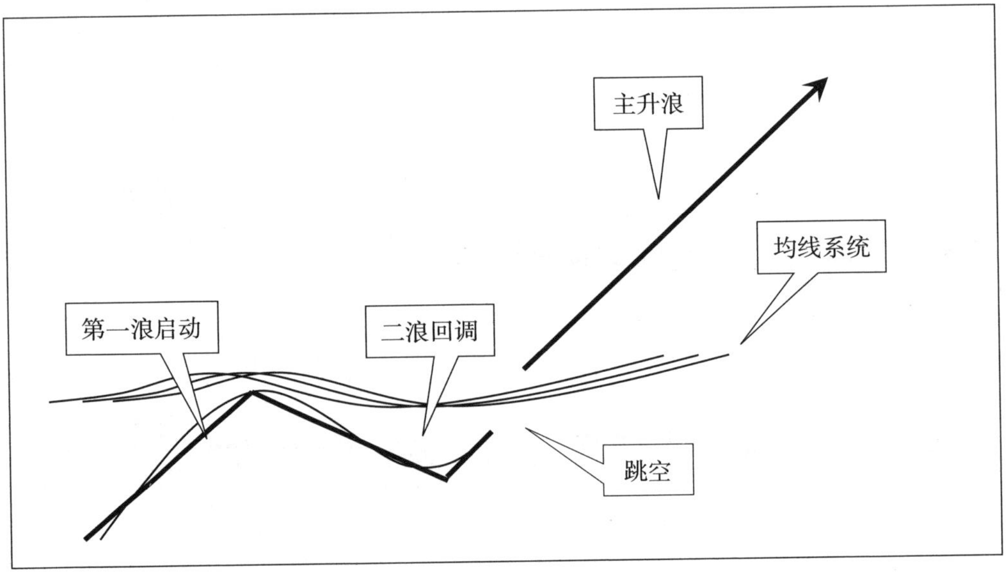

图7-6　鱼跃龙门形态示意图

鱼跃龙门是指股价K线经过连续几个交易日的下跌后出现拐头缓慢上涨的迹象，5日均线、10日均线和30日均线也同步出现拐头向上迹象。某一交易日，股价K线上涨至30日均线附近时，直接跳空高开越过30日均线，并最终收于30日均线之上。该形态属于典型的看涨形态。

该形态的基本要点包括如下几项。

第一，30日均线由下跌状态转为上涨状态或放平状态，成交量维持在较低水平。

第二，某一日股价放量跳空上涨，并且直接越过30日均线。

第三，股价此后进入上升区间，跳空位置就是股价上行的支撑位。

一、基础量价分析

股价经过一波短暂的上升后出现回调走势，并开始显露企稳迹象，各条均线开始放平甚至拐头向上，并呈现均线黏合状态。当股价来到各条均线黏合位置附近时，突然大幅跳空高开并突破了各条均线，此后股价进入上升通道，如图7-7所示。

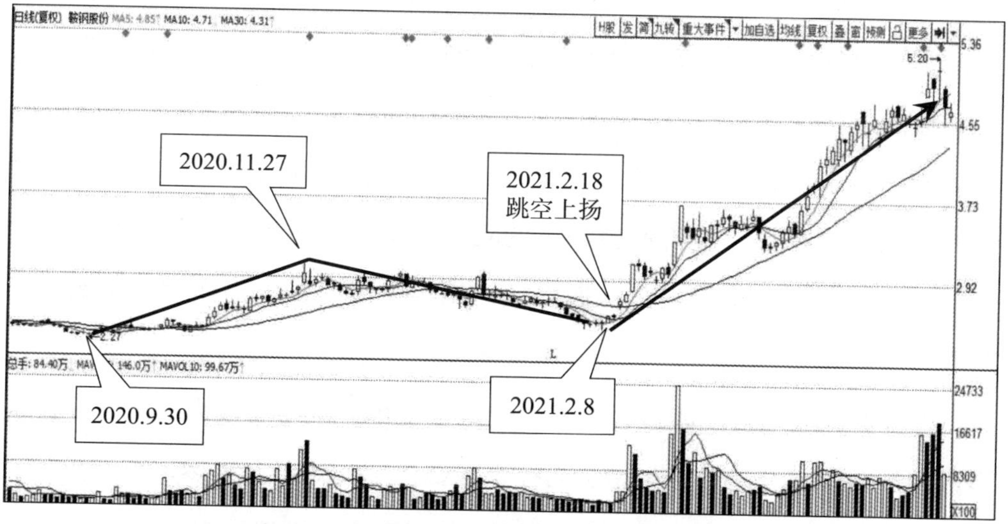

图7-7　鞍钢股份（000898）日K线走势图

鞍钢股份的股价自2020年9月底开始振荡反攻。到了2020年11月27日，该股股价创出阶段高点后转向了振荡调整。与此同时，该股各条均线同步下行，并开始呈现空头排列形态，这是一个典型的看空信号。

2021年2月8日，该股股价回调至阶段低点后开始企稳反弹。此后两个交易日，该股股价出现振荡回升。此时整个均线系统中，短期均线中的5日均线和10日均线开始拐头向上，30日均线同步呈现放平态势，这也是股价企稳反弹的一个显著信号。观察该股股价的企稳反弹点可知，该低点要明显高于2020年9月30日的低点，这也就意味着股价很有可能会进入主升浪，投资者可保持观察，随时做好入场的准备。

2021年2月18日，该股股价跳空走高，直接越过了各条均线，并站到了30日均线的上方，至此，鱼跃龙门形态正式成立。同时，该形态的出现也标志着该股股价走势正式进入主升浪行情中最迅猛的上升阶段，投资者可积极入场追涨。

1. 核心分析维度——鱼跃龙门形态

K线鱼跃龙门形态，本质上反映了股价对均线系统的突破。在股价第一波上攻过程中，均线系统也会随之上扬。此后，各条均线在股价回调过程中逐渐下行。当股价触底企稳后，各条均线就会产生一定的聚拢或黏合的倾向。各条均线聚拢的区域，本质上就是股价上升时最大的阻力区。毕竟单一的均线都会对股价产生一定的阻力作用，而多条聚拢的均线，阻力作用无疑会更大。正因如此，很多散户也会畏惧这种阻力作用，不敢入场持仓。

当股价经过短暂酝酿后，突然启动跳空上扬，则带有较大的突然性，很多散户都会猝不及防，这也是主力控盘想要达到的效果。当然，有时候，这种突然拉升也可能是外围突然出现利好的情况下主力顺势采取的行动。

从波浪理论的角度来看，跳空之前，股价其实已经进入了主升浪区间，只是上升幅度较小，投资者很难识别和确认，一般也不需要过早地确认。当跳空出现后，投资者再进行主升浪确认就可以了。

2. 辅助分析维度——量价关系

在量价关系方面，该技巧的表现与之前的蛤蟆跳空比较类似。股价在第一浪的波动过程中，成交量会随着股价的走高而振荡放大；当股价出现回调时，成交量的萎缩则会较为明显。

当股价出现跳空上扬时，成交量的放大会特别地明显，而且在多数情况下，都会比前高点所形成的成交量柱更高。当日形成的量价，将会成为整个主升浪行情的基础。只要股价没有跌破当日的开盘价或回补跳空缺口，就说明行情还能持续。

二、MACD指标解析战法

从MACD指标角度来分析，鱼跃龙门战法涉及股价的再度起涨，MACD指标也可能会在0轴附近形成黄金交叉。

通常来说，MACD指标会随着股价的波动出现振荡。当股价触底反弹时，MACD指标也会随之出现低位金叉形态。不过，由于股价处于低位区域，市场做多气氛不浓，此时金叉的成色并不高，仅预示股价可能会有一波反弹走势，至于反弹的幅度和持续性，则很难得到评估。当股价进入第二浪回调区间时，MACD指标会同步出现死叉形态。此后，当股价再度起涨时，MACD指标会呈现二度黄金交叉形态。此时的交叉点要远远高于第一个金叉，且位于0轴附近位置。从MACD指标角度来分析，这个金叉的成色更高，看涨意味更浓，这也符合股价即将进入主升浪的判断。

有些时候，若第二浪回撤的力度较强，也可能会出现MACD指标出现大幅下跌的情况，此后再出现黄金交叉，可能就会位于0轴的下方。不过，其后股价跳空时，仍会在短期内将MACD指标带到0轴上方，这也不影响对MACD指标成色的判断。

下面再来看一下鞍钢股份的案例，如图7-8所示。

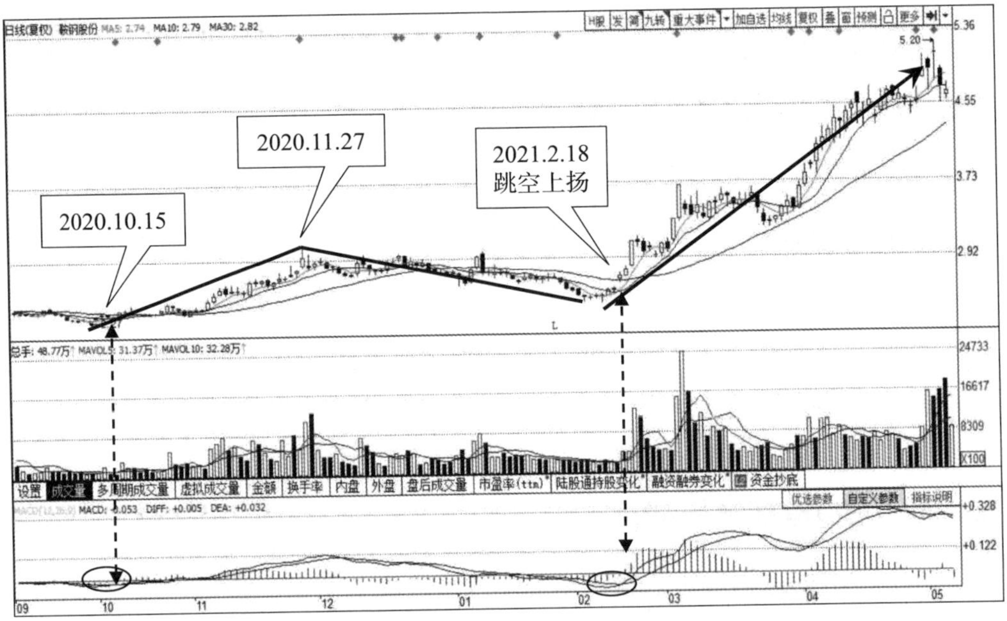

图7-8　鞍钢股份（000898）日K线走势图

鞍钢股份的股价自2020年9月底开始振荡反攻。MACD指标同步拐头向上，并于10月15日出现第一个金叉。此后，MACD指标随着股价的上涨而振荡上行。

2020年11月27日，该股股价创出阶段高点后转向振荡调整，MACD指标随之出现死叉。此后，MACD指标一路振荡走低，直至跌破0轴，这是行情转差的一个信号，投资者需要警惕。

2021年2月8日，该股股价回调至阶段低点后开始企稳反弹。此后的两个交易日，该股股价出现了振荡回升，此时MACD指标也拐头向上。2021年2月18日，该股股价跳空走高，直接越过了各条均线，并站到了30日均线的上方。与此同时，MACD指标再度形成黄金交叉。该形态的出现，也标志着该股股价走势正式进入主升浪行情中最迅猛的上升阶段，投资者可积极入场追涨。

第三节　跳空过顶战法

跳空过顶形态属于典型的突破前期高点形态，这本身也是典型的看涨形态。其与主升浪行情相结合，更可引爆股价一波上涨狂潮，如图7-9所示。

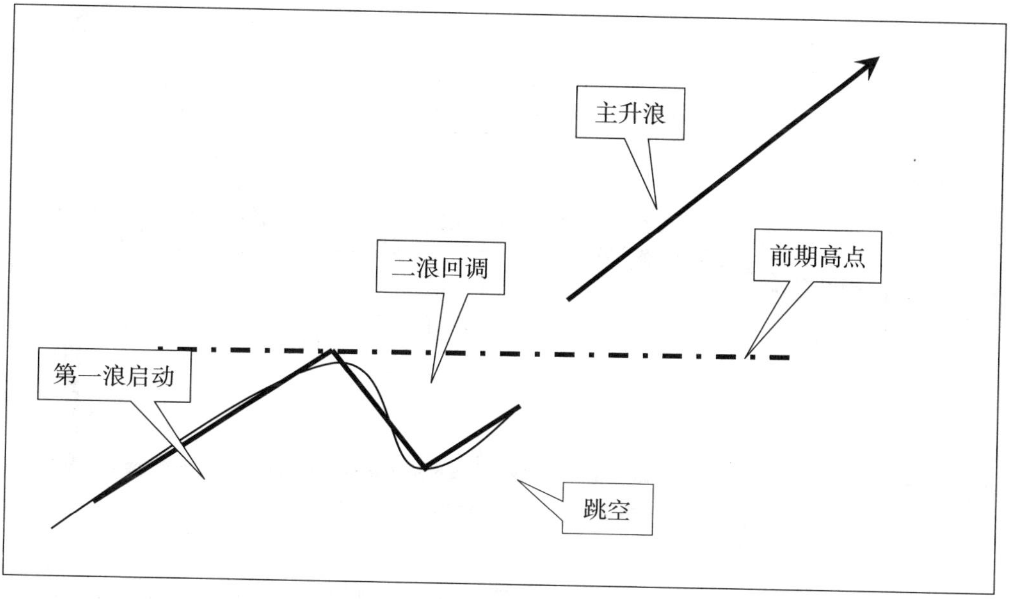

图7-9　跳空过顶形态示意图

跳空过顶是指股价K线经过连续几个交易日的下跌后出现拐头并缓慢上涨的迹象，当股价来到前期高点（一般为第一浪的终点）位置时，突然出现跳空上扬走势，并越过了前高阻力位，这属于典型的股价走强标志。

该形态的基本要点包括如下几项。

第一，股价自高点回调过程中，成交量持续呈现萎缩态势。

第二，某一日股价放量跳空上涨，并且直接越过了前期高点位置。

第三，此后股价进入上升区间，跳空位置就是股价上行的支撑位。

一、基础量价分析

股价经过一波拉升创出短期高点（即第一浪的终点）后出现回调走势，并开始显露企稳迹象。当股价重新来到前期高点附近时，突然大幅跳空高开，并突破了前期高点，此后股价进入上升通道，如图7–10所示。

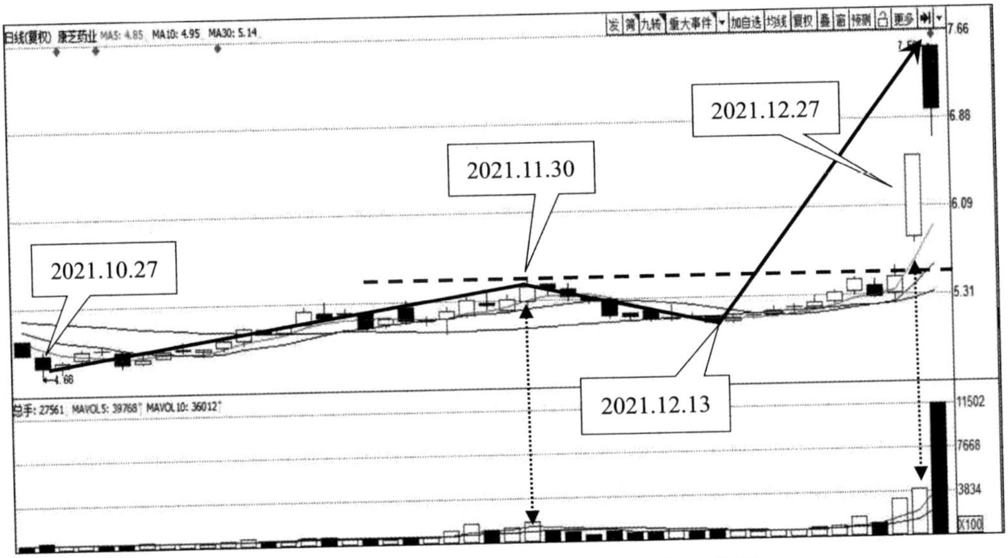

图7–10　康芝药业（300086）日K线走势图

康芝药业的股价自2021年10月27日开启了底部反弹走势，标志着该股股价正式进入了反攻第一浪。

2021年11月30日，该股股价创出第一浪最高点后转向回调整理走势。观察该股的K线图可知，在股价创出阶段高点的同时，成交量也到达了阶段高点。此后，该股股价逐渐开始了回调走势。

2021年12月13日，该股股价出现止跌迹象，股价开始了小幅横向振荡整理行情，股价K线逐渐攀升至均线上方，这是股价走好的一个典型迹象。不过，面对11月30日高点的阻力，很多投资者还是会心有余悸。

12月27日，该股股价大幅跳空高开高走，并以涨停报收。与此同时，该跳空位还突破了11月30日的高点，至此，跳空过顶形态正式成立，这也标志着股价将进入主升浪中上升最为迅猛的一段行情。

1. 核心分析维度——跳空过顶形态

K线跳空过顶形态，本质上反映了股价对前期高点的跳空突破。在股价第一波上攻过程中形成的放量高点，无疑会对后期的股价走势产生一定的阻力作用。当股价触底企稳后，多方开始酝酿反攻。尽管从K线图上看，股价有走出主升浪的可能，但由于股价并未突破前期高点，这意味着投资者并不能确认主升浪来临。很多散户因对前期高点的压力心有余悸，不敢轻易下手入场。

此后，当股价经过短暂酝酿后，突然启动跳空上扬，走势带有较大的突然性，很多散户都会猝不及防，这也是主力想要达到的效果。当然，有时候，这种突然拉升也是在外围突然出现利好的情况下主力采取的攻击行动。

从波浪理论的角度来看，跳空之前，股价其实已经进入了主升浪区间，只是上升幅度较小，投资者很难识别和确认，一般也不需要过早地确认。当出现跳空形态后，投资者再进行主升浪确认就可以了。

2. 辅助分析维度——量价关系

在量价关系方面，该技巧的表现与之前的鱼跃龙门比较类似。股价在第一浪的波动过程中，成交量会随着股价的走高而振荡放大。当股价出现回调时，成交量的萎缩则会较为明显。

当股价出现跳空上扬时，成交量的放大将会特别明显，而且在多数情况下，都会比前高点所形成的成交量柱更高。当日形成的量价，将会成为整个行情发展的基础。只要股价没有有效跌破当日的开盘价或回补跳空缺口，就说明行情还能持续。

二、MACD指标解析战法

通常来说，MACD指标会随着股价的波动出现振荡。当股价触底反弹时，MACD指标也会随之出现低位金叉形态。不过，由于此时股价处于低位区域，市场做多气氛不浓，此时金叉的成色并不高，仅预示股价可能会有一波反弹走势。至于反弹的幅度和持续性，则很难评估。当股价进入第二浪回调区间时，MACD指标会同步出现死叉形态。此后，当股价再度起涨时，在股价启动初期，由于受到前期高点的压制，股价波动幅度较小，MACD指标上升幅度也相对较小。不过，若此时MACD指标能够处于0轴上方，且呈现缓慢上行态势，就是一个不错的入场信号。

有时，在股价跳空越过前期高点前，MACD指标就已经在0轴上方完成了黄金交叉，这就属于一个典型的前置信号，也是主升浪启动的一个确认信号。投资者凭此信号可少量建仓入场，待股价大幅跳空上扬越过前期高点后，再追加仓位即可。

下面再来看一下康芝药业的案例，如图7-11所示。

康芝药业的股价自2021年10月27日触底后反弹，MACD指标随之拐头上行。到了11月5日，股价突破10日均线，MACD指标也在底部形成了金叉。不过，该金叉的位置相对较低，成色明显不足，投资者可保持观望。

到了11月底，该股股价出现回调，也就是进入了第二浪回调区间。MACD指标同步出现了死叉，不过并未跌至0轴下方。12月13日，该股股价再度获得支撑而出现反弹，MACD指标同步开始拐头向上。

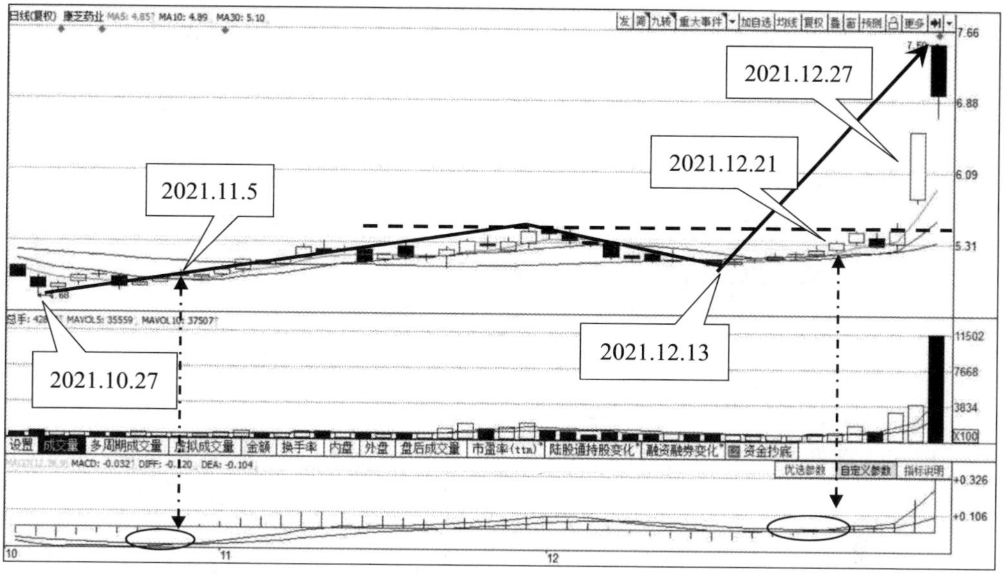

图7-11　康芝药业（002033）日K线走势图

12月21日，该股股价小幅收高，与此同时，MACD指标在0轴上方附近位置再度形成金叉。此金叉为MACD指标在短期内形成的第二个金叉，且属于高质量金叉，这更可印证股价即将进入快速上升通道，这也是股价进入主升浪行情的前奏，投资者可保持观察。

12月27日，该股股价跳空上扬并突破了前期高点，这是股价进入主升浪强势上升周期的明确信号。

第四节　无量涨停战法

无量涨停指的是股价在第三浪启动时，直接走出了无量一字板涨停形态，将股价拉升至高位。通常来说，这是在利好消息的刺激下，多方资金入场抢筹而出现的一种形态，预示股价未来将会有一波强势上升走势，如图7-12所示。

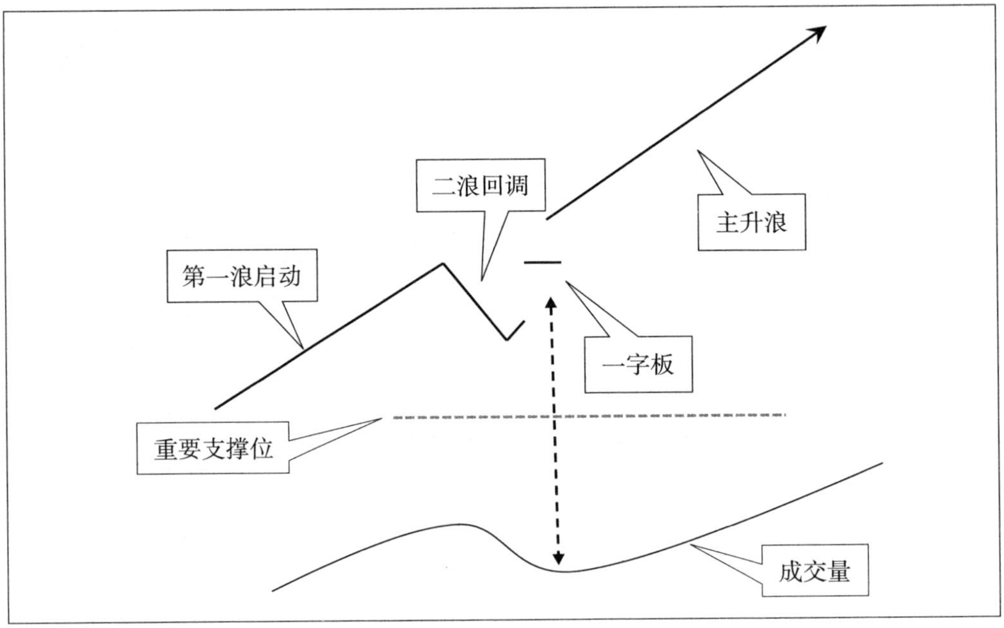

图7-12　无量涨停形态示意图

无量涨停战法的核心要求包括以下几点。

第一，通常来说，股价前期涨幅相对较小，经过一段时间的调整后，出现无量涨停一字板，则未来股价继续走高的概率很大。

第二，无量一字涨停板与主升浪相结合，将会大大提升主升浪的上攻幅度，很多超级大牛股在启动初期，都有无量一字板出现。

第三，出现一个无量一字板后，投资者若有入场机会，可考虑少量入场建仓。反之，若连续出现多个无量一字板，则需警惕可能出现开板回落的危险。

第四，这里所说的无量，并非是真的没有成交量，只是成交量相对较少。

一、基础量价分析

股价回调一段时间后出现无量涨停形态，随后快速进入上升通道，并顺势进入主升浪行情，如图7–13所示。

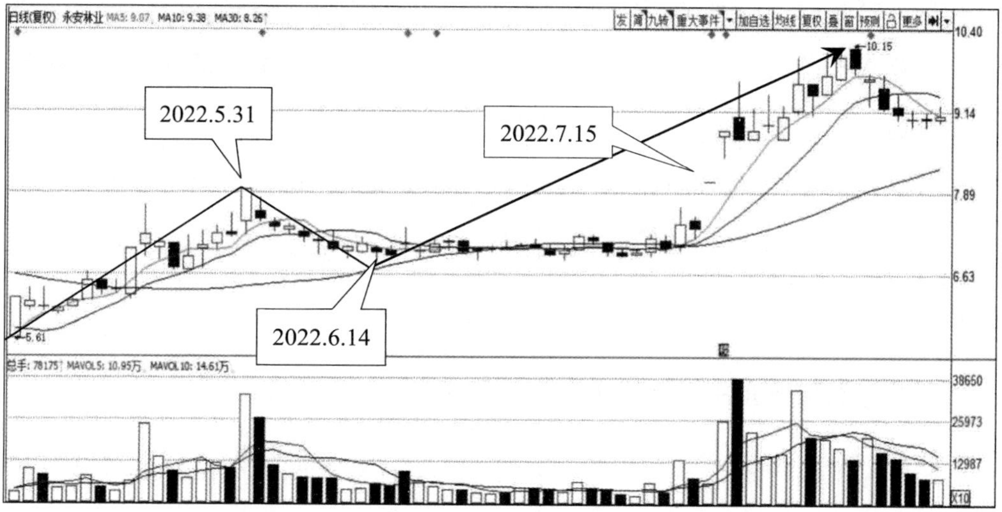

图7–13　永安林业（000663）日K线走势图

永安林业的股价自2022年4月底触底反弹后启动了第一浪上升行情。5月31日，该股股价更是出现了强势涨停的情况。此后，该股股价并未再创新高，而是反向进入了振荡下行通道。

6月14日，该股股价在回调至30日均线附近时出现了企稳迹象。此后，该股股价进入横向盘整区间，投资者可保持对该股股价走势的观察。

7月15日，该股股价在利好消息的刺激下，以强势无量一字板报收。该一字板还向上突破了5月31日的高点，这都是典型的股价走强信号。该形态的出现，标志着主升浪进入强攻阶段，投资者可在后一个交易日择机入场建仓该股。

股价无量涨停后进入主升浪区间战法，可以通过以下几个维度来解析。

1. 核心分析维度——无量涨停形态

无量涨停说明涨停当日成交量非常稀少。这种成交稀少，并非投资者不愿意交易，而是市场上没有足够的卖盘，这也就意味着市场上的投资者普遍认为该股股价仍有向上的空间，因此持股者不愿意抛出手中的股票，致使买方不得不将股价抬高至涨停位置。同时，在场外还有大量买盘没有成交，这就意味着次日还会有较多的资金推动股价上行。这类股票次日开盘后，股价往往会高开甚至再度涨停，其原因即在于此。

出现无量涨停时，若股价正好处于主升浪启动的初期，则意味着主力很可能借助该形态引爆一波主升浪走势，持仓投资者可坐等股价上涨带来的红利。

2. 辅助分析维度——量价关系

在股价的第一浪上攻过程中，若出现了K线实体较大的涨停，则成交量也会出现大幅度的放大。此后，股价出现回调整理时，成交量也会同步萎缩。先前股价上升时，成交量放大的程度较大，则后期股价回调时，成交量萎缩的程度也会较深，这是一种相对协调的量价关系。此时，若股价回调幅度不深，甚至出现横向盘整态势，则说明主力控盘程度较高，未来大幅上攻的概率很大。

此后出现无量涨停，意味着必然导致场内出现大量的获利盘没有兑现，这些获利盘需要在未来几个交易日兑现出局，因此，后续股价上行时，成交量必然会出现较大规模的放大。换句话说，只有主力能够将这些前期入场的获利盘全部消化掉，并继续推动股价上行。

二、MACD指标解析战法

无量涨停战法只是在股价启动第三浪时的K线形态，整个股价K线运行态势与波浪理论的走势也十分吻合，因此，MACD指标可能也会在无量涨停前形成二度金叉。

不过，在无量涨停出现前，若股价的第二浪尾声以及第三浪初期都呈现出横向盘整态势，与此相对应，MACD指标可能就会走出一种放平形态，甚至会形成MACD指标中比较经典的形态——空中缆绳形态。

空中缆绳形态是指MACD指标金叉之后运行于0轴上方，其后因股价回调，DIFF线开始回落，回落到DEA线时受到支撑，两者几乎呈直线形态。其后股价上扬，DIFF线重新拐头向上，如图7-14所示。

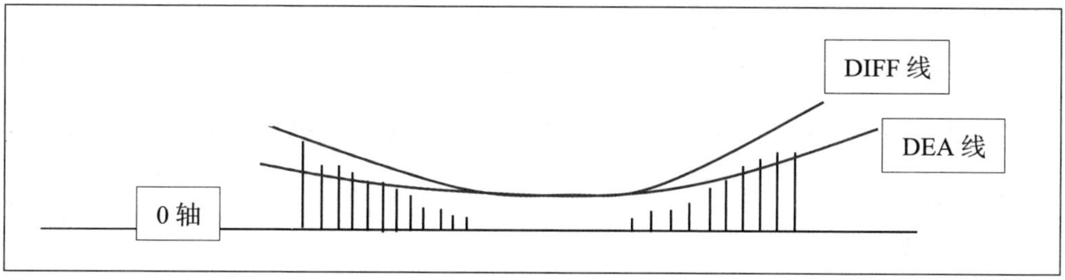

图7-14　空中缆绳形态示意图

空中缆绳形态是一种典型的看涨形态。下面再来看一下永安林业的案例，如图7-15所示。

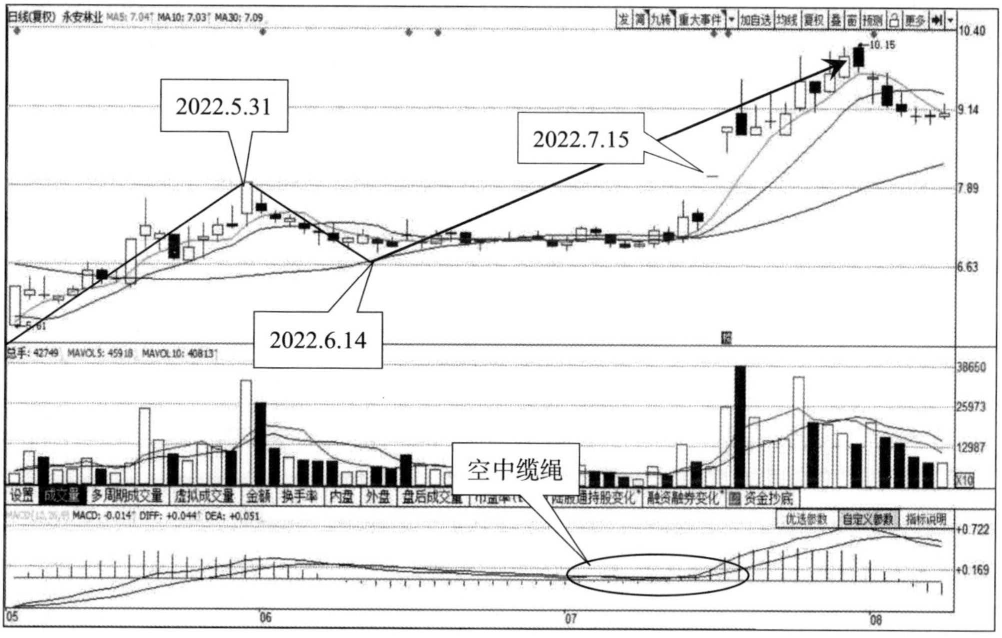

图7-15　永安林业（000663）日K线走势图

永安林业的股价自2022年4月底触底反弹后启动了第一浪上升行情。5月31日，该股股价更是出现了强势涨停的走势。此后，该股股价并未再创新高，而是反向进入了振荡下行通道。

与此同时，MACD指标也在0轴上方出现死叉，之后呈振荡回落态势。自6月14日以后，该股股价出现横向振荡走势，MACD指标同步呈现横向运行态势，并且有成为空中缆绳形态的可能。

7月15日，该股股价在利好消息刺激下以强势无量一字板报收。与此同时，MACD指标拐头向上，空中缆绳形态正式成立，这也是股价强势看涨的一个信号。

第八章

主升浪——破位形态

股价经过一波振荡回调后逐渐企稳，第三浪（主升浪）开始出现启动迹象。某一交易日股价发力上攻，并突破了前期阻力位，这标志着股价进入了新的上升趋势，即主升浪行情正式开启，如图8-1所示。

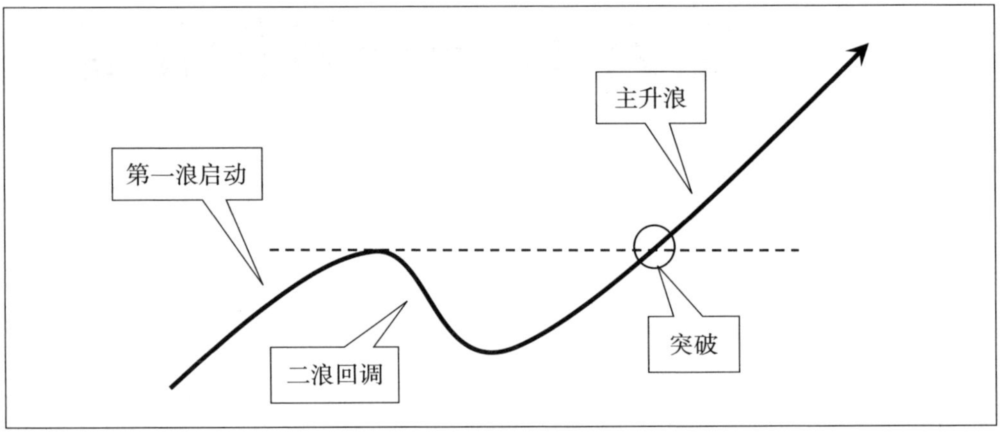

图8-1 破位形态主升浪示意图

股价突破某一重要阻力位时，股价的第三浪已经启动，并且距离低点有了一定的涨幅。不过，这个位置有可能是最安全的位置，而且相对于整个主升浪来说，后面往往还会有更大幅度的涨幅。因此，从投资安全与收益两方面综合考虑，此时投资者入场无疑是最为合理的。

在识别股价破位启动主升浪时，需要考虑以下几个因素。

第一，外部环境。良好的外部环境是主升浪启动的基础。能够出现跳空启动的股票，必然会有外部因素的影响，包括大盘利好、宏观经济环境利好以及个股或概念方面的利好等。相对而言，某一板块或概念利好，更容易走出主升浪行情。

第二，突破与整固。股价突破的阻力位越重要，未来股价上升的概率和幅度会越大。股价完成突破后，若其调整不下破之前的阻力位，则可看成突破有效。

第三，成交量因素。股价完成对阻力位的突破，必然要求成交量的放大相配合。反之，没有成交量的放大，则很难印证股价突破成功。

第四，技术方面的因素。股价出现破位上攻时，很多技术指标可能会迅速向超买区域靠拢，甚至在短期内发出超买信号，比如KDJ指标就会很容易进入超买区域。之后，随着股价的强势上升，KDJ指标甚至会出现高位钝化的情况，MACD指标也会同步迅速进入高位区域。总之，技术指标系统在短期内会发出强势上涨的信号。

第一节　突破前高战法

突破前高形态是指股价对前期高点形成有效突破。突破前高本身就是一个强烈的看涨形态，其与主升浪行情相结合，更可引爆股价一波上涨狂潮，如图8-2所示。

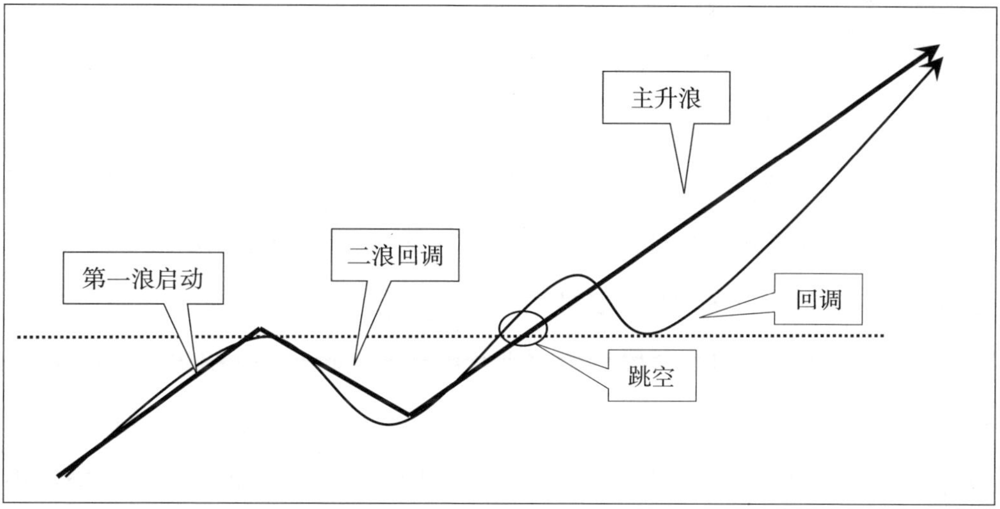

图8-2　突破前高形态示意图

突破前高，是指股价K线经过连续几个交易日的缓慢攀升后，出现放量突破前期高点的情况。通常来说，前期高点多为第一浪的终点，也是阶段成交密集区域。股价K线想要突破该价位区域，不得不面临较大的阻力。主力只有下定决心吃掉所有的高位套牢筹码，才能继续拉升股价，这是股价突破时往往伴随着较大成交量的原因，该形态属于典型的看涨形态。

该形态的基本要点包括如下几项。

第一，股价来到前期高点附近时，多次收出上影线K线，说明该位置具有较强的阻力。

第二，某一日股价放量上攻，并且直接越过了前期高点区域。

第三，股价突破后，有时还会出现一波回调走势。只要股价没有跌破前期高点位置，就说明突破有效，股价有很大的概率进入主升浪行情。

一、基础量价分析

股价经过回调后，开始出现缓步上行迹象。股价来到前期高点附近时，突然出现放量上攻走势，并一举突破了前期高点位置，顺势开启主升浪行情中上涨最为迅猛的一波行情，如图8-3所示。

华统股份的股价自2021年8月30日开启了底部反弹走势，标志着该股股价正式进入了反攻第一浪。

2021年10月8日，该股股价创出第一浪最高点后转向回调整理走势。观察该股的K线图可知，股价在第一浪末期成交量出现了较大规模的放大，这也为后面突破该价位区域制造了难度。

2021年11月10日，该股股价出现止跌迹象，股价开始走出小幅振荡上升行情。面对前期高点的压力，股价上升的步伐比较缓慢。12月6日，该股股价突然大幅放量上攻，并一举突破了10月8日的高点位置。当日成交量也放大数倍，且要高于第一浪末期的成交量，这说明此次突破很可能属于有

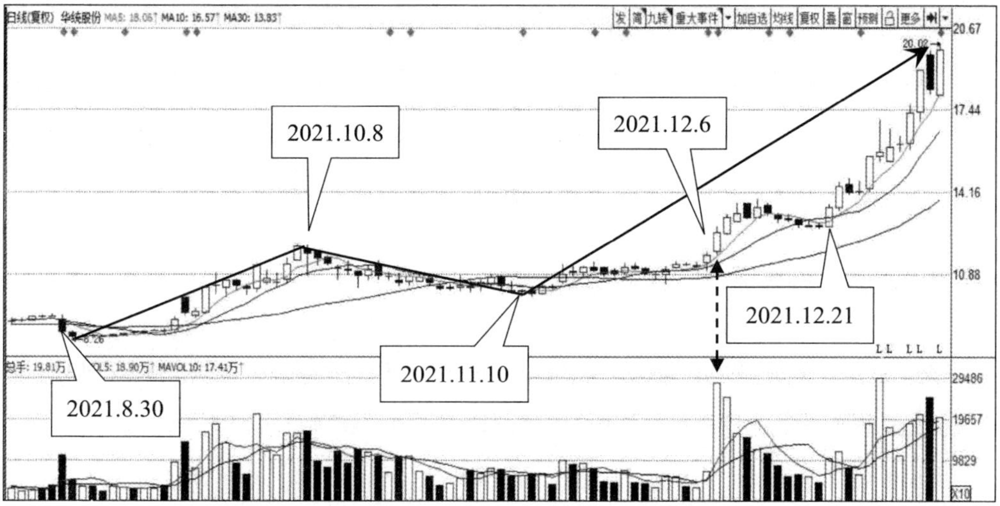

图8-3　华统股份（002840）日K线走势图

效突破，投资者可择机入场建仓。本次突破也可以作为主升浪启动的明确信号。

其后，该股股价上涨几个交易日后出现了调整走势，不过，在股价调整至前期高点位置时，就因受到支撑而重新上攻。此时，投资者可考虑加仓入场。

1. 核心分析维度——突破前期高点形态

K线突破前期高点，本质上反映出前期高点位置由阻力位转为支撑位的过程。在股价第一波上攻过程中形成的放量高点，无疑会对后期股价走势产生一定的阻力作用。当股价触底企稳后，多方开始酝酿反攻。尽管从K线图上看，股价有走出主升浪的可能，但由于股价并未突破前期高点，这就意味着投资者并不能确认主升浪来临。很多散户因为对前期高点的压力心有余悸，不敢轻易下手入场。

股价经过短暂酝酿后，突然启动上涨，走势带有较大的突然性，很多散户都会猝不及防，这也是主力想要达到的效果。当然，有时候，这种突然拉升是在外围突然出现利好的情况下主力顺势采取的攻击行动。

从波浪理论的角度来看，在突破之前，股价其实已经进入了主升浪区间，只是上升幅度较小，投资者很难识别和确认，一般也不需要过早地确认。当股价形成突破后，投资者再进行主升浪确认就可以了。

2. 辅助分析维度——量价关系

从量价关系方面看，在股价第一浪的波动过程中，成交量会随着股价的走高而振荡放大。当股价出现回调时，成交量则会萎缩得较为明显。

随着股价的回调，在第一浪尾声阶段入场的很多投资者都会被套牢在较高的价位，这些套牢盘梦想着某一交易日能够顺利解放。

主力在拉升股价前，需要做好吞掉前期套牢盘的准备。当然，这也是建立在前期套牢盘规模不是很大的基础上。反过来说，当主力已经将前期套牢盘全部消化掉，他的目的也就暴露了。这时就只有一条继续上攻的路，没有其他选择。这也是研判股价突破前期高点时，将成交量是否放大看得非常重要的原因所在。

二、MACD指标解析战法

从MACD指标角度来分析，突破前期高点战法也涉及了股价的再度起涨，MACD指标也可能会在0轴附近形成黄金交叉后加速上扬形态。

通常来说，MACD指标会随着股价的波动而出现振荡。在第二浪结束后，第三浪开始启动时，MACD指标会同步在0轴附近位置出现第二次黄金交叉。不过，由于受前期高点的压制，股价涨幅通常较小，MACD指标也会呈现横向振荡态势。当股价出现放量突破前期高点形态时，MACD指标同步出现拐头上扬的情况，这也是股价启动的显著迹象。

下面再来看一下华统股份的案例，如图8-4所示。

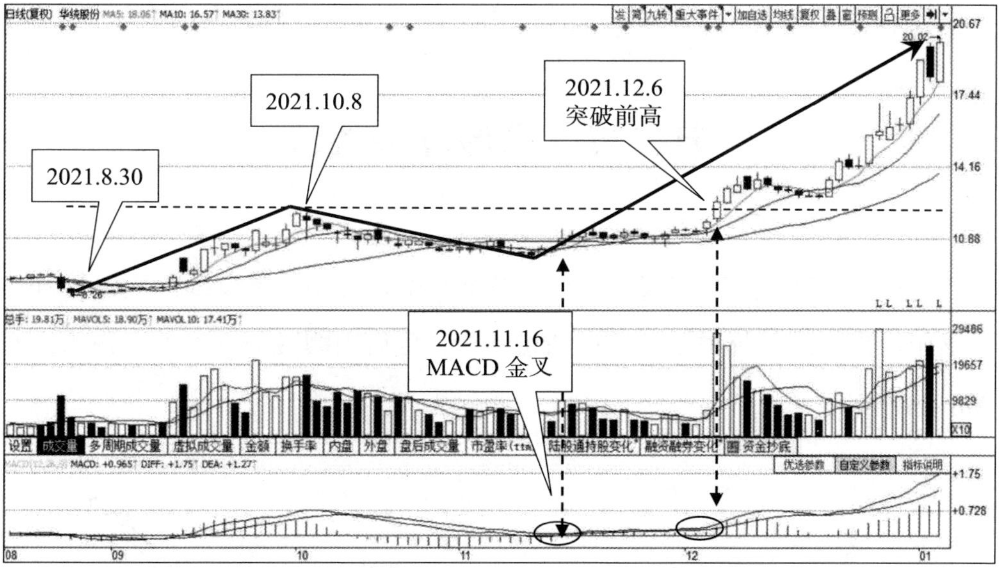

图8-4　华统股份（002840）日K线走势图

华统股份的股价自2021年8月30日开启了底部反弹走势，MACD指标同步出现金叉后振荡上扬。

2021年10月8日，该股股价创出第一浪最高点后转向回调整理走势，MACD指标很快出现死叉后持续下行。

2021年11月10日，该股股价出现止跌迹象，11月16日，该股股价振荡上行，MACD指标在0轴上方附近位置出现了第二个金叉。至此，MACD指标双金叉形态正式成立，这属于典型的看涨信号，投资者此时就可以考虑入场。不过，考虑前面不远处就面临前期高点的压力，投资者也可适当进行控仓。

12月6日，该股股价突然大幅放量上攻，并一举突破了10月8日的高点位置。MACD指标同时出现了拐头向上走势，这属于典型的股价加速上行信号。

第二节　涨停过顶战法

涨停过顶形态是突破前高的一种特殊形态，是指股价以强势涨停的方式突破了前期高点。其与主升浪行情相结合，更可引爆股价一波上涨狂潮，如图8-5所示。

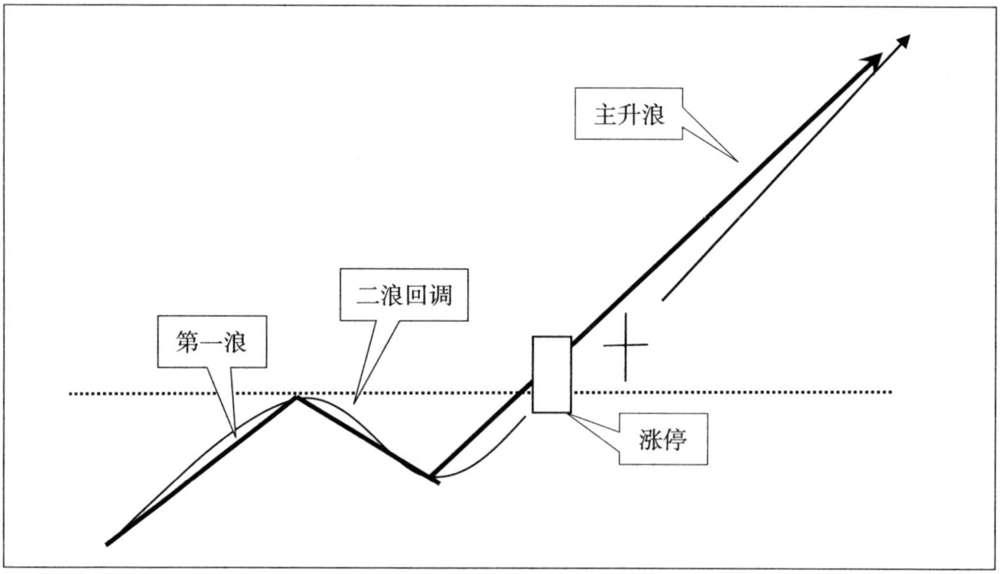

图8-5　涨停过顶形态示意图

涨停过顶是指股价K线经过连续几个交易日的缓慢攀升后，出现以放量涨停形式突破前期高点的走势。通常来说，前期高点多为第一浪的终点，也是阶段成交密集区域。股价K线想要突破该价位区域，不得不面临较大的阻力。当股价能够以涨停的形式突破该区域，说明主力已经做足了拉升股价的准备，该形态属于典型的强势看涨形态。

该形态的基本要点包括如下几项。

第一，股价突破前期高点前，已经数次来到前期高点位置，可见该高点对股价有较强的阻力作用。

第二，股价突破前期高点前有一个高位振荡过程，这一过程是多方积聚实力必不可少的环节，投资者可以依照这一标准判断哪些股票即将要冲破前期高点。

第三，股价冲高前有时候会出现一个假摔动作，即有一个股价下跌的过程，但这一过程持续时间不会太长。一旦股价重现开始上涨，且突破前期高点位置，就是投资者买入的最佳时机。

第四，股价突破后，有时还会出现一波回调走势，只要股价没有跌破前期高点位置，就说明突破有效，股价有很大的概率进入主升浪行情。

一、基础量价分析

股价经过回调后，开始出现缓步上行迹象，股价来到前期高点附近时，突然出现放量涨停走势，并一举突破了前期高点位置，顺势开启了主升浪行情中上涨最为迅猛的一波行情，如图8-6所示。

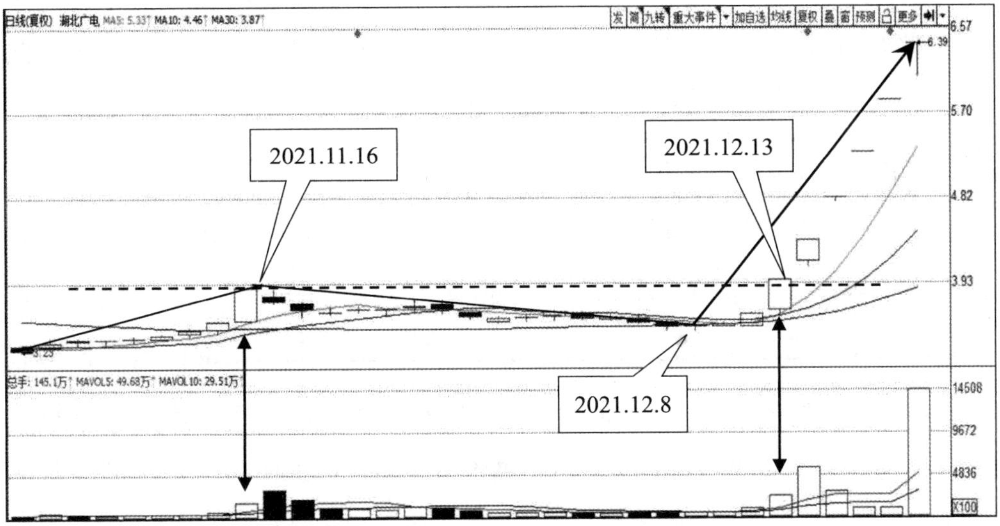

图8-6　湖北广电（000665）日K线走势图

湖北广电的股价自2021年11月初开启了底部反弹走势，标志着该股股价正式进入了反攻第一浪。

2021年11月6日，该股股价以放量涨停的方式结束了第一浪。此后，该股股价转入了下行趋势。也就是说，股价创出第一浪最高点后转向回调整理走势。

2021年12月8日，该股股价出现止跌迹象，随后开始了小幅振荡上升行情。面对前期高点的压力，股价上升的步伐也是比较缓慢的。12月13日，该股股价以放量涨停的方式突破了11月16日的前期高点。本次突破也可以作为主升浪启动的明确信号。

其后，该股股价并没有出现回调，而是直线拉升，这与受到场外利好消息的刺激有直接的关系。此时，投资者可考虑加仓入场。

1. 核心分析维度——涨停过顶形态

与之前的技巧相似，K线涨停过顶，本质上也反映了前期高点位置由阻力位转为支撑位的过程。在股价第一波上攻过程中形成的放量高点，无疑会对后期股价走势产生一定的阻力作用。当股价触底企稳后，多方开始酝酿反攻。尽管从K线图上看，股价有走出主升浪的可能，但由于股价并未突破前期高点，这就意味着投资者并不能确认主升浪来临。很多散户因为对前高压力心有余悸，不敢轻易入场。

此后，股价经过短暂酝酿，突然启动大幅上攻，带有较大的突然性，很多散户都会猝不及防，这也是主力想要达到的效果。当然，有时候，这种突然拉升也是在外围突然出现利好的情况下主力顺势采取的攻击行动。同时，由于股价采用的是强势涨停突破阻力位的方式，很多投资者会对此时的股价产生一定的畏高心理，不敢介入，而主力则趁机加大了拉升的力度。

从波浪理论的角度来看，股价放量涨停之前，股价其实已经进入了主升浪区间，只是上升幅度较小，投资者很难识别和确认，一般也不需要过早地确认。形成突破后，投资者再进行主升浪确认就可以了。

2. 辅助分析维度——量价关系

从量价关系方面看，在股价第一浪的波动过程中，成交量会随着股价的走高而振荡放大。当股价出现回调时，成交量的萎缩则会较为明显。

股价出现放量涨停当日，成交量也是值得重点研判的一个因素。涨停当日，多会以成交量放大相配合，但涨停封板的时间对成交量也会有一定的影响。封板越早，成交量放大的程度越低，这也就意味着股价未来涨势会更好。反之，若成交量放大过猛，也存在主力出货的可能。

二、MACD指标解析战法

从MACD指标角度来分析，涨停过顶战法与之前的突破前高战法基本相似，也涉及股价的再度起涨，MACD指标也可能会在0轴附近形成黄金交叉后的加速上扬形态。不过，由于该技巧中股价突破前期高点时涨势较猛，MACD指标拐头上扬的角度会更大。

与此同时，若使用KDJ指标作为辅助分析指标，就可以发现此时KDJ指标瞬间就进入超买区间了。

下面再来看一下湖北广电的案例，如图8-7所示。

湖北广电的股价自2021年11月初开启了底部反弹走势，MACD指标同步出现金叉后振荡上扬。

2021年11月16日，该股股价创出第一浪最高点后转向回调整理走势。MACD指标出现死叉后持续下行，KDJ指标也在此时出现死叉形态，随后振荡下行。

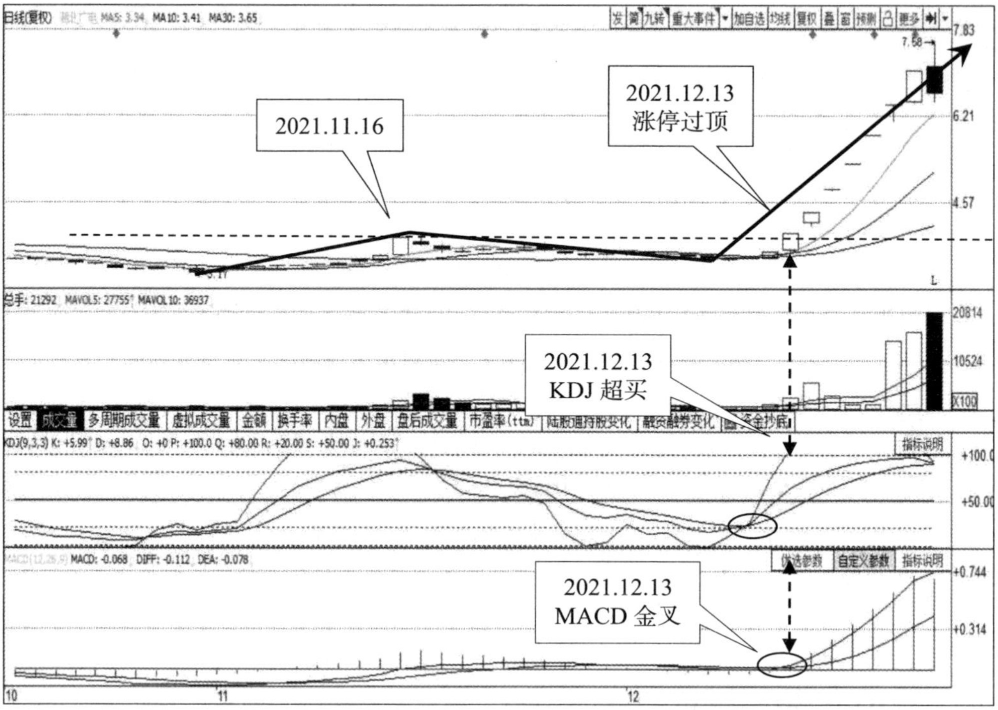

图8-7 湖北广电（000665）日K线走势图

2021年12月8日，该股股价出现止跌迹象，股价开始了小幅振荡上升行情，KDJ指标很快出现黄金交叉形态。12月13日，该股股价放量涨停越过前期高点位置，MACD指标在0轴上方附近位置出现了第二个金叉。KDJ指标瞬间进入超买位置，曲线J更是达到了100线，这都属于短期进入强势区间的信号。

至此，该股的主升浪行情基本可以确立，投资者可考虑积极入场追涨买入股票。

第三节　突破趋势线战法

突破趋势线是指股价对长期压制自身走势的趋势线完成了有效突破。该趋势线一般为股价在一波上升行情结束后振荡回调所形成的，如图8-8所示。

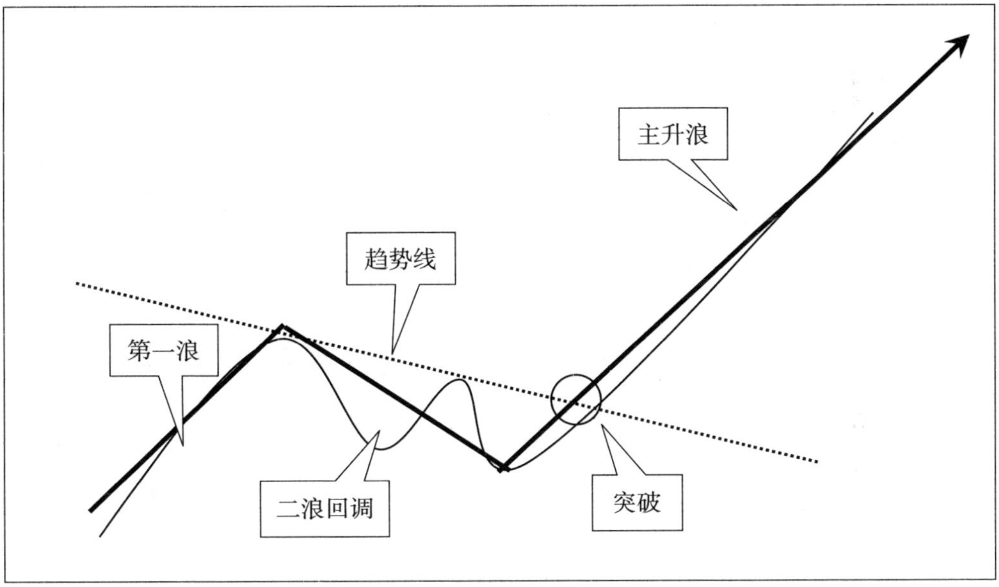

图8-8　突破趋势线形态示意图

股价K线在第二浪回调过程中，会出现几个明显的反弹的高点，将这几个高点连线就构成了一条趋势线，该趋势线对股价的反攻具有较强的阻力作用。同时，这条趋势线也是检验主升浪启动的一个信号系统。也就是说，只有股价突破该位置，才能基本确认主升浪启动。

股价突破趋势线前，已经多次来到趋势线附近，因而趋势线附近也会聚集大量的卖盘。若主力发力向上拉升股价，不得不面临较大的阻力。主力只有下定决心吞掉所有的高位套牢筹码，才能继续拉升股价，这也是股价突破时往往伴随较大成交量的原因。该形态属于典型的看涨形态。

该形态的基本要点包括如下几项。

第一，股价来到趋势线附近时，多次收出上影线K线，说明该位置具有较强的阻力。

第二，某一日股价放量上攻，并且直接突破了趋势线。

第三，股价突破后，有时还会出现一波回调走势，只要股价没有跌破趋势线位置，就说明突破有效，股价有很大概率进入主升浪行情。

一、基础量价分析

股价在第二浪振荡回调过程中，形成了一条明显的趋势线。某一交易日，股价K线突然出现放量上涨态势，并一举突破了趋势线，顺势开启主升浪行情中上涨最为迅猛的一波行情，如图8-9所示。

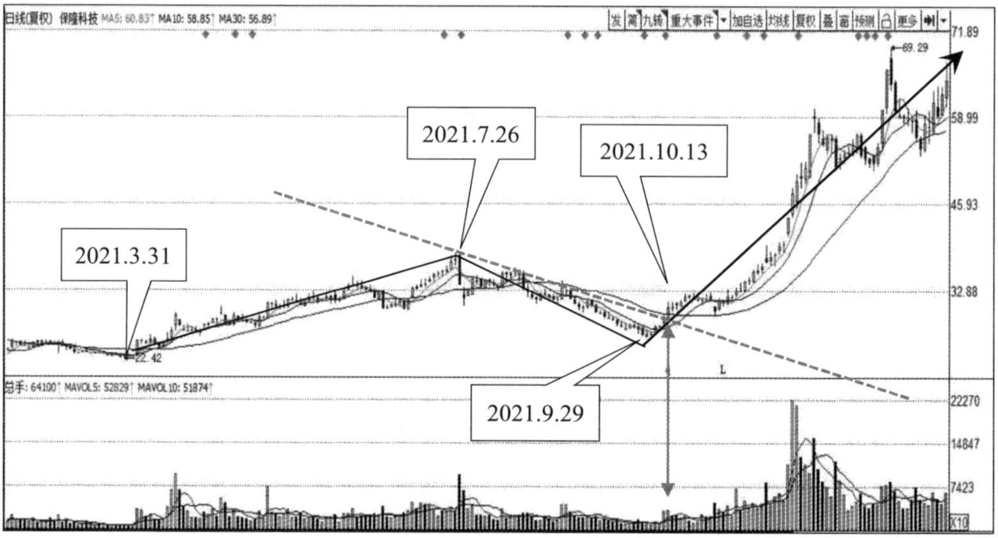

图8-9　保隆科技（603197）日K线走势图

保隆科技的股价自2021年3月底开启了底部反弹走势，标志着该股股价正式进入了反攻第一浪。

2021年7月26日，该股股价触及短期高点后振荡走低。投资者若将股价回调过程中形成的反弹高点用直线相连，就获得了一条下降趋势线。股价几次反弹触及该线后都重新下行，证明该线对股价具有较强的阻力作用。

2021年9月29日，该股股价出现止跌迹象，随后开始了小幅振荡上升行情。10月13日，该股股价以放量上攻的方式突破了下降趋势线，本次突破也可以作为主升浪启动的明确信号。

其后，该股股价经过一波振荡回调后，进入了快速上升通道。

1. 核心分析维度——突破趋势线形态

通常情况下，随着股价振荡走低，反弹的高点也可能会随之下移。这也就意味着持仓者抛售筹码的心理价位也在不断地走低，反映在趋势线上，就是趋势线逐渐向右下方倾斜。该线更多的是反映了持仓者的一种心理情绪。

此后，当股价经过短暂酝酿后突然启动大幅上攻，携量突破下降趋势线，意味着市场做多动能开始出击。同时，市场上投资者的情绪也在此时发生了变化，大家不再将该趋势线看成阻力线，而是将其看作支撑线。此后，更多的投资者就会选择入场追涨该股。

从波浪理论的角度来看，股价放量突破趋势线之前，股价其实已经进入了主升浪区间，只是上升幅度较小，投资者很难识别和确认，一般也不需要过早地确认。形成突破后，投资者再进行主升浪确认就可以了。

2. 辅助分析维度——量价关系

从量价关系方面看，在股价第一浪的波动过程中，成交量会随着股价走高而振荡放大。当股价出现回调时，成交量的萎缩则会较为明显。观察该股振荡下行过程中股价形成的反弹高点，可以发现，这些反弹高点对应的成交量一般都不会出现明显放大，这也是这些反弹没有变成反转的原因。

相对而言，股价对趋势线突破时，所需的成交量并不是特别大，毕竟在趋势线位置并没有多大的套牢盘。该位置主要是对投资者的心理产生作用，因此，一旦突破被确认，投资者就可能从倾向于卖出转为持仓观望。

二、MACD指标解析战法

事实上，随着股价K线完成对下降趋势线的突破，MACD指标系统也会发出类似的趋势转向信号。

通常来看，MACD指标的趋势转向信号包括如下几项。

第一，MACD指标经过一波下跌后，已经开始出现拐头向上的迹象。

第二，MACD指标在0轴下方形成黄金交叉，这属于典型的看涨信号。

第三，随着股价的振荡下行，MACD指标同步下行，投资者可以沿着MACD指标下行路线绘制一根条下降趋势线。若MACD指标拐头向上突破该下降趋势线，也可以说明多空力量对比发生了转变，股价即将进入上升通道。

下面再来看一下保隆科技的案例，如图8–10所示。

保隆科技的股价自2021年3月底开启了底部反弹走势，标志着该股股价正式进入了反攻第一浪。

2021年7月26日，该股股价触及短期高点后振荡走低。投资者若将股价回调过程中形成的反弹高点用直线相连，就获得了一条下降趋势线。同时，MACD指标也开始了振荡下行走势，投资者同样可以沿着MACD指标下行路线绘制一条下降趋势线。

2021年9月29日，该股股价出现止跌迹象，MACD指标同步在低位形成了黄金交叉形态，随后股价开始了小幅振荡上升行情。10月13日，该股股价

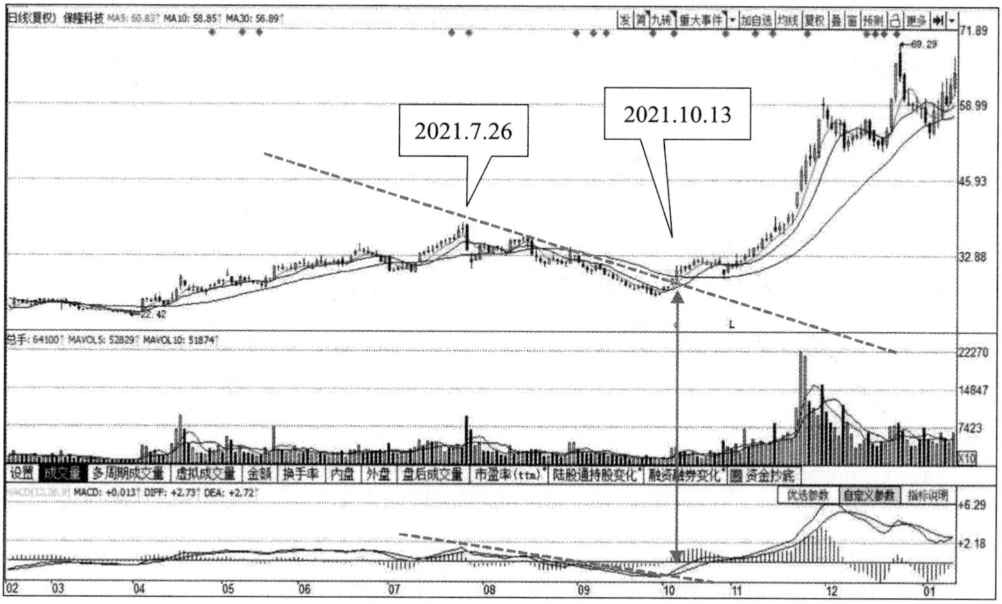

图8-10　保隆科技（603197）日K线走势图

以放量上攻的方式突破了下降趋势线，与此同时，MACD指标也拐头向上突破了MACD指标的下降趋势线。

综合以上分析可知，股价将终结下行趋势，开启一波上涨之路。

第四节　突破整理形态战法

突破整理形态战法，是指在股价第二浪回调过程中，呈现出了明显的整理形态。当股价重新向上突破股价整理区域后，就意味着股价将进入新的主升浪潮。该突破完成后，股价一般多会出现一波上攻浪潮，如图8-11所示。

一般来说，整理形态比常规的第二浪回调所需的时间更多，因此，在波浪理论中，整理形态出现在第二浪的情况并不是很多，其大部分会在第四浪出现。若第一浪上升势头较猛，其第二浪就比较容易出现整理形态。

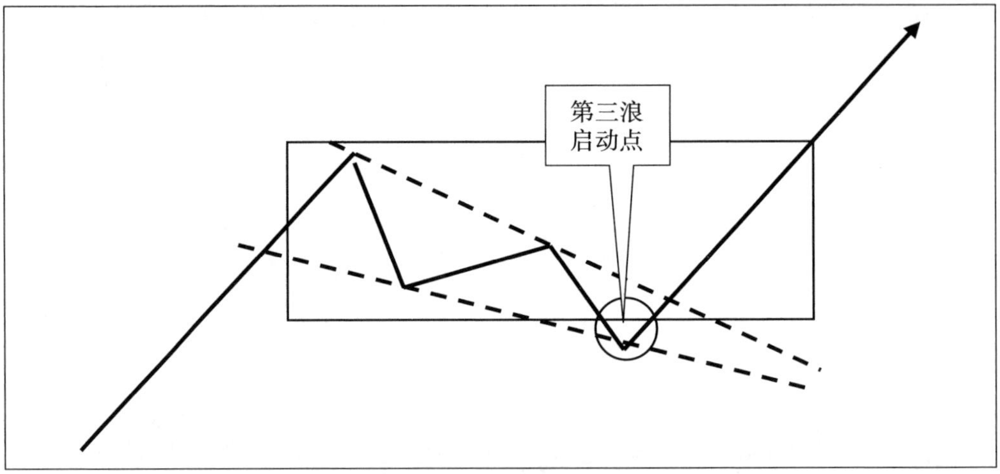

图8-11 突破整理区域示意图

该形态属于典型的看涨形态，有下面几个显著的特点。

第一，在股价回调过程中，由于有大量的套牢筹码需要出清，主力会将股价控制在一定的区间内。

第二，在股价振荡过程中，可能会形成各类典型的整理形态，如矩形、下降楔形、三角形等。这些整理形态的上边线通常都会对股价的上行形成一定的阻力作用。

第三，某一日股价放量上攻，并且直接突破了整理区间。

第四，股价突破后，有时还会出现一波回调走势，只要股价没有跌回整理区域，就说明突破有效，股价有很大的概率进入主升浪行情。

一、基础量价分析

股价在第二浪振荡回调过程中，形成了经典的整理形态。某一交易日，股价K线突然出现放量上涨走势，并一举突破了整理形态，顺势开启主升浪行情中上涨最为迅猛的一波行情，如图8-12所示。

恒信东方的股价自2021年8月终结了下行趋势，并出现了振荡筑底行情。进入8月下旬，股价开始反弹，标志着该股股价正式进入了反攻第一浪。

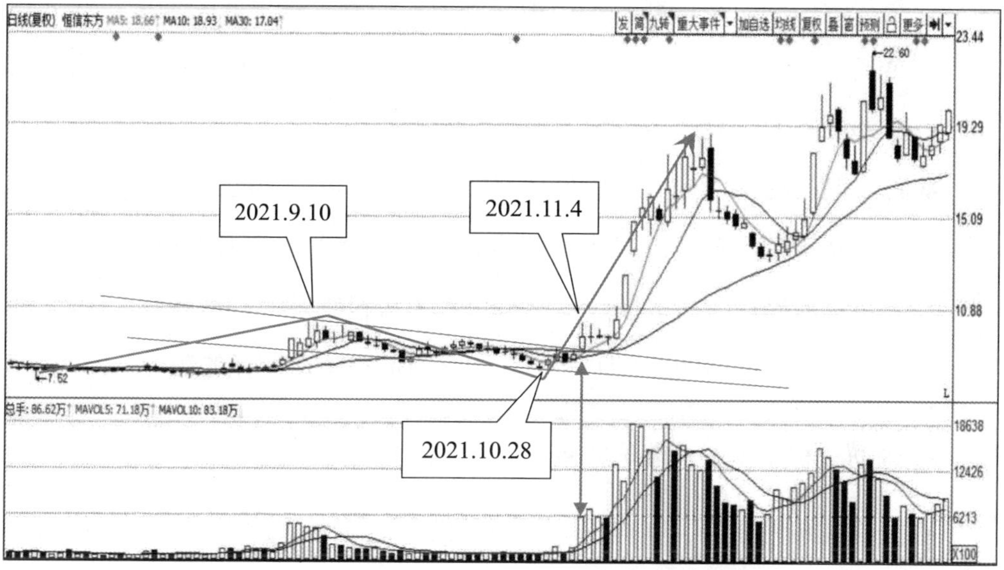

图8-12　恒信东方（300081）日K线走势图

2021年9月10日，该股股价触及短期高点后振荡走低。股价在整个振荡回调过程中被控制在一个下降楔形区域内。

2021年10月28日，该股股价出现止跌迹象，随后开始了小幅振荡上升行情。11月4日，该股股价以放量涨停的方式突破了下降楔形的上边线，本次突破也可以作为主升浪启动的明确信号。

其后，该股股价经过一波振荡回调后，进入了快速上升通道。

1. 核心分析维度——突破整理形态

通常情况下，随着股价振荡走低，反弹的高点也可能会随之下移，这也就意味着持仓者抛出筹码的心理价位也在不断地走低。尽管股价下行的低点越来越低，但下行的幅度已经有所减弱，这反映出市场做空力量已显不足。

总之，这是一个市场多空双方力量逐渐取得均衡的信号，也意味着股价即将重新选择突破的方向。

此后，当股价经过短暂酝酿后突然启动大幅上攻，携量突破下降楔形上边线，意味着市场做多动能开始出击。同时，市场上投资者的情绪也在此时发生了变化，大家不再将该趋势线看成阻力线，而是将其看成支撑线。此后，更多的投资者就会选择入场追涨该股。

从波浪理论的角度来看，股价放量突破下降楔形上边线之前，股价其实已经进入了主升浪区间，只是上升幅度较小，投资者很难识别和确认，一般也不需要过早地确认。形成突破后，投资者再进行主升浪确认就可以了。

本节以下降楔形为例进行讲解，其他整理形态也是同样的道理。

2. 辅助分析维度——量价关系

从量价关系方面看，在股价第一浪的波动过程中，成交量会随着股价走高而振荡放大。当股价出现回调时，成交量的萎缩则会较为明显。观察该股的振荡下行过程，成交量也会呈现有规律的萎缩。当股价即将运行至整理形态尾声时，成交量一般也会萎缩至较低的水平，这是股价重新选择突破方向的信号。

相对而言，股价突破整理区间时，所需的成交量并不是特别大，毕竟在趋势线位置并没有多大的套牢盘。该位置更多的是对投资者的心理产生作用，因此，一旦突破被确认，投资者就可能从倾向于卖出转为持仓观望。

二、MACD指标解析战法

事实上，随着股价K线完成对下降趋势线的突破，MACD指标系统也会发出类似的趋势转向信号。

通常来看，MACD指标发出的趋势转向信号包括以下这样几点。

第一，股价在整理区间振荡下行时，MACD指标同步也会呈现振荡下行态势。

第二，随着股价的下行，MACD指标可能会在形成死叉后跌破0轴。

第三，随着股价的振荡下行，MACD指标同步下行，投资者也可以沿着MACD指标下行路线绘制一条下降趋势线。若MACD指标拐头向上突破该下降趋势线，也可以说明多空力量对比发生了转变，股价即将进入上升通道。

第四，MACD指标向上突破下降趋势线时，若同步在0轴附近形成黄金交叉，无疑可以增加股价上攻的概率。

下面再来看一下恒信东方的案例，如图8-13所示。

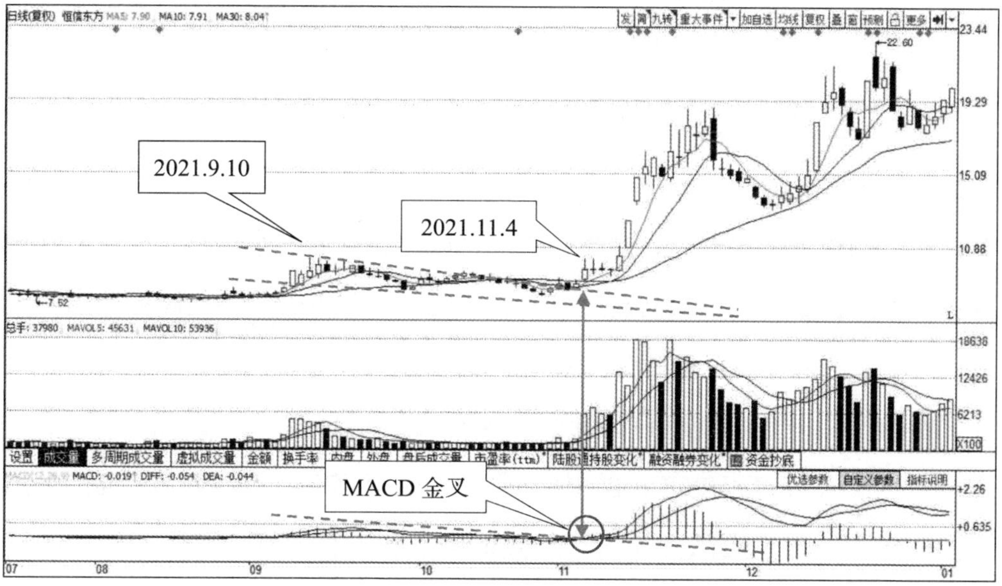

图8-13　恒信东方（300081）日K线走势图

恒信东方的股价自2021年8月终结了下行趋势，并出现了振荡筑底行情。进入8月下旬股价开始反弹，标志着该股股价正式进入了反攻第一浪。

2021年9月10日，该股股价触及短期高点后振荡走低。在整个振荡回调过程中，股价被控制在一个下降楔形区域内。

与此同时，MACD指标形成高位死叉后，也开始了振荡下行走势。投资者同样可以沿着MACD指标下行路线绘制一条下降趋势线。随着股价振荡走低，MACD指标一度跌破0轴。

2021年11月4日，该股股价跳空放量上攻，MACD指标同步在低位形成了黄金交叉形态，并向上突破了0轴。与此同时，MACD指标也拐头向上突破了MACD指标的下降趋势线。

综合以上分析可知，股价将终结下行趋势，开启一波上涨之路。

第五节　突破底部颈线位战法

突破底部颈线位战法是指在底部整理过程中，股价先是反弹启动第一浪，紧接着第二浪回调构筑了另一个底。此后，当股价向上突破底部颈线位时，则可确认主升浪到来。这类底部形态以双底（后一个底高）、三重底和头肩底为主，其中头肩底又是最具典型特征的一种形态。该突破完成后，股价一般多会出现一波上攻浪潮，如图8-14所示。

股价下跌一定幅度后开始反弹，当达到一定高度后又出现回调，形成了“左肩”，接着再度下跌创出新低后回升，构筑了“头部”，也就是第一浪的起点。之后上涨到前一次反弹的高点附近再次回调，这次回调的低点高于“头部”的低点，形成了“右肩”，也就是第三浪的起点。在两次反弹过程中，股价基本在同一价位受阻回落，这个价位上的直线就是颈线。当股价向上突破颈线位时，就基本可以确认股价将进入主升浪最为迅猛的一个上涨阶段。

该形态属于典型的看涨形态，主要特点如下。

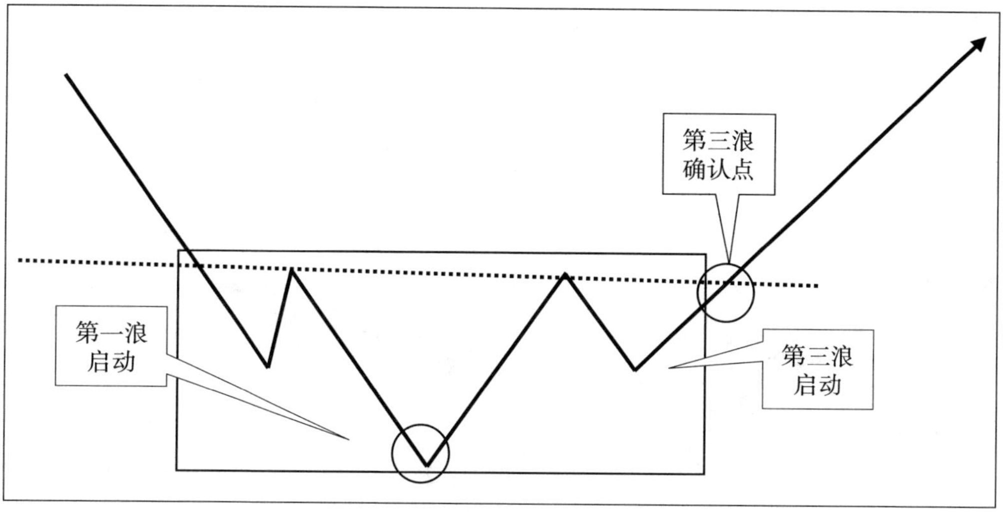

图8-14 突破底部颈线位示意图

第一，股价振荡筑底过程中，主力吸筹仍然没有结束，因而不得不通过大幅振荡来获得更多的廉价筹码。

第二，股价振荡过程中，在形成一些底部形态时，最低点已经出现，即第一浪已经悄然启动，只是很多散户还没有察觉。

第三，某一日股价放量上攻，并且直接突破了颈线位。

第四，股价突破后，有时还会出现一波回调走势，只要股价没有跌破颈线位置，就说明突破有效，股价有很大概率进入主升浪行情。

一、基础量价分析

股价经过一波下跌后，经过几个交易日的反弹，重新创下新低。此后，股价开启反攻第一浪。股价反弹到一定幅度后再度走低，几个交易日后股价三度反攻，不过该低点要高于之前的低点。将两次反弹的高点连线，就构成了头肩底的颈线。当股价一举突破颈线位置后，就会顺势开启主升浪行情中上涨最为迅猛的一波行情，如图8-15所示。

鼎胜新材日K线图在2022年4月到6月之间出现了头肩底形态，预示股价将反转向上。

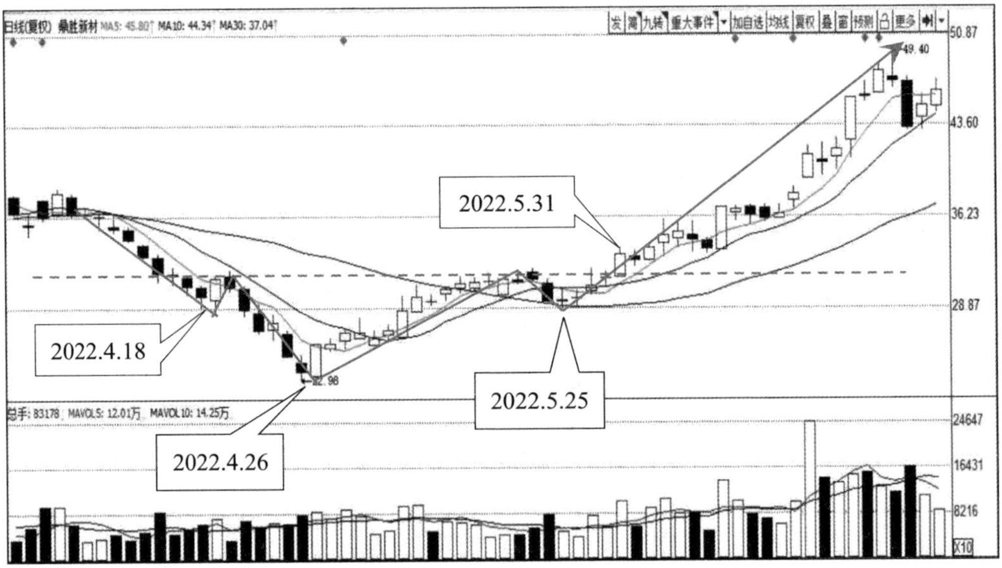

图8-15　鼎胜新材（603876）日K线走势图

2022年4月18日，处于加速下跌趋势的鼎胜新材形成第一个底后反弹。该股股价触底反弹，形成头肩底的“左肩”。不过，反弹只持续了两个交易日就宣告终结，股价重新进入下行通道。

2022年4月26日，该股股价形成了第二个底后再度反弹向上，形成头肩底的“头部”。其实，这也是股价反攻第一浪的启动点位。

该股经过一段时间的上升后，再度出现小幅回调，而后股价在5月25日重新上升，形成了头肩底的“右肩”，此时就是该股股价第三浪的起点。投资者将股价两次反弹的高点连接起来，可以获得一条头肩底的颈线。

2022年5月31日，该股股价向上放量突破了头肩底的颈线位，这标志着该股股价主升浪行情正式被确认，投资者可积极入场追涨。

1. 核心分析维度——突破底部颈线形态

股价经过一波规模较大的下跌后进入低位区域，但市场上的投资者对当前的股价是否接受还需不断检验。

底部形态的颈线位，实质上就是股价反弹回落的点位。该点位对于处在底部区域的股价具有很强的阻力作用。毕竟在底部形成过程中，很多新投资者是在股价的低点入手的。当股价启动反弹后，这些获利盘就会流出。只有当主力资金开始入场，愿意拉升股价时，才能保证这些获利盘被吸走。反之，若主力无意愿拉升股价，这些等待兑现的获利盘就会压制股价上行，让股价重新进入下行区域。

换句话说，一旦股价能够有效突破底部形态的颈线位，就是主力开始拉升股价的明确信号，也是投资者可以入场追涨的一个信号。

从波浪理论的角度来看，股价放量突破底部形态颈线位之前，股价其实已经进入了主升浪区间，只是上升幅度较小，投资者很难识别和确认，一般也不需要过早地确认。形成突破后，投资者再进行主升浪确认就可以了。

本节以头肩底为例进行讲解，其他底部形态也是同样的道理。

2. 辅助分析维度——量价关系

从量价关系方面看，在第一浪的波动过程中，成交量会随着股价的走高而振荡放大。当股价出现回调时，成交量的萎缩则会较为明显。如果在形成“左肩”和“头部”的过程中成交量极度萎缩，在冲破颈线过程中成交量却显著放大，看涨信号的可靠性更高。如前文所述，股价在底部振荡过程中，已经存在了一定的获利盘，只有成交量放大，才能说明增量资金将这些获利盘吞掉了，才可以保证未来股价的上升势头。

二、MACD指标解析战法

通常来说，在股价筑底过程中，MACD指标可能已经反向走出振荡上扬态势。也就是说，当股价在底部振荡时，MACD指标已经逐渐出现上扬态势，有时会临近0轴甚至超过0轴。

通常来看，MACD指标在股价启动过程中发出的信号包括以下这样几点。

第一，股价在底部振荡时，MACD指标会呈现振荡上行态势。

第二，股价在形成“右肩”过程中，MACD指标的DIFF快线会向DEA慢线靠拢，有时可能会在形成死叉后跌破0轴。

第三，股价放量向上突破颈线时，MACD指标会出现加速上扬的态势。在股价突破前，有时MACD指标也会在0轴附近形成一个金叉。

下面再来看一下鼎胜新材的案例，如图8-16所示。

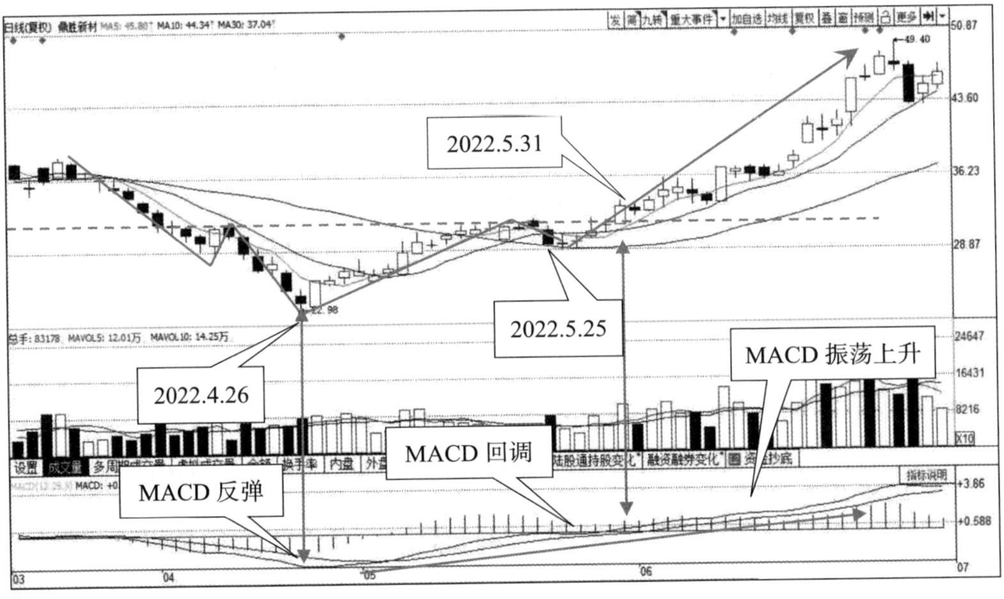

图8-16　鼎胜新材（603876）日K线走势图

鼎胜新材日K线图在2022年4月到6月之间出现头肩底形态，预示股价将反转向上。

2022年4月26日，该股股价在头肩底的“头部”之后，股价开始反弹。与此同时，MACD指标同步拐头向上，形成了反弹走势。

此后，该股经过一段时间的上升后，再度出现小幅回调，而后股价在5月25日重新上升，形成了头肩底的“右肩”。在此期间，尽管股价出现了回调，但MACD指标保持了振荡上扬的态势。只是在5月25日该股股价回调时，MACD指标中的DIFF快线小幅向DEA慢线靠拢，但很快受股价上攻的影响，DIFF线重新拐头向上，这都是股价看涨的信号。

2022年5月31日，该股股价向上放量突破了头肩底的颈线位。与此同时，MACD指标向上突破了0轴，并且开始拐头上扬，这标志着该股股价主升浪行情正式确认，投资者可积极入场追涨。

第九章

主升浪——异动上攻

主升浪是整个股价上升最猛的一个阶段，不过，主力在拉升初期也会故意采用一些迷惑战术，以让更多的散户放弃手中的筹码。正因如此，在主升浪大幅上攻前或启动初期，往往会呈现出一些比较典型的形态，如图9-1所示。

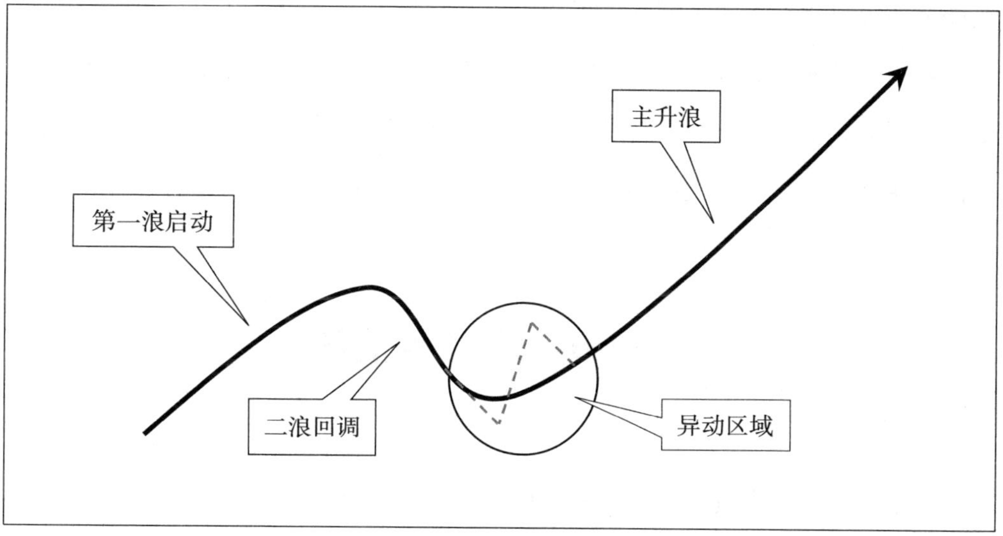

图9-1　异动上攻形态示意图

从严格意义上来说，股价在主升浪启动前的异动还是具有很大的迷惑性的。主力使用欲扬先抑、先拉再打等控盘手法，更是会让散户识别不出来主力的真实意图。因此，在此阶段，投资者更需要综合多种因素来进行行情研判，归纳起来有以下几点。

第一，外部环境。良好的外部环境是主升浪启动的基础。能够掀起主升浪行情的股票，必然会拥有较佳的外部环境。比如，整个宏观经济形势向好，个股基本面改善，个股或行业盈利模式改善等。当然，一些个股利空兑现也可能会成为主升浪的启动时刻，这就是所谓的“利空兑现即利好”，特别是在利空消息持续释放的情况下，股价之前已经出现了较长时间的下跌，此时再出现大的利空，这就有转为利好的可能。

第二，K线走势。从K线走势来看，投资者是很难辨识清楚股价走势的。一些短线支撑位会被砸破，技术指标也可能会发出卖出信号。

第三，成交量因素。成交量是主力很难做假的一个领域。临近快速拉升前，成交量常常会发出一些异动信号，如成交量大幅萎缩、温和放大等，这都是主力进场或锁仓的一些明确的信号。

第四，技术方面的因素。从短线来看，很多技术指标可能会发出超买或超卖信号。从长线来看，即使短线股价出现大幅回落，但技术指标的运行趋势仍旧是上行的，特别是MACD指标等能够反映股价波段的运行趋势。

第一节　回马枪战法

回马枪形态是股价在启动初期出现的大幅回调形态。该形态本身就是一个强势的主力洗盘信号，其与主升浪行情相结合，更可引爆股价一波上涨狂潮，如图9-2所示。

在主升浪启动阶段，这种回马枪形态出现的概率还是很高的。从具体的K线形态上来看，先是在涨停光头阳线的带动下，股价高开高走后回落，在K线图上留下一根长长的上影线。其后股价连续回调，但一般不会跌破上影线出现前一交易日涨停阳线的开盘价。此后，该股股价反向上攻，并借以开启一波强势上涨行情。

该形态属于典型的看涨形态，其特点如下。

第一，股价进入第三浪运行区间后，主力为了获得拉升所需的筹码，会采取较为激进的拉高打压式建仓，很多散户都容易被这种走势吓退。

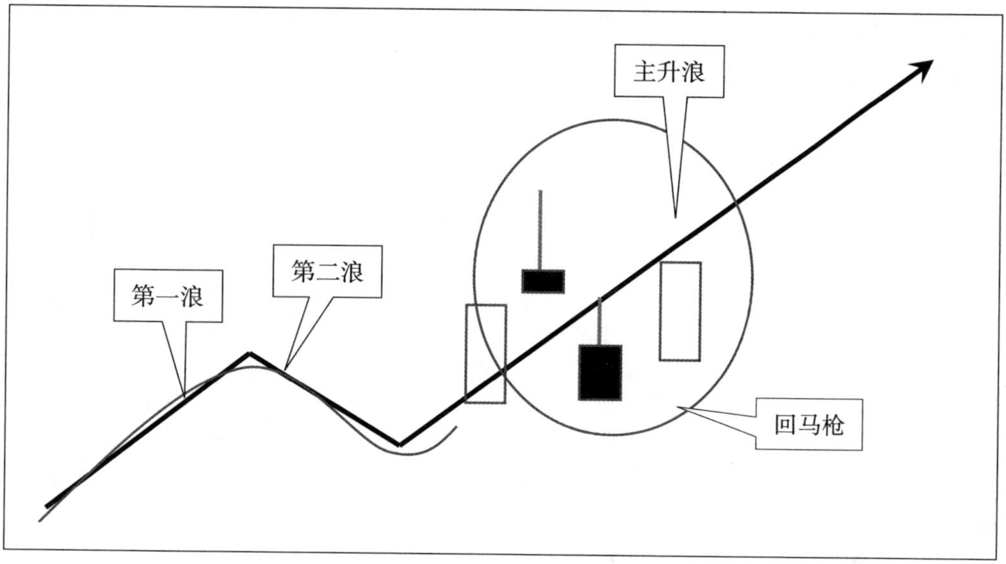

图9-2　回马枪形态示意图

第二，在股价上冲过程中，形成的上影线越长越好。

第三，股价回调过程中，光头阳线对应的几个关键价位可能成为重要的支撑位，比如阳线的开盘价和最低价等。

第四，股价反向上攻后，多会以涨停报收，此后股价有很大的概率进入主升浪行情。

一、基础量价分析

股价在第三浪已经显露出某种启动迹象，接着在K线图上留下回马枪形态，此后顺势开启主升浪行情中上涨最为迅猛的一波行情，如图9-3所示。

中京电子的股价自2022年7月15日触底反弹，标志着第三浪（主升浪）开启。

在主升浪启动初期，股价上升还很缓慢。进入7月底，该股股价出现异动。8月2日，该股股价强势涨停。8月3日，该股股价在前日涨停的基础上跳空高开高走，随后反向下跌。盘中出现了大幅振荡，在K线图上留下了一根带长上影线的K线。当日，该股成交量出现了较大规模的放大，给出一种主力出货的感觉。

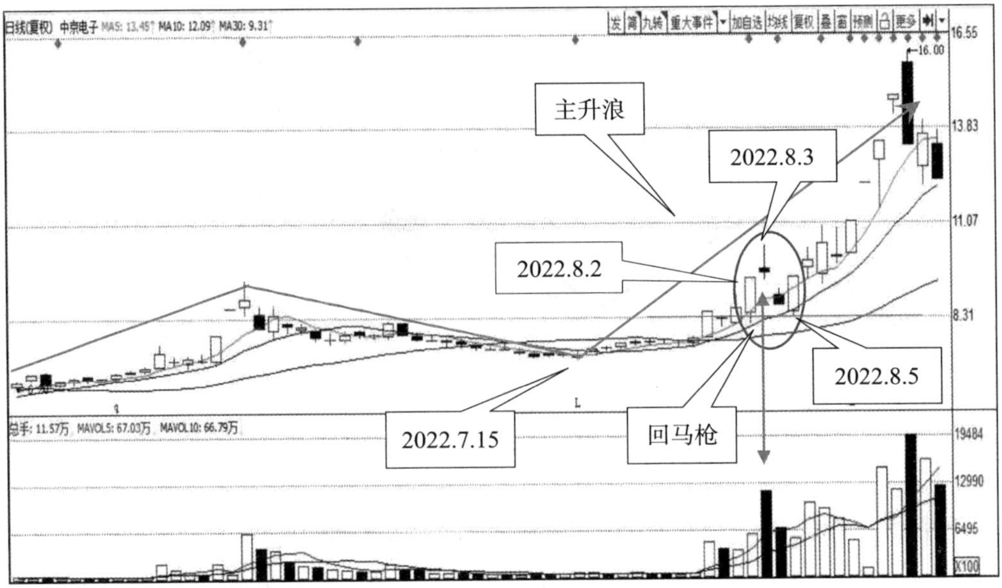

图9-3　中京电子（002579）日K线走势图

此后的交易日，该股股价再度低开低走，并以跌停报收，这就更能确定前日主力出货的判断。

2022年8月5日，该股股价低开振荡后反向上攻，并以涨停报收。回马枪形态出现，意味着股价将进入一轮快速上升周期。

回马枪形态出现后进入主升浪区间战法，可以通过以下几个维度来解析。

1. 核分析心维度——回马枪形态

K线回马枪形态，反映出主力在大幅拉升股价前，充分利用散户的恐惧心理，进行双向诱骗。先是做出一种诱多的动作，然后再反向诱空。总之，就是为了逼迫散户交出手中的筹码。

回马枪形态出现的位置，也是需要散户明确的。在股价启动初期，即股价之前可能会出现小幅慢涨行情，而后连续出现大幅振荡，此时出现回马枪形态，那么，未来股价上涨的概率极高。反之，若股价已经进入高位，此时再出现回马枪形态，则需控制好风险，这有可能是主力为了出逃而故意制造的陷阱。

2. 辅助分析维度——量价关系

从量价关系上来看，回马枪形态出现前后，成交量还是比较有特点的。通常来说，股价出现回马枪形态前，可能会有一波小幅上升，成交量也会同步出现温和放大，但整体放量并不会太明显。

在股价出现长上影线当日，成交量必然会呈现明显放大，一般可能是一段时间以来的最高量。其后，随着股价回落，成交量也会大幅萎缩。此后，当股价重新上扬时，成交量再度放大。

成交量的剧烈变化，也从侧面反映出市场进入交投活跃周期，这也是股价进入快速上升通道的一个明显信号。

二、MACD指标解析战法

通常来说，回马枪形态的形成，多是在股价上升趋势已经开启的初始阶段。因此，尽管股价短期可能出现大幅回落态势，从MACD指标来看，其整个运行态势仍会处于上扬态势，这是整个股价上升趋势的基础和依托。

通常来看，MACD指标在股价出现回马枪形态过程中发出的信号包括以下这样几点。

第一，股价出现长上影线时，MACD指标已经显露出了明显的上扬态势，MACD柱线持续拉长。

第二，股价回调过程中，MACD指标中的DIFF快线会向DEA慢线靠拢，但一般不会出现死叉。当然，若回调超过3个交易日，可能会出现死叉，但很快又会重新形成金叉。

第三，股价反向上攻时，MACD指标会立即转入上扬态势。

下面再来看一下中京电子的案例，如图9-4所示。

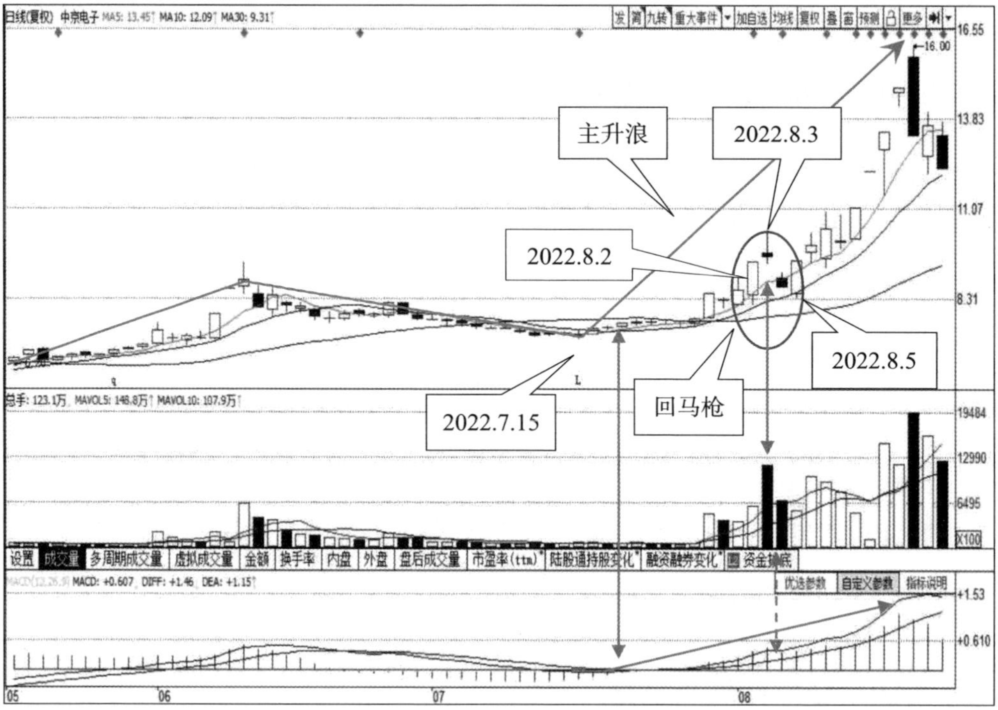

图9-4　中京电子（002579）日K线走势图

中京电子的股价自2022年7月15日触底反弹，标志着第三浪（主升浪）开启。

在主升浪启动初期，股价上升还很缓慢。进入7月底，该股股价出现异动。8月2日，该股股价强势涨停。8月3日，该股股价在前日涨停的基础上跳空高开高走，随后反向下跌。

与此同时，在股价启动主升浪后，MACD指标已经转入上升模式，并向上突破了0轴。此后，8月3日股价走出长上影线当日，MACD指标到达短线高点。此后，随着股价的回调，MACD指标出现回落，但DIFF线也只是稍稍向DEA靠拢。

8月5日，该股股价反攻，MACD指标同步拐头向上，股价进入快速上升趋势。

总之，在整个主力洗盘过程中，MACD指标保持了上扬态势，这也是投资者可以坚持持仓的一个强有力的信号。

第二节　仙人指路

仙人指路形态是指在股价启动初期，先是股价大幅冲高后再回落，而后再度上攻，突破了先前冲高的最高点。该形态本身就是一个强势的主力洗盘信号，其与主升浪行情相结合，更可引爆股价一波上涨狂潮，如图9-5所示。

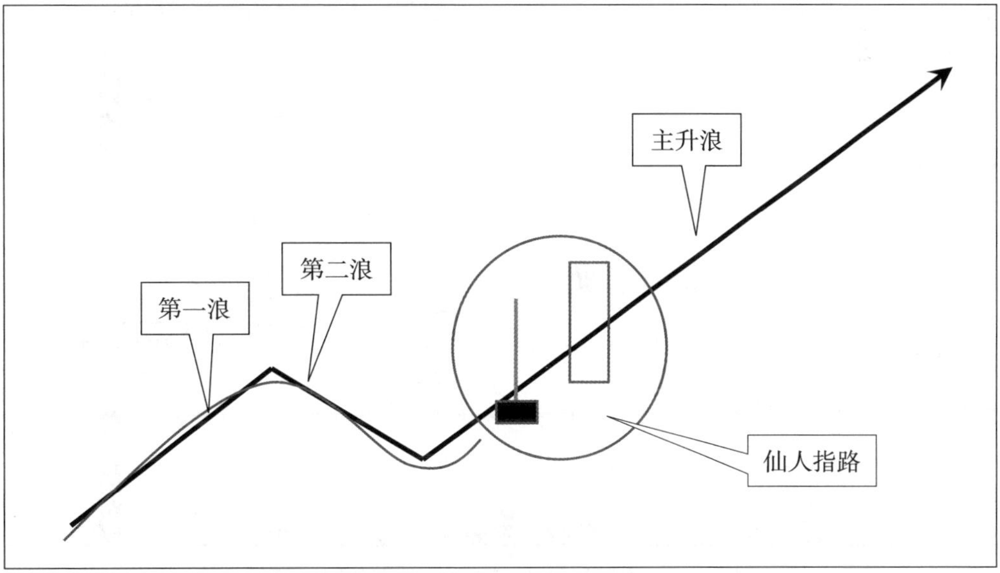

图9-5　仙人指路形态示意图

在主升浪启动阶段，这种仙人指路形态出现的概率还是很高的。从具体的K线形态上来看，股价高开高走后回落，在K线图上留下一根长长的上影线。其后，股价在前日收盘价附近开盘，而后大幅上攻，并以大阳线报收。此后，该股股价持续上攻，并借以开启一波强势上涨行情。

该形态属于典型的看涨形态，其技术特点如下。

第一，股价进入第三浪运行区间后，主力为了获得拉升所需的筹码，采取了较为激进的拉高打压式建仓，很多散户都容易被这种走势吓退。

第二，在股价上冲过程中，形成的上影线越长越好。

第三，股价反向上攻后，若以涨停报收，则可增强该形态的有效性，同时，更可推升后面主升浪上升的幅度。

一、基础量价分析

股价在第三浪已经显露出某种启动迹象。接着在K线图上留下仙人指路形态，此后顺势开启主升浪行情中上涨最为迅猛的一波行情，如图9-6所示。

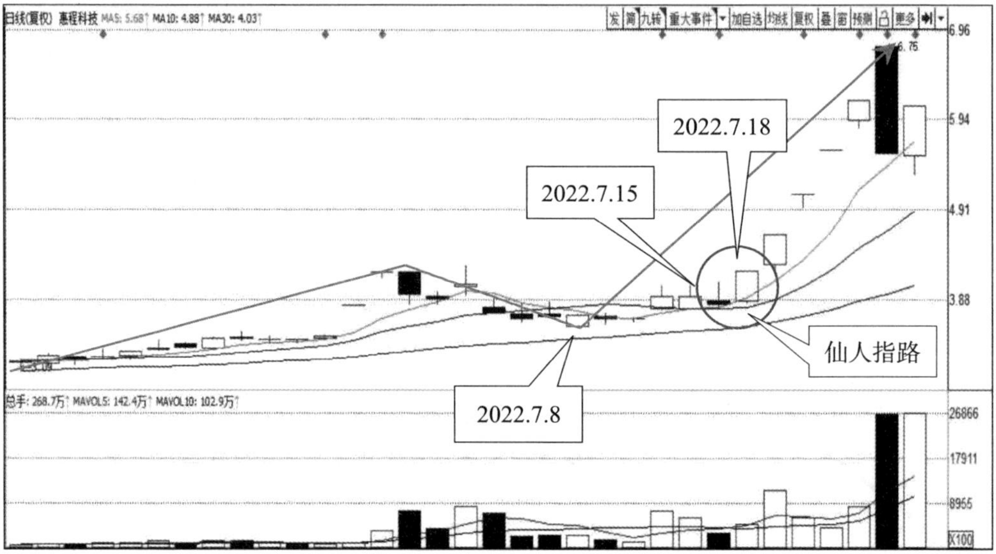

图9-6　惠程科技（002168）日K线走势图

惠程科技的股价自2022年4月底触底反弹，标志着第一浪开启。进入6月后，股价出现回调走势。到了7月8日，该股股价再度开始反攻，这其实已经是在开启主升浪了。

在主升浪启动初期，股价上升还很缓慢。7月15日，该股股价低开后大幅上攻，再反向下跌，盘中出现了大幅振荡，在K线图上留下了一根带长上影线的K线，成交量出现了萎缩态势。次日，该股股价强势上攻，并以涨停报收，仙人指路形态成立，这意味着股价将进入一轮快速上升周期。此后，该股股价进入了主升浪攻势最为迅猛的一段。

仙人指路形态出现后进入主升浪区间战法，可以通过以下几个维度来解析。

1. 核心分析维度——仙人指路形态

K线的仙人指路形态，反映出主力在股价大幅拉升前进行了最后一次试盘。主力大幅向上拉升股价，借以试探上方的阻力和卖盘情况，为后面的拉升提供支持。

与此同时，主力还可以借机将最后一批持股意志不坚定者清洗出局，也就是逼迫散户交出手中的筹码。

仙人指路形态出现的位置，也是需要散户明确的。在股价启动初期，可能会出现小幅慢涨行情。之后，连续出现股价大幅振荡，此时出现仙人指路形态，未来股价上涨的概率极高。反之，若股价已经进入高位，此时收出一根带长上影线的K线，则有可能会出现射击之星形态，这是需要回避的一种情况。

2. 辅助分析维度——量价关系

从量价关系上来看，仙人指路形态出现前后，成交量还是比较有特点的。通常来说，股价出现长上影线形态当日，一般会呈现放量态势。但如果成交量出现了明显的萎缩，那更可增强主力试盘的概率，未来看涨的意义更浓。

收出长上影线的次日，如果股价放量上攻，且成交量出现了明显放大，一般要比前一交易日放大一倍以上，说明股价将要正式进入强势上攻区间。

成交量的剧烈变化，也从侧面反映出市场进入交投活跃周期，这也是股价进入快速上升通道的一个明显信号。

二、MACD指标解析战法

通常来说，形成仙人指路形态，多是在股价上升趋势已经开启的初始阶段。因此，尽管股价短期可能出现振荡走势，从MACD指标来看，其整个运行态势仍会处于上扬态势，基本不会对MACD指标的运行有影响。

通常来看，MACD指标在股价出现仙人指路形态过程中发出的信号包括以下这样几点。

第一，股价出现长上影线时，MACD指标会因K线收盘价的波动而产生一定波动，但整体波动幅度并不会太大。有时MACD指标可能还会产一定的黏合，这与上影线出现前股价的运行态势有关。

第二，股价放量上攻时，MACD指标中的DIFF快线会迅速拐头向上，整个MACD指标迅速进入上攻趋势。

下面再来看一下惠程科技的案例，如图9-7所示。

惠程科技的股价自2022年4月底触底反弹，标志着第一浪开启。MACD指标同步越过0轴，呈现振荡上扬态势。

进入6月后，股价出现回调走势，MACD指标出现死叉后下行。到了7月8日，该股股价再度开始反攻，这其实已经是在开启主升浪了。不过，MACD指标并未出现明显的上行，而是横向黏合状态，这说明股价真正的启动点还没有到来，投资者可继续保持观望。

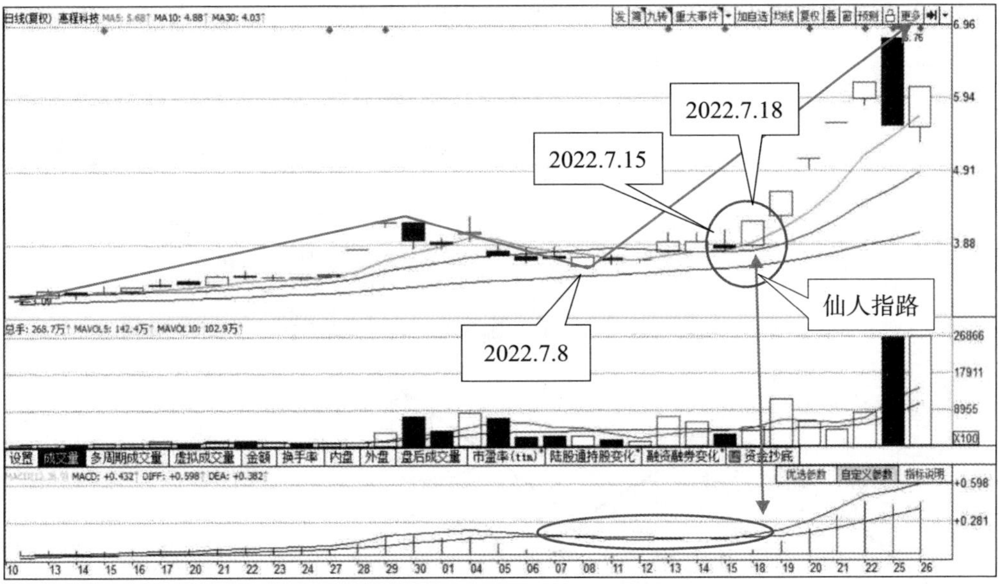

图9-7　惠程科技（002168）日K线走势图

7月15日，该股股价低开后大幅上攻，之后再次反向下跌。盘中出现了大幅振荡，在K线图上留下了一根带长上影线的K线。当日，MACD指标中的DIFF快线小幅回落，与DEA慢线纠缠在一起，这说明当日的波动并未对股价的运行趋势产生影响。

7月18日，该股股价强势上攻，并以涨停报收，仙人指路形态成立。MACD指标同步拐头向上，这意味着股价将进入一轮快速上升周期。

第三节　空中加油战法

空中加油形态是指在股价启动初期，先是股价大幅跳空高开并出现大幅振荡后小幅回落（伴随着巨大的成交量），而后股价再度上攻，突破了先前的跳空最高点。该形态本身就是一个强势的主力洗盘信号，其与主升浪行情相结合，更可引爆股价一波上涨狂潮，如图9-8所示。

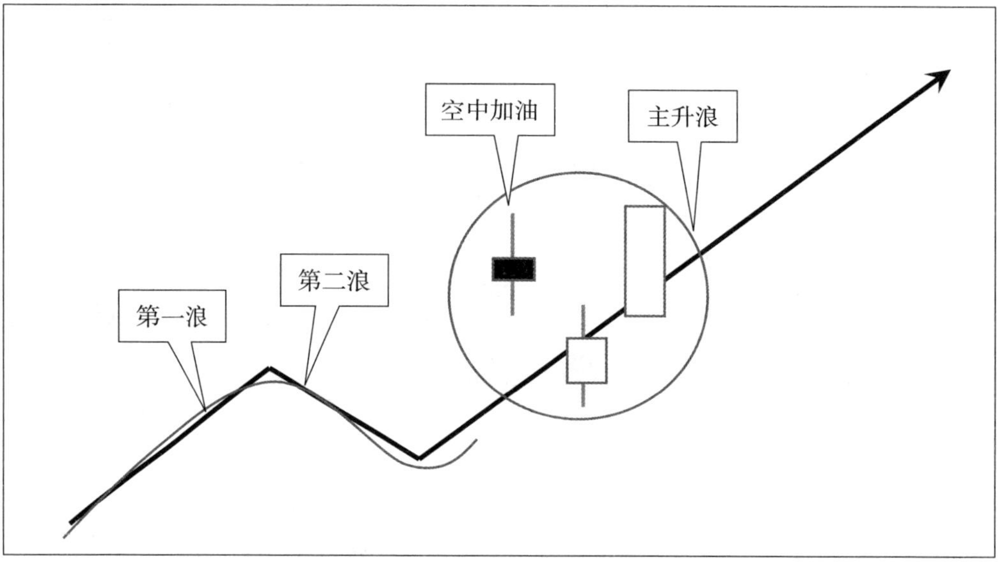

图9-8　空中加油形态示意图

在主升浪启动阶段，这种空中加油形态出现的概率还是很高的。从具体的K线形态上来看，股价跳空高开后回落，在K线图上留下一根跳空十字阴线，同时伴随着成交量的放大。其后，股价走势有所分化，有些股票会在股价小幅调整后重新进入上升区间，有些股票可能会直接低开高走进入上升趋势。

该形态属于典型的看涨形态，其特点如下。

第一，股价进入第三浪运行区间后，主力为了在短期内获得拉升所需的筹码，故而采取较为激进的拉高打压式建仓，很多散户都容易被这种走势吓退。

第二，股价跳空当日，成交量放大越明显，说明洗盘效果越好，未来看涨意味更浓。

第三，股价跳空之后若出现回调，只要没有跌破跳空之前交易日的开盘价（或最低价），就可将股价的下跌看成回调行为。若股价没有回调，而是直接上攻，只要股价突破了跳空日最高价，就可认定加油成功，股价将掀起一波更大的涨幅。

一、基础量价分析

股价在第三浪已经显露出某种启动迹象，接着在K线图上留下空中加油形态，此后顺势开启主升浪行情中上涨最为迅猛的一波行情，如图9-9所示。

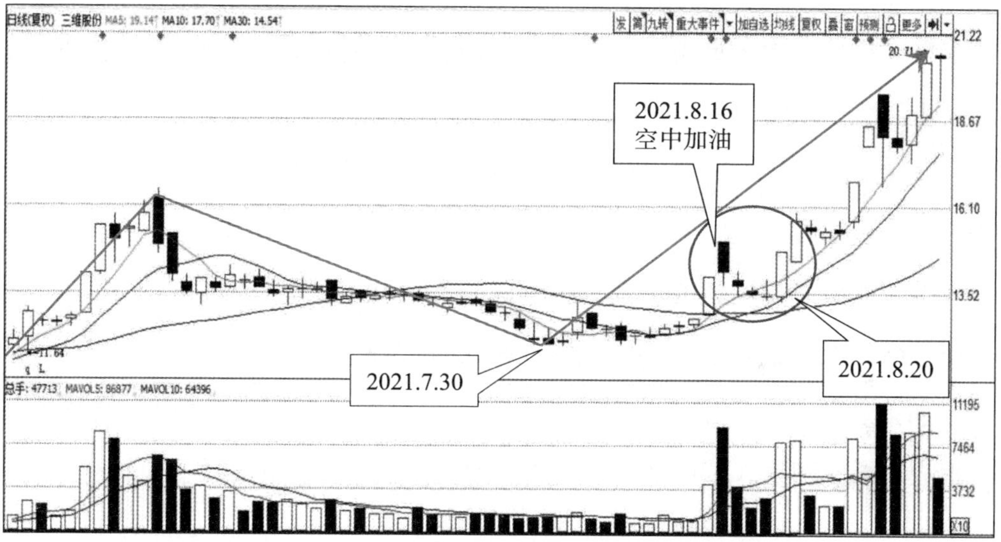

图9-9　三维股份（603033）日K线走势图

三维股份的股价自2021年6月底触底反弹，标志着第一浪开启。

自2021年6月下旬开始，股价出现回调走势。到了7月30日，该股股价再度开始反攻，这其实已经是在开启主升浪了。

在主升浪启动初期，股价上升还很缓慢。8月16日，该股股价在前日涨停的基础上大幅跳空高开低走，在K线图上留下了一根高开阴线，且成交量相比前一交易日放大了一倍有余。

此后的几个交易日，该股股价出现了调整走势，不过股价仍未跌破空中加油前一交易日的开盘价。8月20日，该股股价强势上攻并以涨停报收，空中加油形态成立，这意味着股价将进入一轮快速上升周期。此后，该股股价进入了主升浪攻势最为迅猛的一段。

空中加油形态出现后进入主升浪区间战法，可以通过以下几个维度来解析。

1. 核心分析维度——空中加油形态

与仙人指路形态相似，K线空中加油形态也反映了主力在大幅拉升股价前进行了最后一次大型洗盘。主力大幅向上拉升股价，借以试探上方的阻力和卖盘情况，以便为后面的拉升提供支持。

与此同时，主力还可以借机将最后一批持股意志不坚定者清洗出局，这也是为了逼迫散户交出手中的筹码。

空中加油形态出现的位置，也是需要散户明确的。在股价启动初期，股价可能会出现小幅慢涨行情。之后连续出现大幅振荡，此时出现空中加油形态，那么未来股价上涨的概率极高。反之，若股价已经进入高位，此时收出一根放量跳空阴线，则可能属于黄昏之星的前奏，属于典型的看空信号。

2. 辅助分析维度——量价关系

从量价关系上来看，空中加油形态出现前后，成交量还是比较有特点的。通常来说，股价出现跳空当日，必然会伴随成交量的异常放大。当日跳空回落，可以大大地促进散户之间的换手，让更多散户放弃手中的筹码。若其后股价出现回调，还可以让高位入场的套牢者再来一次“割肉”。对于主力来说，这都是其拿手好戏。

正因如此，空中加油形态出现后，股价出现回调走势的居多，直接上攻的较少，这也是股价进入快速上升通道的一个明显信号。

二、MACD指标解析战法

通常来说，出现空中加油形态，多是在股价上升趋势已经开启的初始阶段。因此，尽管股价短期可能出现振荡态势，从MACD指标来看，其整个运行态势仍会处于上扬态势，基本不会对MACD指标的运行有所影响。

通常来看，MACD指标在股价出现空中加油形态过程中发出的信号包括以下这样几点。

第一，股价出现跳空时，MACD指标会因K线收盘价的波动而产生一定的波动，但由于其最终收盘价仍是上涨的，所以MACD指标也会同步上行。

第二，股价跳空后出现回落时，DIFF快线会向DEA慢线靠拢，但一般不会跌破DEA线，或者偶尔跌破也能快速被拉起，这都意味着股价将重新进入上攻区间。

下面再来看一下三维股份的案例，如图9-10所示。

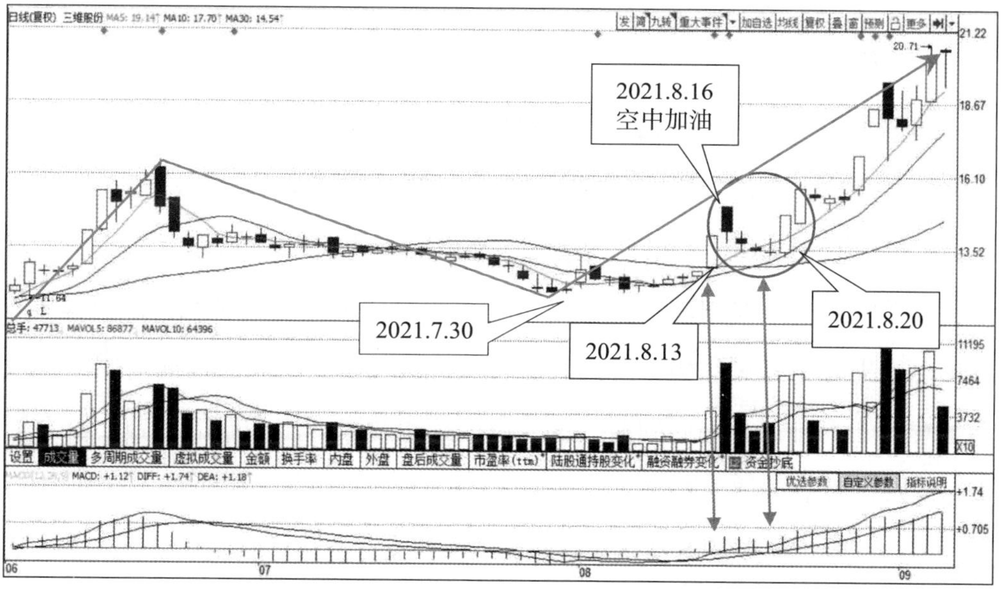

图9-10　三维股份（603033）日K线走势图

三维股份的股价自2021年4月底触底反弹，标志着第一浪开启。MACD指标同步越过0轴后，呈现振荡上扬态势。进入6月下旬后，股价出现回调走势，MACD指标死叉后下行。

到了7月30日，该股股价再度开始反攻，这其实已经是在开启主升浪了。不过，MACD指标并未出现明显的上行，而是呈横向黏合状态，这说明股价真正的启动点还没有到来，投资者可继续保持观望。

8月13日，该股股价强势涨停，MACD指标同步拐头向上。8月16日，该股股价跳空上扬，MACD指标继续上升。此后，随着股价振荡回落，MACD指标中的DIFF快线小幅回落，但与DEA慢线还有一定距离的时候，因股价已经发动了反攻，此后MACD指标重新开始大幅上扬，这意味着股价将进入一轮快速上升周期。

第四节 散兵坑战法

散兵坑形态是指股价经历一波缓慢上升后突然出现较大幅度的下跌，而后跌幅趋于缓和，再逐渐横盘，其后接着上涨，在K线图留下了一个“坑”状形态。此后，股价很快就会进入快速上攻区间。散兵坑形态出现在第二浪结束或第三浪启动初期，具有典型的看涨意义，如图9-11所示。

散兵坑形态只有出现在上升趋势中才具有典型的看涨意义。从具体的K线形态上来看，经过缓慢上升后突然转入下跌态势，此后经过振荡调整，之后才转入上升行情。与此同时，成交量往往也会表现出相同的状态。量价配合是该形态成立的核心要素。

该形态属于典型的看涨形态，其特点如下。

第一，股价的第二浪回撤或第三浪经过小幅上升后突然下挫，这样会给散户心理造成极大的震撼。毕竟先前的上升都是缓慢进行的，而且涨幅并不大，因此，当股价突然出现大幅下挫时，很多散户会因为恐惧而放弃手中的筹码。

第二，通常来说，形成散兵坑形态时，股价下跌的整体幅度尽管表现得比较大，但一般不会跌破强支撑位，比如第一浪起点或第二浪终点等，也可能在某一中期均线位置获得足够的支撑。

第三，成交量会随着股价的波动出现放大或萎缩，特别是当股价走出坑体位置时，成交量可能会出现明显放大，这也是股价起涨的明显信号。

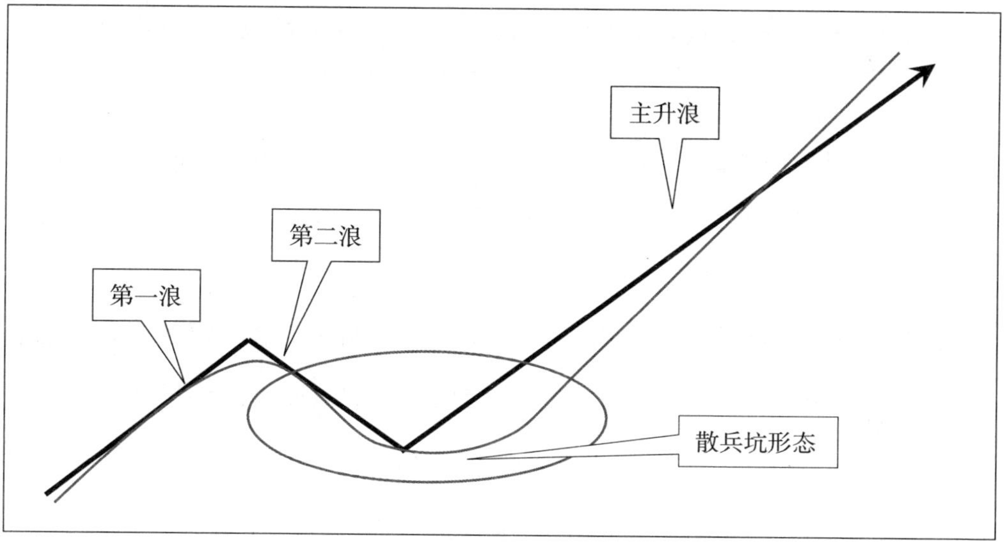

图9-11　散兵坑形态示意图

一、基础量价分析

股价先前已经出现了某些启动的特征，很多散户也在此处入场，但股价却反向出现了大幅下跌，并在K线图上砸下了一个“坑”。接着股价走出坑体位置，顺势开启主升浪行情中上涨最为迅猛的一波行情，如图9-12所示。

荣联科技的股价自2022年4月底触底反弹，标志着第一浪开启。

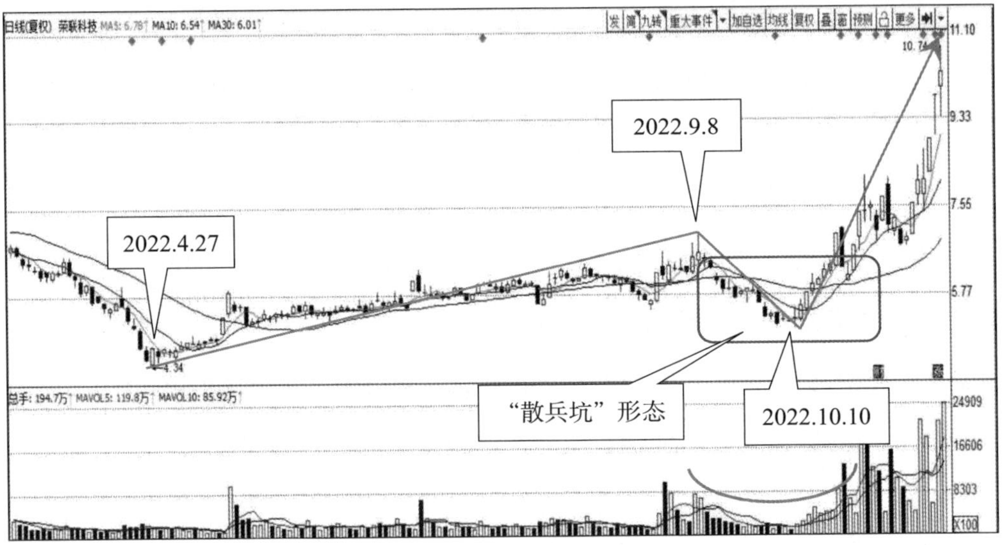

图9-12 荣联科技（002642）日K线走势图

经过一波缓慢地上升后，自2022年9月初开始，股价出现回调走势。进入9月下旬，股价突然大幅下挫，在K线图上砸出一个深坑，同时成交量也同步萎缩。

观察此时的K线走势可以发现，尽管股价短期内下跌的幅度较大，但仍未跌破4月底的第一浪启动点位。也就是说，此时的股价回调仍处于二浪回撤范围之内。投资者可密切关注后续股价的走势情况，一旦企稳反攻，就可追涨入场。

2022年10月10日，股价触及阶段底部，开始振荡反弹并很快放量向上突破了下跌起始位置，这也意味着股价已经开启了主升浪行情。

散兵坑形态出现后进入主升浪区间战法，可以通过以下几个维度来解析。

1. 核心分析维度——散兵坑形态

与之前的形态相似，K线散兵坑形态，反映出主力在股价大幅拉升前进行了最后一次大型洗盘，只是洗盘的形式有所不同。主力在前期拉升股价时，采用的是缓慢推动股价上升的形式。下跌时，反而采用了较为激进的大幅打压，其目的就是将最后一批持股意志不坚定者清洗出局，这也是为了逼迫散户交出手中的筹码。

散兵坑形态出现的位置，也是需要散户明确的。一般来说，散兵坑形态多在股价上升趋势中出现，若在下跌途中出现该形态，则不能将其看成散兵坑形态。

2. 辅助分析维度——量价关系

从量价关系上来看，量价相配合是该形态成立的一种非常核心的条件。随着股价突然大幅走低，成交量也会同步出现较大幅度的萎缩。之后，伴随着股价企稳与反攻，成交量也会逐渐出现放大态势。

也就是说，在股价K线图上出现散兵坑形态的同时，成交量方面也会呈现出一个“坑”状形态，这也是股价即将上升的一个明确信号。

二、MACD指标解析战法

通常来说，形成散兵坑形态多是在股价上升趋势已经开启的初始阶段。尽管前期股价一直保持了上升态势，但整体涨幅不大，MACD指标距离0轴也不会太远。当股价出现大幅下挫时，MACD指标很可能会跌破0轴并形成死叉。此后，当股价反攻时，MACD指标则会立即反向上攻，在0轴附近位置形成黄金交叉，这就属于典型的看涨信号了。

通常来看，MACD指标在股价出现散兵坑形态过程中发出的信号包括以下这样几点。

第一，股价出现大幅下挫前，MACD指标处于0轴上方，且呈现出明显的振荡上扬态势。

第二，股价短线大幅下挫，让MACD指标也快速走低。指标形成死叉后，更有可能会跌破0轴，这是短线看空信号。

第三，随着股价振荡起涨，MACD指标先一步在0轴附近形成黄金交叉，这预示着股价将很快进入快速上升行情。

下面再来看一下荣联科技的案例，如图9-13所示。

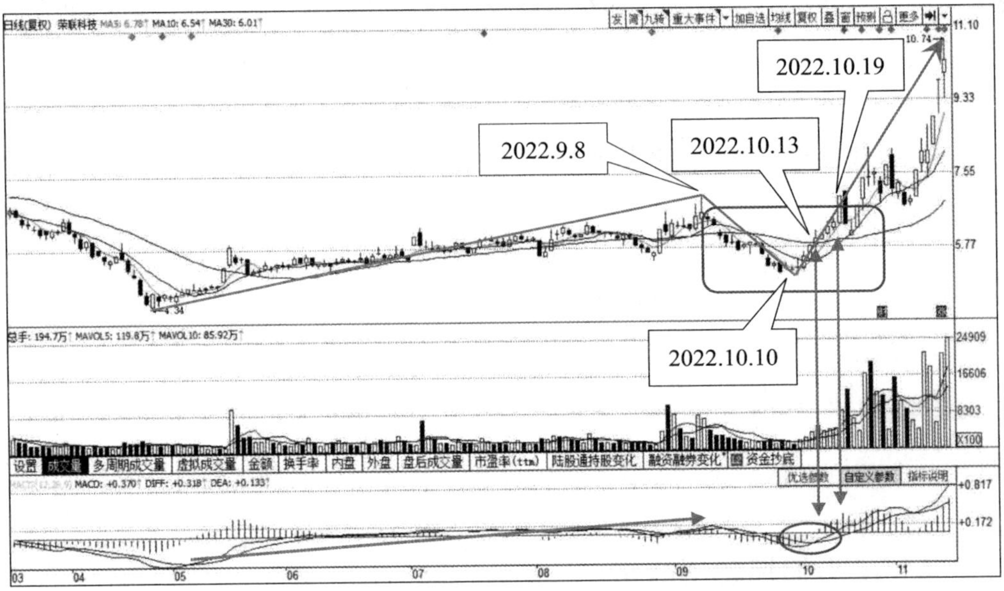

图9-13　荣联科技（002642）日K线走势图

荣联科技的股价自2022年4月底触底反弹，标志着第一浪开启，MACD指标也随之缓慢攀升。观察MACD指标走势可以发现，在股价振荡上升过程中，MACD指标大部分时间都处于0轴上方，这说明多方还是占据一定优势的。

经过一波缓慢地上升后，自2022年9月初开始，股价出现回调走势。进入9月下旬，股价突然大幅下挫，在K线图上砸出一个深坑。与此同时，MACD指标出现死叉，之后快速跌破了0轴。

2022年10月10日，股价触及阶段底部。10月13日，该股股价向上突破了30日均线，与此同时，MACD指标形成了低位金叉。该金叉的交叉点位于0轴下方附近位置，成色尚可。此后，股价开始振荡反弹并于10月19日放量向上突破了下跌起始位置，MACD指标同步向上突破了0轴，这也意味着股价已经开启了主升浪行情。

第五节　强势上升三法战法

上升三法是K线上升形态中非常经典的一种。经典的上升三法一般由两根大阳线和三根小阴线组成，三根小阴线属于上升途中的洗盘形态。强势上升三法一般由两根光头大阳线（后一根应为涨停阳线）和两到四根小阴（阳）线组成，且这几根小阴线或阳线多为带长上下影线的小实体K线。强势上升三法形态在股价进入主升浪初期阶段出现，带有较强的看涨意味，如图9-14所示。

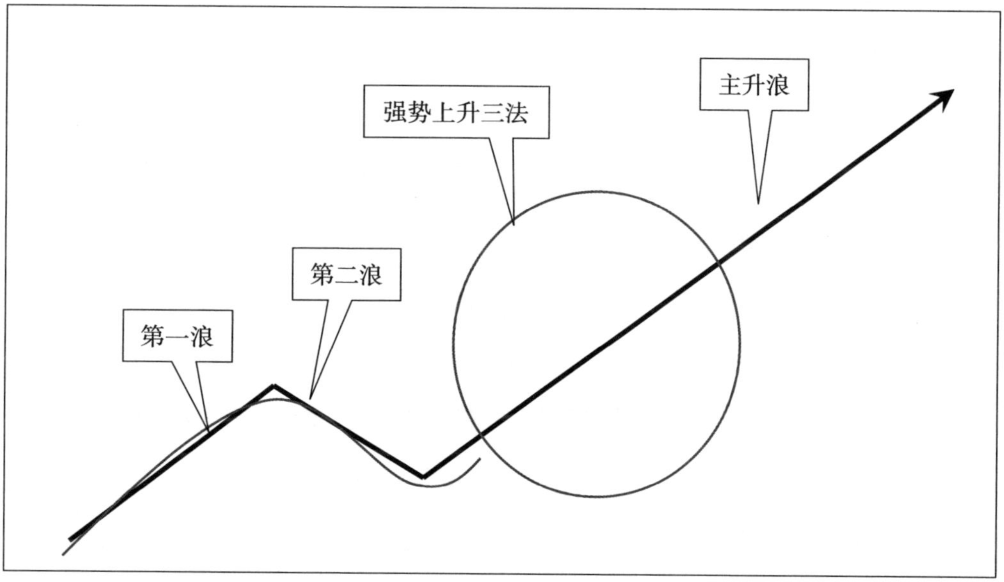

图9-14　强势上升三法形态示意图

强势上升三法也属于典型的看涨信号，通常是主力或游资拉升股价前清洗浮筹常用的方法。该形态是非常强烈的看涨信号，次日股价存在进一步挑战高点甚至拉出涨停板的可能。

强势上升三法的形态特征如下。

第一，前后两个交易日的涨停阳线是主力或游资进攻的信号，也是坚决做多的一种态度表现，只是最后一根涨停阳线未必会给散户太多的入场时间，许多游资还喜欢在盘中搞个偷袭。

第二，中间洗盘时长上下影线的阴性与阳性实体大小并不重要，数量一般为两条到四条，有时可能会更多一点儿，但这并不能影响形态的成立。通常情况下，这几个交易日股价的波动幅度会非常大，目的就是将持股意志不坚定的散户吓退。

第三，最后一根光头阳线是整个形态成立的关键，这根阳线必须以涨停板收盘。

一、基础量价分析

股价开启主升浪走势后，主力想要让散户下车就变得不那么容易了，单纯的打压行为作用有限。于是，很多主力会选择先大幅拉升，再用逐级打压的方式进行洗盘。当洗盘结束后，主力则顺势开启主升浪行情中上涨最为迅猛的一波行情，如图9-15所示。

天保基建的股价自2022年年初触底反弹，标志着第一浪开启。

经过一波快速拉升后，自2022年2月15日开始，股价出现回调走势。

3月9日，该股股价再度触及阶段底部后启动振荡反攻行情。3月11日，该股股价更是强势放量涨停。正当所有投资者都在畅想新一波主升浪来临时，该股股价却连续两个交易日大幅下挫，与股价下跌相配合的是成交量连续萎缩。

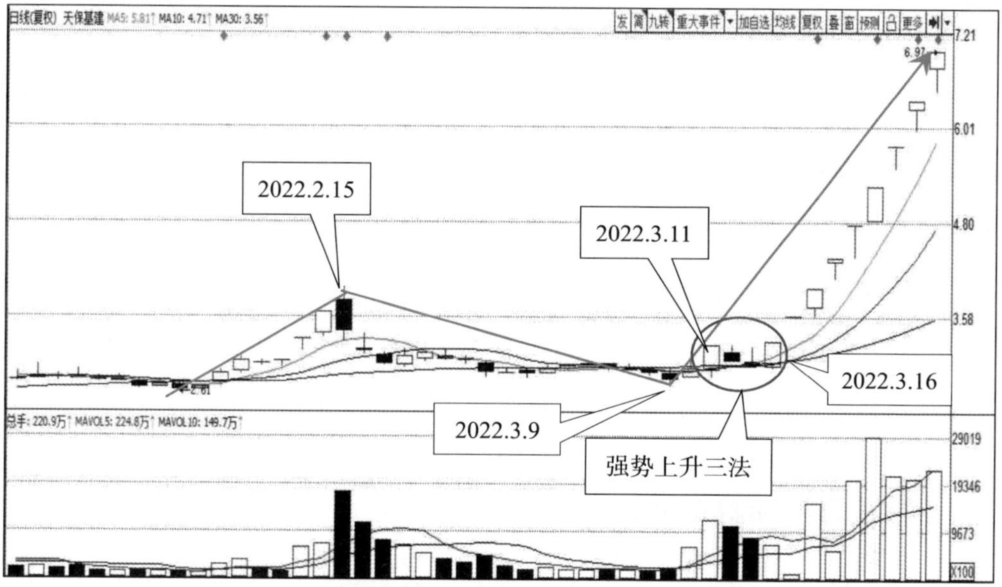

图9-15　天保基建（000965）日K线走势图

3月16日，该股股价低开高走，强势放量涨停。该K线的出现，也意味着强势上升三法形态成立。此后，该股股价走出一波快速上攻浪潮。

强势上升三法形态出现后进入主升浪区间战法，可以通过以下几个维度来解析。

1. 核心分析维度——强势上升三法形态

与之前的形态相似，K线强势上升三法形态，反映出主力在股价大幅拉升前进行了最后一次大型洗盘，只是洗盘的形式有所不同。

主力在前期拉升股价时，先是大幅向上拉升股价，给人一种股价将直接上升的感觉，此时势必会有大量跟风盘入场。正当所有的投资者都想着股价会继续上攻时，主力却反手向下打压股价，而且是连续打压，让先前跟风入场的投资者觉得先前的拉升就是主力制造的一个诱多陷阱，于是纷纷卖出手中的筹码。当主力洗盘结束后，就会立即再度反手向上快速拉升股价，让散户根本没有机会跟上主力的节奏。

2. 辅助分析维度——量价关系

从量价关系上来看，量价相配合是该形态成立的一种非常核心的条件。随着股价大幅拉升，成交量必然会随之放大。股价出现回调走势时，成交量也会随之萎缩，这也是交易者识别是否是主力洗盘的一个重要标识。持续下行的股价与持续萎缩的成交量配合，就是股价未来反攻的保证。

最后一个交易日，再度放大的成交量就是股价正式进入快速上涨周期的明确信号。

二、MACD指标解析战法

形成强势上升三法形态，多是出现在股价的第三浪启动的初始阶段。由于股价刚刚完成第二浪回调，MACD指标一般距离0轴并不远。因此，当股价涨停后出现回调走势时，MACD指标可能会出现黏合现象，很少会形成死叉。此后，当股价反攻时，MACD指标则会立即反向上攻，这就属于典型的看涨信号了。

通常来看，MACD指标在股价出现强势上升三法形态过程中发出的信号包括以下这样几点。

第一，股价出现回调前，MACD指标位于0轴上方，且呈现出明显的振荡上扬态势。

第二，股价短线回调，让MACD指标快速走低。MACD指标一般不会出现死叉，若其出现死叉，也能立即重新走出金叉。

第三，随着股价强势上攻，MACD指标立即转入上攻模式，这属于股价进入强势上攻区间的典型信号。

下面再来看一下天保基建的案例，如图9-16所示。

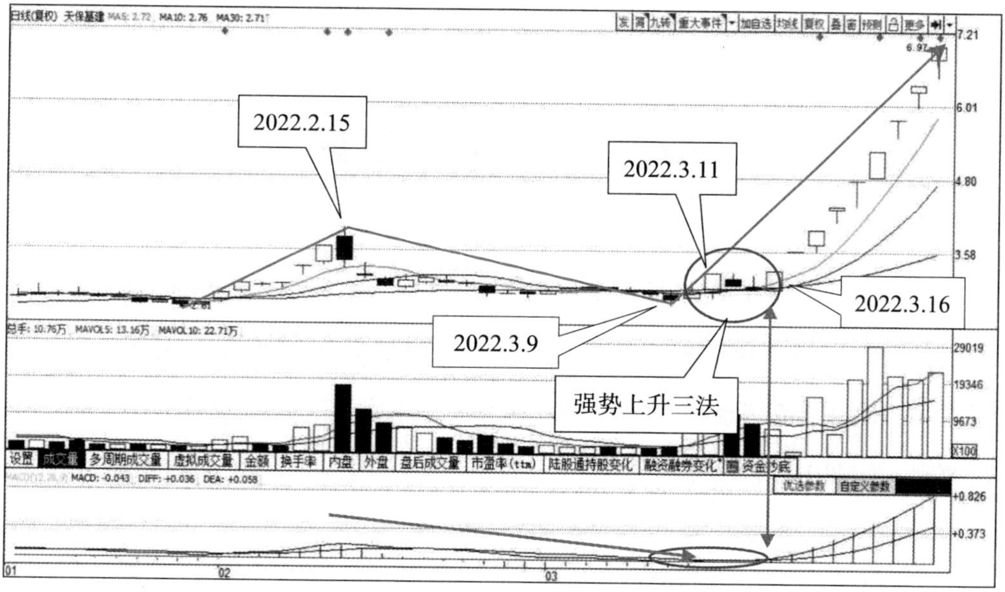

图9–16　天保基建（000965）日K线走势图

天保基建的股价自2022年年初启动大幅上攻，标志着第一浪开启，MACD指标也随之上扬。观察MACD指标走势可以发现，在股价受基金利好消息的影响大幅上升过程中，MACD指标也处于快速上升趋势。MACD指标处于0轴上方较远的位置，说明多方实力较强。

自2022年2月中旬开始，股价出现振荡回调走势。MACD指标出现死叉后同步振荡走低，但基本上仍处于0轴上方。

2022年3月9日，股价触及阶段底部后开始反攻。3月11日，该股股价更是以涨停报收，MACD指标形成金叉后同步上扬，说明多方实力重新呈现强势。其后的两个交易日，随着股价的回落，MACD指标中的DIFF快线出现回落，但并未与DEA慢线交叉。

3月16日，随着股价重拾升势，DIFF快线受DEA慢线的支撑重新上扬，这也意味着股价已经开启了主升浪行情。

第六节　底部穿云箭

底部穿云箭是指处于加速下跌趋势中的股价突然收出一根低位涨停大阳线，这根大阳线不仅收复了前一根大阴线的跌幅，还同步向上突破了多条近期均线。底部穿云箭若作为第三浪的启动点出现，无疑可以强化主升浪的上攻力度，如图9-17所示。

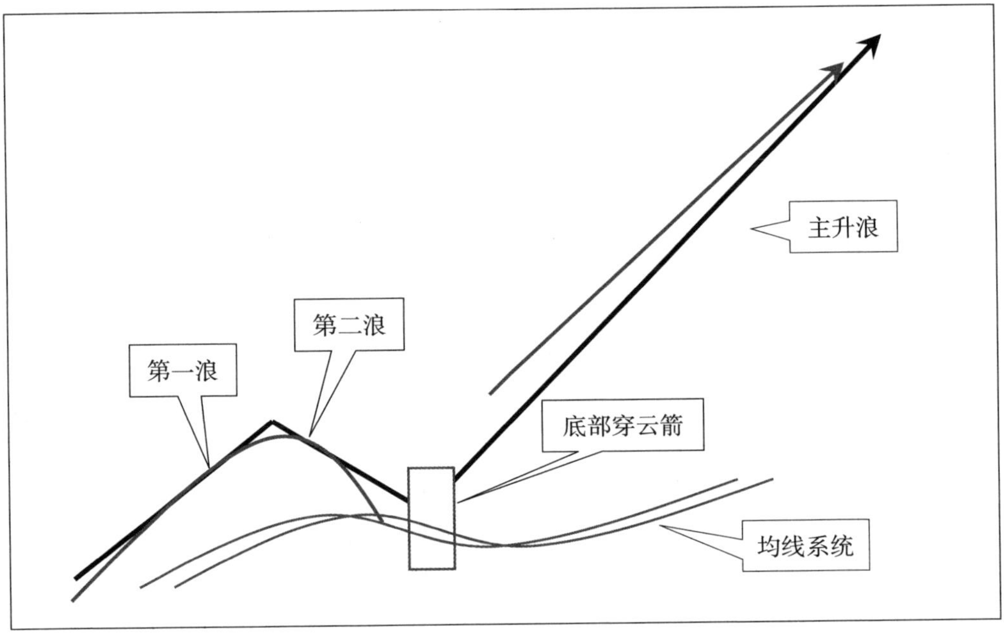

图9-17　底部穿云箭形态示意图

该形态的出现多是由于主力借势吸筹，随后在利好消息刺激下逆转行情形成的。

正常情况下，若是能够在下跌时段吸筹，肯定是主力最喜欢的事。毕竟能够吸到筹码的同时，还能降低持仓成本。该形态的典型特征如下。

第一，大阳线出现前，股价处于深度下跌趋势，且下降趋势还有加速迹象，这是要给投资者以绝望的感觉，迫使其抛出手中的筹码。

第二，大阳线前一个交易日形成大阴线时，若成交量出现大幅放量，则更可印证存在资金入场的可能。

第三，大阳线出现当日，K线同步向上突破多条均线的阻力，则说明主力已经开启拉升模式。

第四，底部大阳线的最低点可能会创下一段时间内的最低点，但却不会跌破第一浪的启动点。

一、基础量价分析

股价经过一波振荡上扬后，散户的心理预期开始增加。当行情又要来临时，主力不得不采取较为激进式的洗盘方法清理持股意志不坚定者，即连续大幅向下打压股价。当洗盘结束，主力则顺势开启主升浪行情，如图9-18所示。

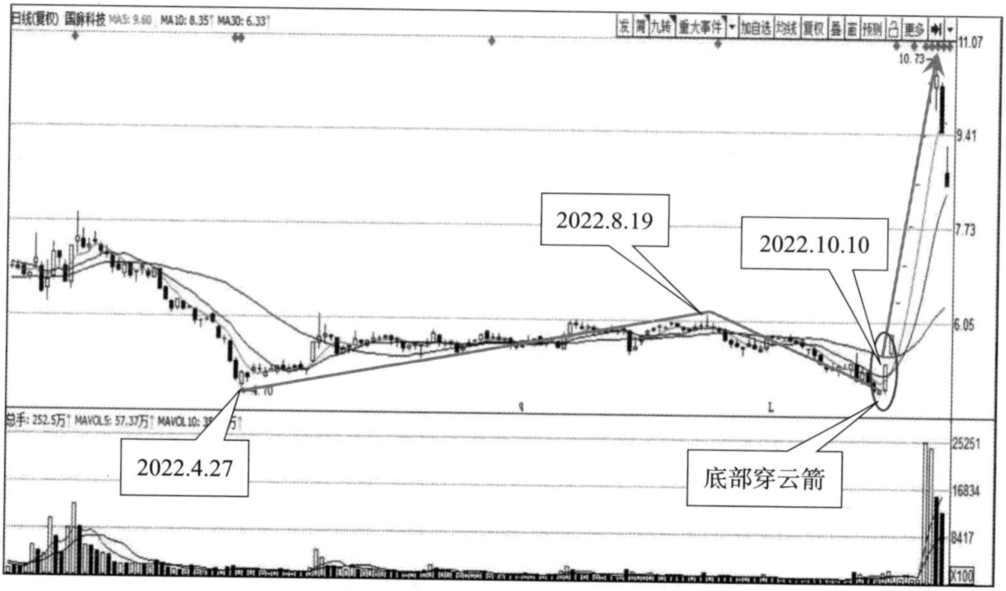

图9-18　国脉科技（002093）日K线走势图

国脉科技的股价自2022年4月底触底反弹，标志着第一浪开启。

经过一波缓慢拉升后，自2022年8月19日开始，股价出现回调走势。股价K线跌破均线系统后，各条均线呈空头发散排列。

10月10日，该股股价再度触及阶段底部后突然启动大幅上攻行情。该股当日收出一根强势涨停大阳线，该阳线向上突破了多条均线系统，形成了底部穿云箭形态。观察该股回调低点可以发现，尽管股价前期连续走低，但其最低的低点仍要高于4月底所创下的低点，这就意味着此时股价仍处于二浪回调走势。

此后，该股正式进入主升浪行情。

底部穿云箭形态出现后进入主升浪区间战法，可以通过以下几个维度来解析。

1. 核心分析维度——底部穿云箭形态

底部穿云箭形态，不同于其他拉升前的洗盘形态，该形态具有很大的突然性。股价在第二浪回调过程中不断走低，但并未跌破第一浪的起点，这是区分上升过程中回调和趋势逆转的显著标志。一旦股价跌破了第一浪的起点，则可能意味着股价将会进入新一轮下跌趋势。

与此同时，随着股价持续走低，空方动能得到了极大的释放，多方只能通过不断地后撤来回避空方的锋芒，但多方也在不断地积蓄力量。当空方无法继续向下打压股价时，多方就会发力一击，一举向上突破多条均线的压制，这是清晰地显示多空实力对比逆转的标志。

2. 辅助分析维度——量价关系

从量价关系上来看，量价相配合是该形态成立的一种非常核心的条件。随着股价先期的下跌，成交量可能会出现放大迹象，这是恐慌盘出逃的现象。随后，当主力的打压接近完成时，成交量也会同步萎缩，这是空方实力衰竭的标志。此后，当多方发动反击，并以大阳线报收时，放大的成交量更是多方发力的一个显著信号，这就是股价正式进入快速拉升周期的明确信号。

二、MACD指标解析战法

通常来说，底部穿云箭形态多是在股价下降趋势终结，新一波上升行情开启时出现的。由于前期股价经过了一波幅度较大的回撤，MACD指标形成死叉后，常常还会跌破0轴。此后，当股价K线形成底部穿云箭形态时，MACD指标很可能会在形成黄金交叉后快速向上突破0轴。

通常来看，MACD指标在股价出现底部穿云箭形态过程中发出的信号包括以下这样几点。

第一，股价出现大幅下挫前，MACD指标处于0轴上方，且呈现出明显的振荡上扬态势。

第二，股价短线大幅下挫，让MACD指标快速走低，形成死叉后，更有可能会跌破0轴，这是短线看空信号。

第三，股价K线走出底部大阳线，且同步向上突破了多条均线。

下面再来看一下国脉科技的案例，如图9-19所示。

国脉科技的股价自2022年4月底触底反弹，标志着第一浪开启，MACD指标也随之缓慢攀升。观察MACD指标走势可以发现，在股价振荡上升过程中，MACD指标大部分时间都处于0轴上方，这说明多方还是占据一定优势的。

经过一波缓慢地上升后，自2022年8月中旬开始，股价出现回调走势。进入9月下旬，股价突然大幅下挫，与此同时，MACD指标出现死叉，随后快速跌破了0轴。

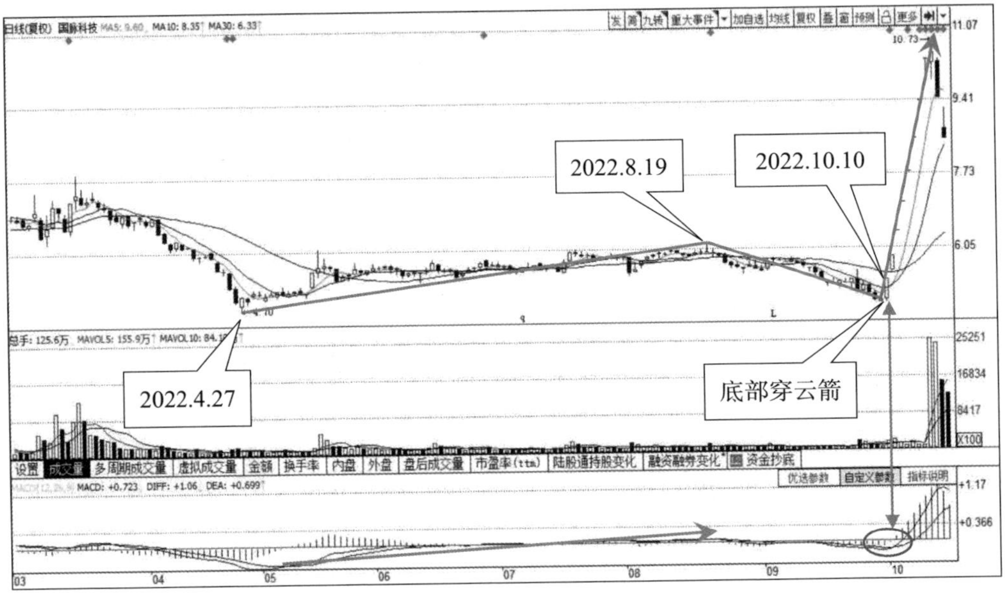

图9-19　国脉科技（002093）日K线走势图

2022年10月10日，股价自低位发起反攻。该股股价向上突破了5日均线和10日均线，形成了底部穿云箭形态。与此同时，MACD指标形成了低位金叉，该金叉的交叉点位于0轴下方附近位置，成色尚可。此后，MACD指标很快向上突破了0轴，这说明多空力量对比已经发生了根本性转变，该股股价已经进入主升浪行情。

第十章

主升浪终结——高位离场

会买的是徒弟，会卖的才是师傅。在主升浪开启后入场，并不一定能实现盈利最大化。只有在合适的时机离场，才能将浮盈收益收入囊中。通常来说，当第三浪运行至顶部区域时，量价方面总会有一些特殊的异动形态，如图10-1所示。

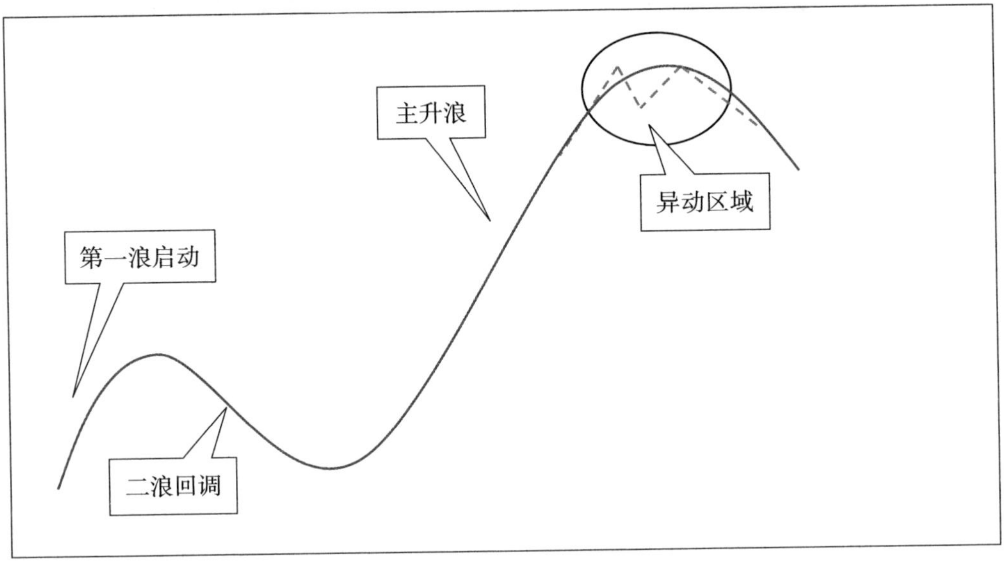

图10-1　高位离场示意图

股价上攻都是在主力资金的策动下完成的。当股价进入顶部区域时，也就是说主力资金达到预定的盈利目标时，就会开始逐步撤出资金。由于主力资金量较大，为了能顺利撤出资金，主力会在股价的顶部区域进行各类震仓、诱多等操作，以达到让散户顺利接盘的目的。在此阶段，投资者更需要综合多种因素来进行研判，主要有下面几个因素。

第一，外部环境。股价触顶与整个市场顶部不同。整个市场即将达到顶部区域时，往往整个市场都会产生一定的盲动情绪。很多新手跑步入场，就是市场要进入顶部区域的信号。个股的外部环境主要表现在利好频频兑现，已经很少有能够大幅刺激市场买入的新利好了。

第二，K线走势。从K线走势来看，股价频频创出新高时，上升动能已显得有所不足，常常出现带长上影线的K线，甚至出现高位滞涨的情况。很多顶部形态如M顶、头肩顶等形态，就是在此阶段出现的。

第三，成交量因素。成交量是主力很难做假的一个领域。临近顶部时，成交量常常会发出一些异动信号，如股价创新高而成交量却反向萎缩，股价滞涨而成交量居高不下等，这些都属于明显的出逃信号。

第四，技术方面的因素。从短线来看，很多技术指标可能会发出超买信号，甚至是钝化的信号。总之，此时技术指标系统已经失去了交易指示的作用了。

第一节　天量天价战法

天量见天价是指股票的成交量和股价均创下近期新高。这里的天量见天价有两种研判标准：一是绝对的天量见天价，这是股票上市以来成交量和股价出现的最大值，无论是股价还是成交量均没有超过这一天；二是相对的天量见天价，这是在近期内成交量和股价出现的极大值。如图10-2所示。

通常情况下，随着股价的上涨，成交量也会随之放大。当股价触及阶段顶部位置，成交量也达到了一段时间内的极大值，则意味着成交量很难继续放大，这是典型的股价见顶信号。

天量见天价的操作要点如下。

第一，一般情况下，股票出现天量见天价的情况，往往预示股票已经上涨到了顶部区域，后面将会走出下跌走势。

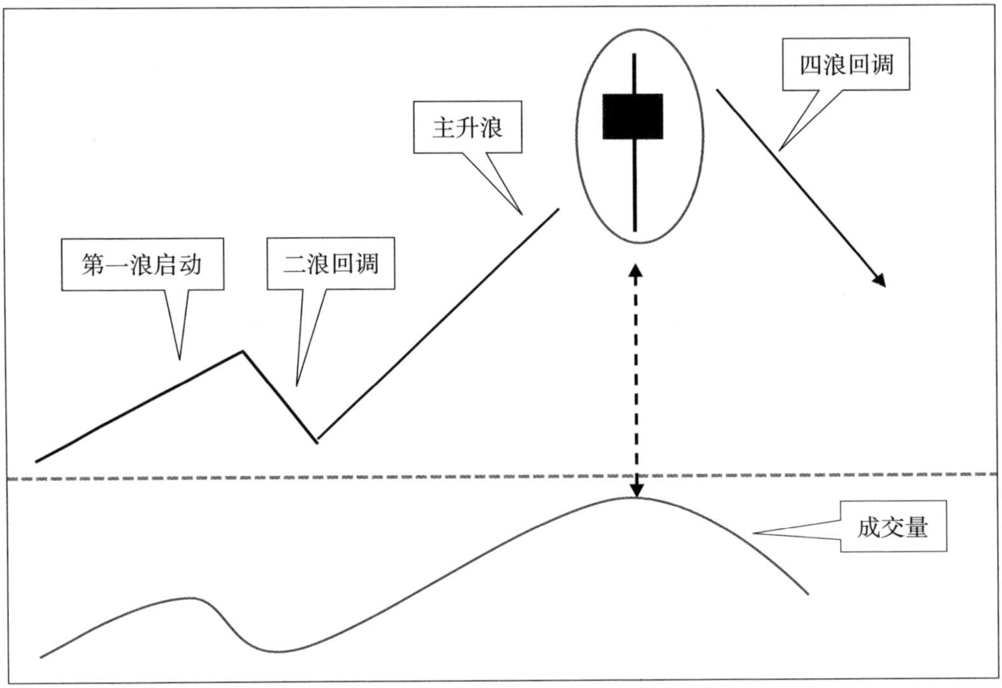

图10-2 天量见天价形态示意图

第二，创出天量见天价的下一个交易日，股价与成交量如果无法继续创新高，投资者可于当日卖出该股。

一、基础量价分析

股价经过一波振荡上扬后，逐渐进入加速上攻区间，这就意味着需要更多的买盘入场才能推动股价继续走高。当成交量达到阶段高点时，往往也是股价达到高点的时刻，如图10-3所示。

粤宏远A的股价经历了振荡下跌之后，在2022年7月15日创下了阶段新低后启动反弹走势。不过，该股股价的反弹只持续了几个交易日后就宣告终结。

自2022年8月3日开始，该股股价重新开始小幅振荡上升行情，说明股价已经进入了主升浪区间。不过此时股价上升的力度不大，投资者可继续观察。

9月1日，该股股价拐头上攻，说明该股股价已经进入了上攻最猛烈的一个阶段。

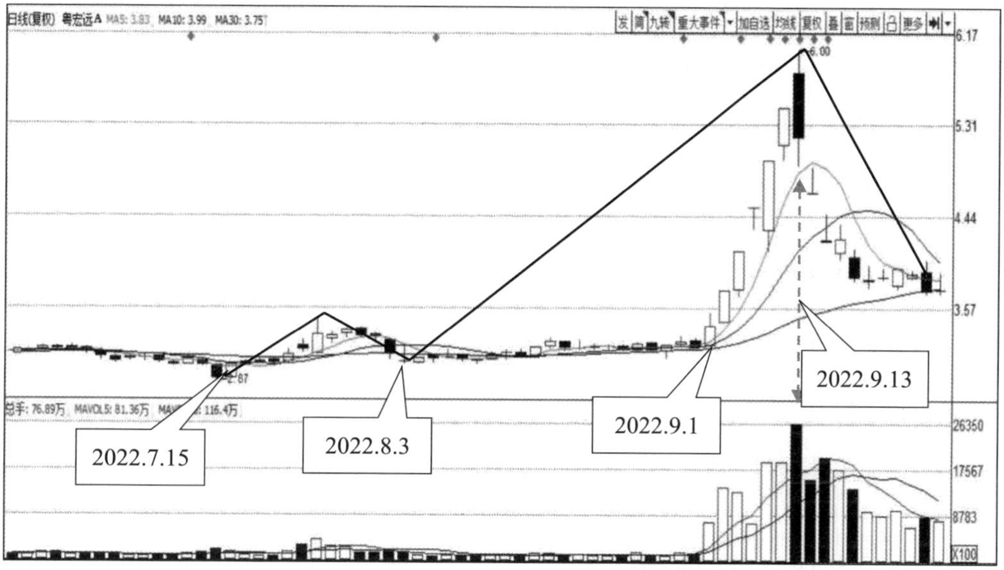

图10-3　粤宏远A（000573）日K线走势图

2022年9月13日，股价K线在创出阶段新高后，在顶部区域留下了一根高开低走大阴线。与此同时，当日的成交量也创出一段时间内的最高量，这就意味着天量见天价行情正式成立。

此后，该股股价正式进入下行通道，这也意味着主升浪终结，投资者可卖出手中的股票。

天量见天价形态出现后主升浪终结的战法，可以通过以下几个维度来解析。

1. 核心分析维度——天量见天价形态

量在价先。成交量的变化是决定股价波动的基础。在上升趋势中，股价上涨的同时，也会伴随着成交量的逐渐放大。股价越高，所需的成交量也会越多，这就需要场外有源源不断的增量资金入场推动。当股价进入高位区域后，很多场外资金就会因为畏高而不愿意再入场，这也是处于上升阶段的股价突然出现上攻乏力的原因所在。

从主力的角度来看，为了能够在出货时实现利润最大化，也会倾向于通过不断地向上拉升股价来完成出货。当其出货接近结束时，也就失去了继续向上拉升股价的动力。出现天量见天价形态，就是主力出货结束的一个信号，这也是股价即将启动下跌的一个信号。

2. 辅助分析维度——量价关系

价涨量增是股价上升阶段的一种良性配合方式，不过，当股价进入顶部区域，成交量放大到阶段高点时，后续很难再出现更高的成交量了，这也就意味着其后即使股价再上升，也很难有更高的成交量相配合了。

二、MACD指标解析战法

出现天量见天价形态，多是在股价上涨趋势终结，新一波下跌行情即将开启时出现的。由于前期股价经过了一波幅度较大的上涨，MACD指标往往处于较高的位置。当股价无法继续上攻时，MACD指标也会同步表现出一些经典的形态。

通常来看，MACD指标在股价出现天量见天价形态过程中发出的信号包括以下这样两点。

其一，MACD指标到达高位区域，DIFF指标线在天价出现的次日开始回落。

其二，伴随着股价的回落，MACD柱线会出现“缩头”形态。

MACD柱线“缩头”，是指MACD柱线位于0轴上方，经过一段时间的连续变长（柱线发散）后，开始出现变短（柱线收缩）的情况，如图10-4所示。

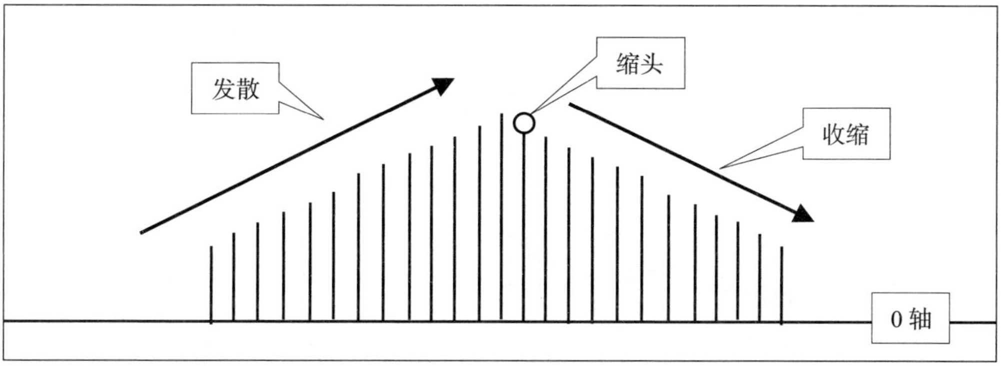

图10-4　MACD柱线“缩头”形态示意图

MACD柱线“缩头”，说明多方力量有所不足，涨势有可能终止。当然，投资者还要结合以下具体情况进行分析。

第一，MACD指标均位于0轴上方，说明多方占据行情主导地位。MACD柱线“缩头”说明上涨动能不足，未来有回落的可能。此时，股价多处于筑顶或上涨中途的调整阶段。为安全起见，MACD柱线“缩头”时，可卖出部分股票。

第二，MACD指标均位于0轴下方，说明空方仍占据主导地位。MACD柱线“缩头”，说明反弹动能不足，未来有重回跌势的可能。此时，股价多处于反弹顶部位置。投资者若参与了抢反弹，此时则应全部清仓。

下面再来看一下粤宏远A的案例，如图10-5所示。

粤宏远A的股价在经历了振荡下跌之后，于2022年7月15日创下了阶段新低后启动反弹走势。不过，该股股价的反弹只持续了几个交易日后宣告终结。

自2022年8月3日开始，该股股价重新开始小幅振荡上升行情，说明股价已经进入了主升浪区间。此时MACD指标处于横向振荡态势，且出现了黏合状态，这也是股价处于盘整阶段的一个迹象。

9月1日，该股股价拐头上攻，说明该股股价已经进入了上攻最猛烈的一

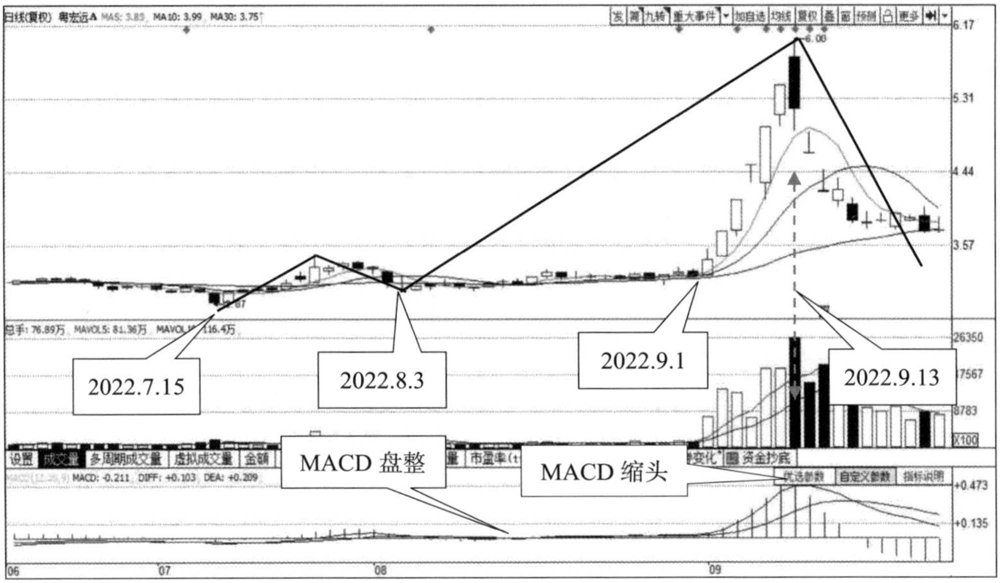

图10-5 粤宏远A（000573）日K线走势图

个阶段。MACD指标随之大幅上扬，MACD柱线同步拉升。

2022年9月13日，股价K线在创出阶段新高时，MACD柱线达到极大值。此后股价出现回落，MACD柱线走出缩头形态，这是多方实力削弱的一个迹象。鉴于该股已经出现天量见天价形态，此时投资者宜卖出手中的股票。

第二节 黄昏之星战法

黄昏之星又称暮星、迟暮之星，通常由三根K线组成。第一根大阳线将股价拉升至较高位置，第二根拉出向上跳空的十字星线，第三根大阴线重新将股价打压至较低位置。主升浪末期，出现黄昏之星形态基本上就可以宣告主升行情终结，如图10-6所示。

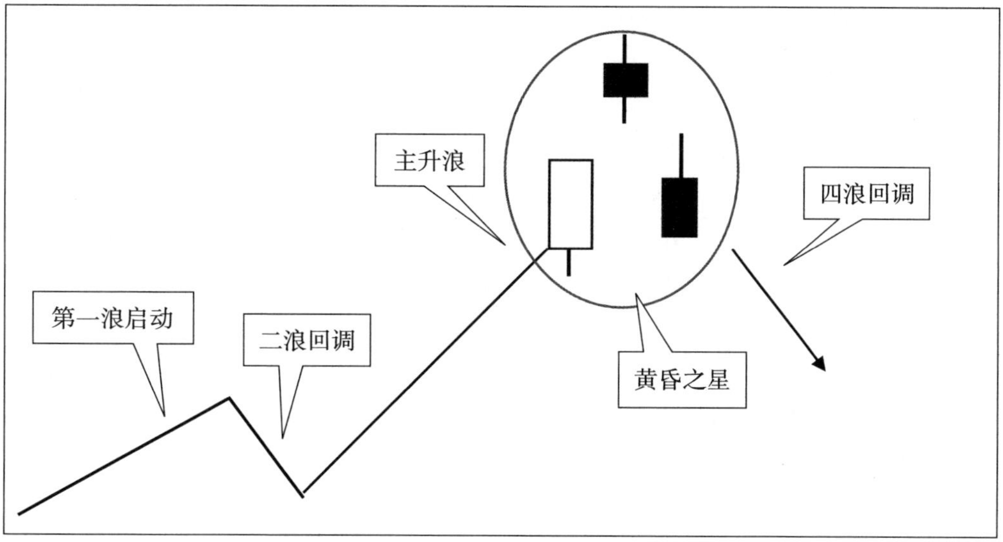

图10-6 黄昏之星形态示意图

黄昏之星形态中的第一根大阳线，表明多方仍占据绝对的优势，空方无任何还手之力。次日多方再度发力，股价跳空高开，但空方开始发动反攻。双方经过激烈的交锋，最终形成了一个相对平衡的局面，在K线图上留下了一根小星线。第三个交易日，空方在前一交易日反攻的基础上再度发力，趁机巩固成果，将多方击退。至此，三根K线形成了一个趋势转折形态，预示股价将触顶回落，其交易含义如下。

第一，黄昏之星形态是典型的多空转换形态，它的出现说明股价已经由多方主导转为空方主导，未来股价下跌的可能性较大。

第二，黄昏之星形态中，第三根阴线出现时，若成交量同步放大，则可增强加股价进一步下跌的概率。

一、基础量价分析

股价经过一波加速上攻后，已经进入顶部区域，此时出现黄昏之星形态，可以看成较为明显的见顶信号。

下面来看一下海南椰岛的案例，如图10-7所示。

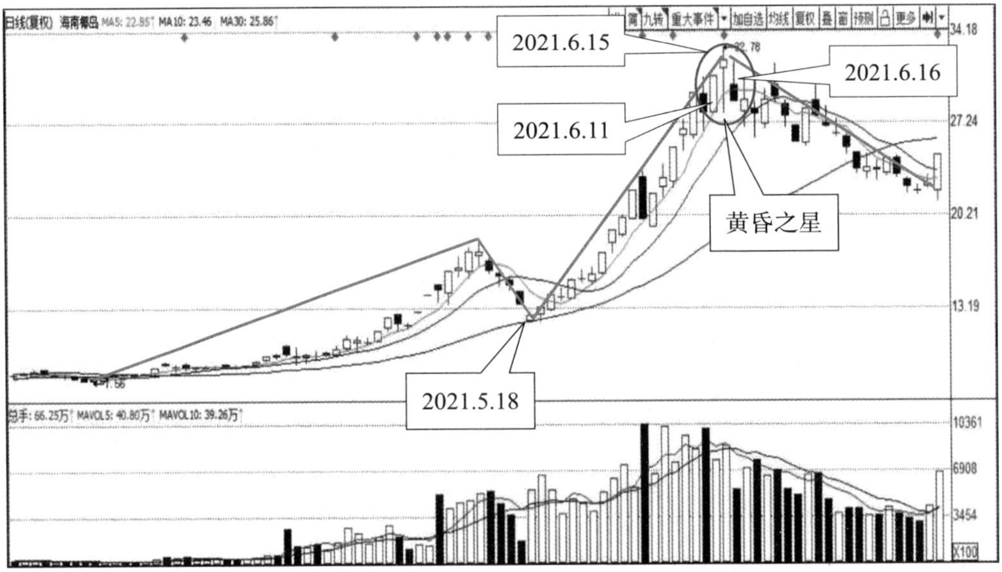

图10-7　海南椰岛（600238）日K线走势图

海南椰岛自2021年5月18日开启了主升浪行情，该股股价在短期内出现了规模较大的上涨行情。

在上涨行情末期的2021年6月11日、15日和16日这三个连续的交易日，形成了黄昏之星形态。

2021年6月11日，海南椰岛收出一根带影线的中阳线，表明上档存在较大的抛压。

2021年6月15日，该股跳空高开，并收出一根十字星线，这表明多空双方处于胶着状态，后市情况不明。

2016年6月16日，该股跳空低开，收出一根大阴线，说明市场已经进入了空头状态。

这三根K线共同组成了黄昏之星形态，这都是后市看跌的征兆。此后，该股股价正式进入下行通道，这也标志着该股主升浪已经终结。

黄昏之星形态出现后主升浪终结的战法，可以通过以下几个维度来解析。

1. 核心分析维度——黄昏之星形态

黄昏之星形态本质上是多空力量对比的一个反转。先是在多方占据主导地位的行情中，多方不断地进攻，当力量达到最大时，必然无力继续推动股价上行。此时空方开始发力向下打压股价，造成了一种股价反转的态势。

这种多空转换也反映出在股价上升过程中，获利盘逐渐增加，越来越多的获利盘等待兑现出逃，此时若想继续维持股价上行，就需要更多的场外资金入场接盘，即买入这些获利盘。当股价进入高位后，很多场外资金不愿意入场，承接盘不足，就造成了股价快速下行。获利盘争相出逃，导致股价快速回落。这也是黄昏之星形态中第三根阴线常常会出现跌停大阴线的原因所在。

2. 辅助分析维度——量价关系

价涨量增是股价上升阶段的一种良性配合方式。不过，当股价进入顶部区域，成交量放大到阶段高点时，后续很难再出现更高的成交量了，这也就意味着其后即使股价再上升，也很难有更高的成交量相配合了。黄昏之星形态中，第二根跳空的K线若对应着最大的成交量，则可增强该信号触顶反转的概率。

二、MACD指标解析战法

黄昏之星形态多是在股价上涨趋势终结，新一波下跌行情即将开启时出现的。由于前期股价经过了一波幅度较大的上涨，MACD指标往往处于较高的位置。当股价无法继续上攻时，MACD指标也会同步表现出一些经典的形态。

第一，股价走出黄昏之星形态时，MACD指标也会同步出现触顶回落迹象，有时甚至会出现死亡交叉形态。

第二，股价走出黄昏之星形态时，MACD柱线开始“缩头”，这也是多方实力减弱的标志，属于典型的股价见顶信号。

下面再来看一下海南椰岛的案例，如图10-8所示。

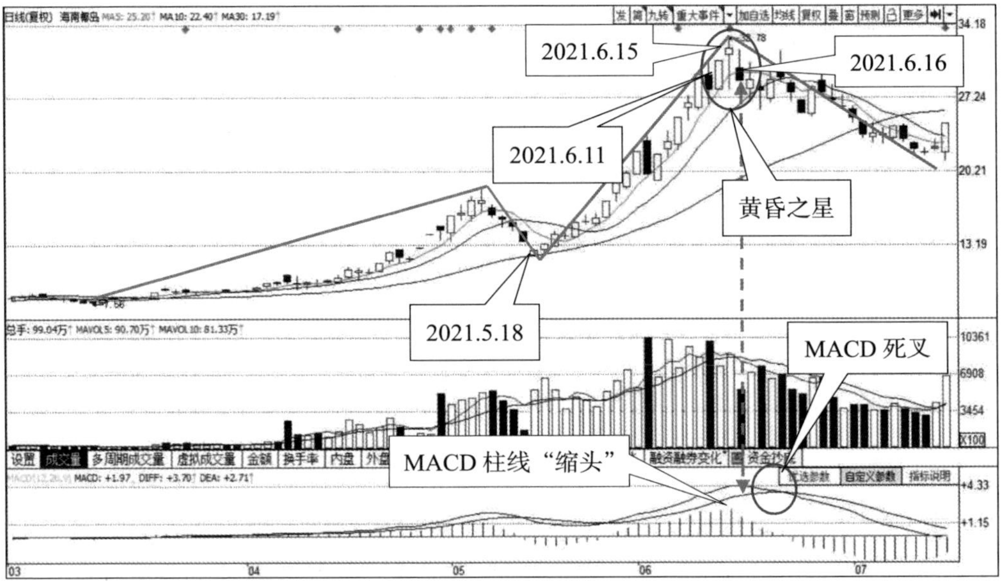

图10-8　海南椰岛（600238）日K线走势图

海南椰岛自2021年5月18日开启了主升浪行情，该股股价在短期内出现了较大规模的上涨行情。

在上涨行情末期的2021年6月11日、15日和16日这三个连续的交易日，形成了黄昏之星形态。与此同时，MACD指标也上升至高位。

6月16日，该股股价走出黄昏之星形态第三根K线即出现大阴线时，MACD柱线出现了明显的“缩头”迹象。

几个交易日以后，MACD指标更是出现了高位死叉形态，这都是股价上升趋势终结的信号，此后该股股价进入了一波下跌行情。

第三节　顶部滞涨战法

股价进入主升浪末期，成交量持续放大，而股价却不再上涨，甚至出现下跌的情况，这说明该股出现了放量滞涨状态，也说明该股的上涨趋势即将结束，该股很快将出现下跌行情，如图10-9所示。

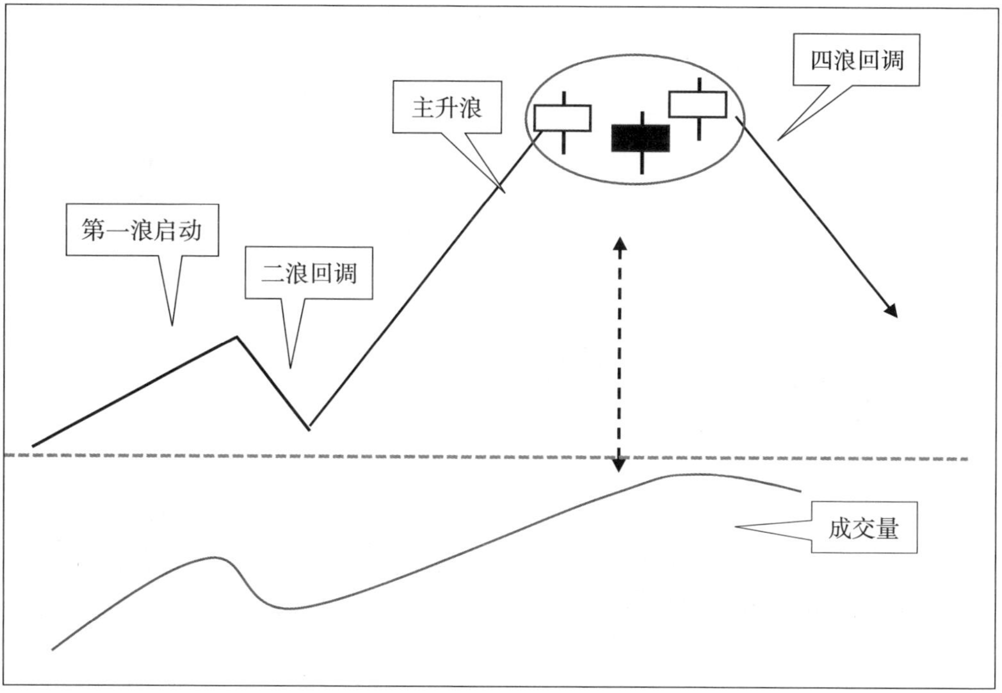

图10-9　放量滞涨形态示意图

在主升浪末期，各路主力资金兑现利润的预期升温。用少量资金拉升，再卖出更多的筹码，就是这些主力资金最主要的操作。这就使得整个盘面常常出现股价不涨、成交量却大幅增加的情况，这就是典型的放量滞涨。

放量滞涨这一卖点的操作要点如下。

第一，顶部放量滞涨是庄家集中出货的表现，看到这种走势，持股者应该预先卖出部分股票以规避风险，持币者应该继续观望。

第二，如果股价出现放量滞涨现象后开始急速下跌，那么持股的投资者应该毫不犹豫地清空仓位。

一、基础量价分析

股价经过一波上扬后，成交量持续增加，股价却没有延续上攻态势，这往往是股价达到高点的时刻，如图10-10所示。

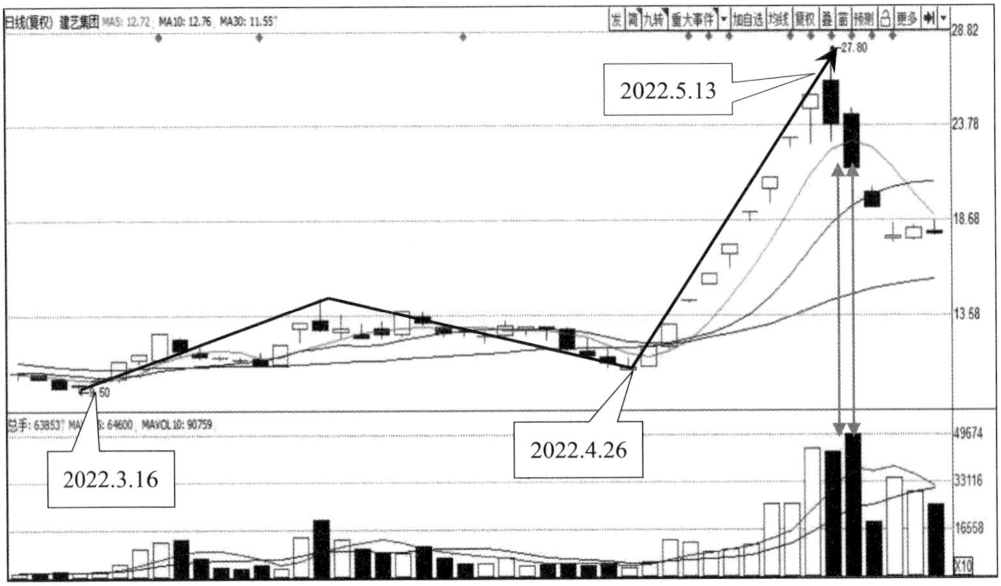

图10-10　建艺集团（002789）日K线走势图

建艺集团的股价经历了振荡下跌之后，在2022年3月16日创下了阶段新低，随后启动反弹走势。该股的反弹没有持续太长时间，就重新转入了下行通道。

2022年4月26日，该股股价再度创下一个回调的低点。不过该低点要高于3月16日的低点，说明股价已经进入了主升浪区间。

到了5月13日前后，该股股价明显已经进入了主升浪末期。该股股价无力继续上行，而成交量却居高不下，这就是典型的放量滞涨形态，属于明显的股价见顶信号。

此后，该股股价正式进入下行通道，这也意味着主升浪终结，投资者可卖出手中的股票。

放量滞涨形态出现后主升浪终结战法，可以通过以下几个维度来解析。

1. 核心分析维度——放量滞涨形态

放量滞涨形态是一种典型的由主力出货造成的形态。股价的上涨都是由源源不断的资金流入推动的，当股价上升至顶部区域后，主力不愿意再拿出大笔资金买入股票了，而是想要抛筹离场。同时，由于主力筹码较多，不可能短期内将所有筹码抽出，因而往往会用少量资金拉升股价，当股价上升后再反手卖出更多的股票。如此反复，就会在K线图上表现出成交量柱居高不下而股价却不涨的形态。

2. 辅助分析维度——量价关系

价涨量增是股价上升阶段的一种良性配合方式。不过，当股价进入顶部区域，成交量持续放大，而股价却很难再冲击新的高点，就说明股价已经开始滞涨。尽管成交量出现了放大，但大部分属于资金的主动流出和卖出行为，而非流入和买入行为。之所以股价没有大幅走低，是主力想要维持股价，以便于其在高位实现出货。

二、MACD指标解析战法

顶部滞涨形态多是在股价上涨趋势终结、新一波下跌行情即将开启时出现的。由于前期股价经过了一波幅度较大的上涨，MACD指标往往处于较高的位置。当股价无法继续上攻时，MACD指标也会同步表现出一些经典的形态。

第一，股价走出顶部滞涨形态时，MACD指标也会同步出现触顶回落走低，有时甚至会出现死亡交叉形态。

第二，股价走出顶部滞涨形态时，MACD柱线开始“缩头”，这也是多方实力减弱的标志，属于典型的股价见顶信号。

下面来看一下建艺集团的案例，如图10-11所示。

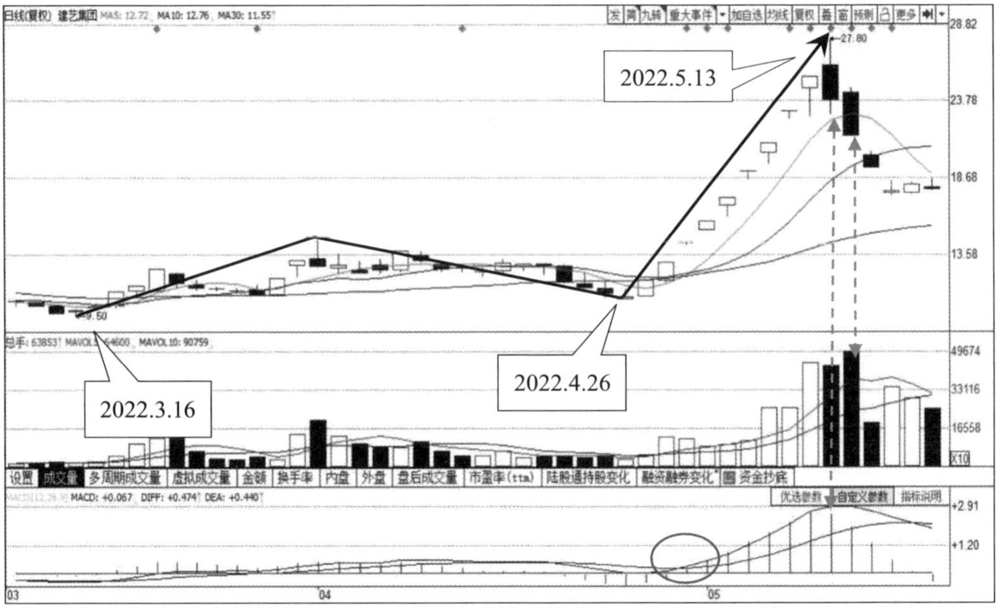

图10-11 建艺集团（000573）日K线走势图

建艺集团的股价在经历了第一浪上升与第二浪回撤后，自2022年4月26日进入了主升浪行情。与此同时，MACD指标同步在0轴上方附近位置形成黄金交叉后拐头上行。这都是典型的股价看涨信号。

到了5月13日前后，该股股价明显已经进入了主升浪末期。此时该股股价无力继续上行，而成交量却居高不下，这就是典型的放量滞涨形态。此时，MACD指标的柱线开始出现“缩头”现象，这是多方实力削弱的一个迹象。此后，MACD指标很快走出了高位死叉形态。鉴于此时股价已经形成了高位滞涨形态，投资者需要卖出手中的股票。

第四节　顶部形态战法

到了主升浪尾声阶段，股价就会进入阶段性筑顶过程。在此过程中，股价K线会形成各种不同的形态，如M顶、三重顶、头肩顶、圆弧顶等。这些头部形态一般都有一条颈线。股价如果跌破这一颈线位，往往意味着股价将会发动新一轮下跌，如图10-12所示。

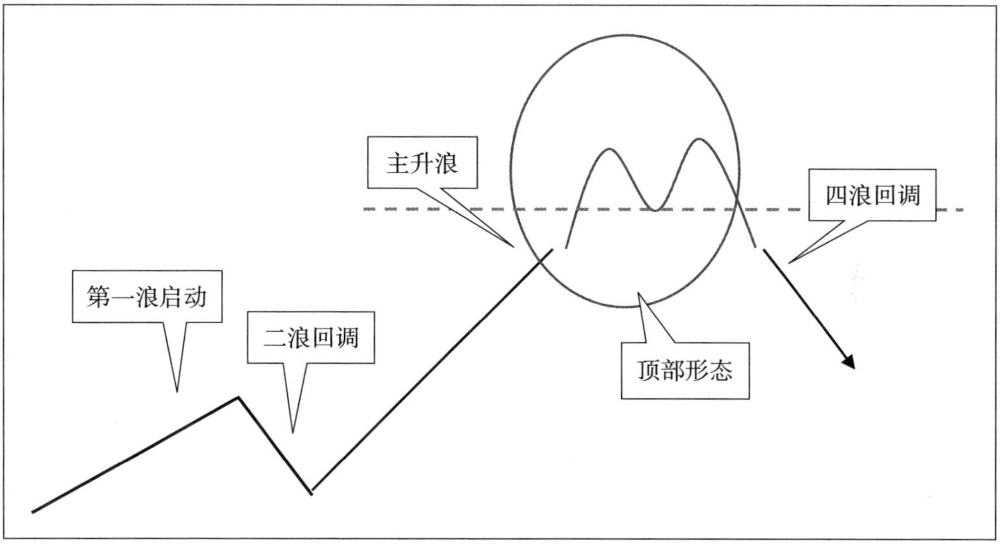

图10-12　K线顶部形态示意图

股价运行至顶部区域后，主力为了顺利完成出货操作，会有意识地将股价控制在一定的区域之内。在主力出货这段时间，股价就会表现出各种典型的顶部形态。一旦主力出货结束，就不再继续控制股价，此时股价就会跌破颈线，直接步入下跌通道，其操作要点如下。

第一，头部形态完成后，股价有时还会出现一个回调动作。一般上涨到颈线位置，股价就会获得一定的阻力，进而掉头向下。当股价回升到颈线位置之时，也就是该股的卖点。

第二，头部形态为股价见顶反转的卖出信号，投资者看到头部形态形成后，可以第一时间跟进卖出股票。

第三，在头部形态形成过程中，如果股价跌破颈线位时有成交量放大相配合，则股价下跌的可能性更大。

一、基础量价分析

股价经过一波加速上攻后，已经进入顶部区域，此时出现经典顶部形态，可以看成较为明显的见顶信号，如图10-13所示。

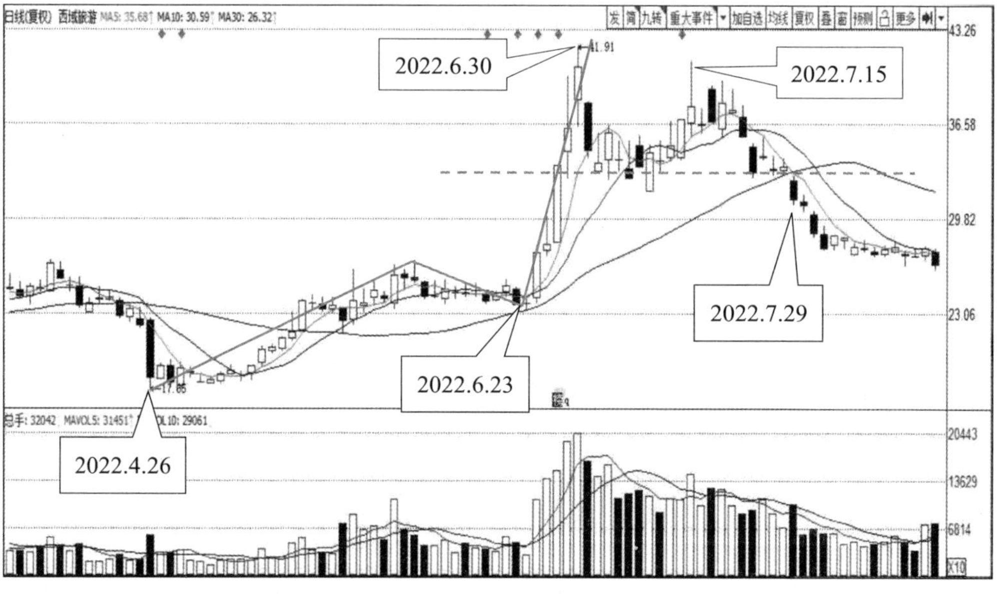

图10-13　西域旅游（300859）日K线走势图

西域旅游自2022年4月26日触及阶段底部后开启了反攻走势。经过一波上升后进入回调区间。6月23日，该股股价正式进入主升浪行情，在短期内出现了规模较大的上涨行情。

在上涨行情末期的2022年6月30日和7月15日，股价分别创下了两个短期高点，其中前一个要高于后一个。两个高点形成了近似于M形的顶部形态，这说明该股的主升浪行情存在终结的可能。

该股股价经过一波振荡后，7月29日跌破M顶的颈线位，说明该股股价已经正式进入下行趋势。

顶部形态出现后主升浪终结战法，可以通过以下几个维度来解析。

1. 核心分析维度——顶部形态

与顶部滞涨形态相似，顶部形态也是一种典型的由主力出货造成的一种形态。股价上涨都是由源源不断的资金流入推动的。当股价上升至顶部区域后，主力不愿意再拿出大笔的资金买入股票了，而是想要顺利离场。同时，由于主力筹码较多，不可能在短期内将所有筹码抽出，因而往往会采取不断地小幅拉升再出货的方式抛售筹码，股价在顶部区域就会表现出明显的振荡形态。在顶部区域，股价可能会呈现各类经典的顶部形态，如M形顶、头肩顶等形态。

2. 辅助分析维度——量价关系

主力资金的进出，必然会留下其运动的痕迹。通常来说，主力将股价控制在顶部区域的时间就是其出货时间。因此，在股价横向振荡过程中，成交量往往会呈现较为明显的放大态势。

二、MACD指标解析战法

顶部形态多在股价上涨趋势终结，新一波下跌行情即将开启时出现。由于前期股价经过了一波幅度较大的上涨，MACD指标往往处于较高的位置。当股价无法继续上攻时，MACD指标也会同步表现出一些经典的形态。

第一，股价走出顶部形态时，MACD指标也会同步出现触顶回落走势，有时甚至会出现死亡交叉形态。

第二，股价走出顶部形态时，MACD柱线开始“缩头”，这也是多方实力减弱的标志，属于典型的股价见顶信号。

下面再看一下西域旅游的案例，如图10-14所示。

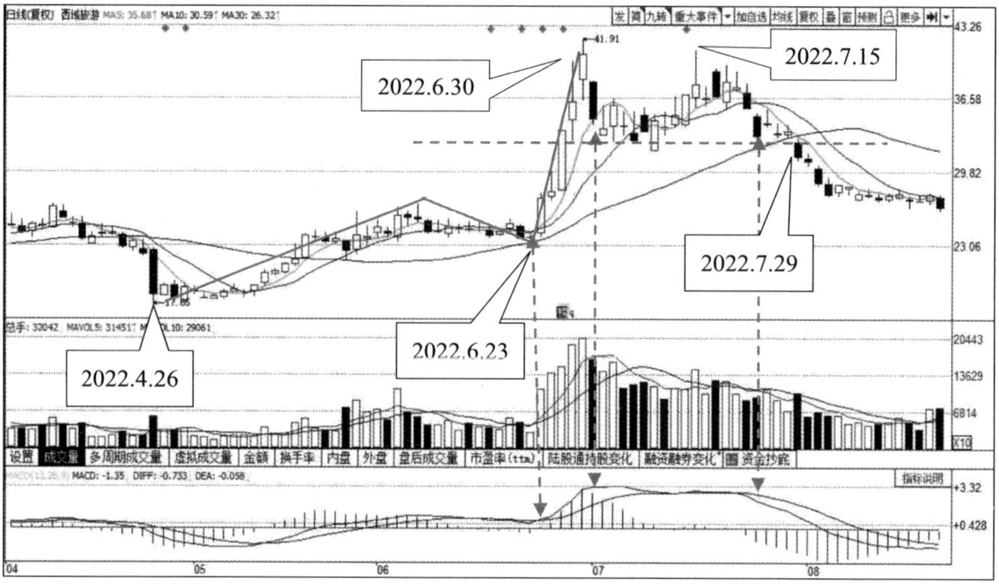

图10-14　西域旅游（300859）日K线走势图

西域旅游的股价在经历了第一浪上升与第二浪回撤后，自2022年6月23日进入了主升浪行情。与此同时，MACD指标同步在0轴上方附近位置形成黄金交叉后拐头上行，这都是典型的股价看涨信号。

到了6月30日前后，该股股价明显已经进入了主升浪末期，该股股价明显出现疲态，在K线图上形成了M形顶形态。此时，MACD指标的柱线开始出现“缩头”现象，这是多方实力削弱的一个迹象。在股价走出M形顶过程中，MACD指标很快走出了高位死叉形态。鉴于此时股价已经形成了明显的顶部形态，投资者需要卖出手中的股票。

第五节　顶背离战法

股价进入主升浪末期，尽管股价还在创出新高，但成交量却并未同步创下新高，这就意味着股价与成交量之间出现了背离现象，也意味着该股的上涨趋势即将结束，该股很快将出现下跌行情，如图10-15所示。

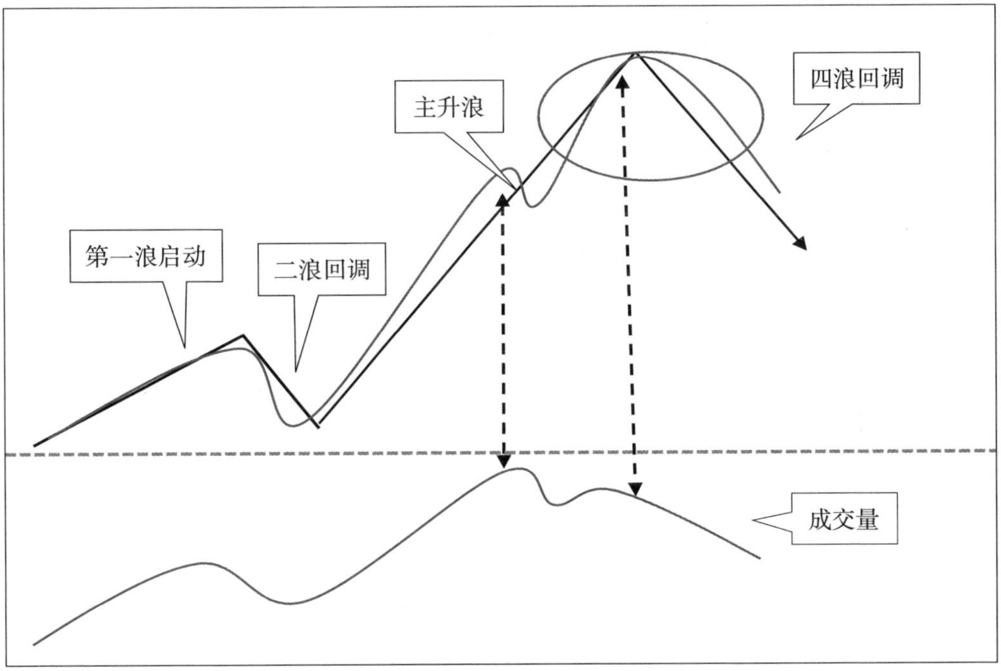

图10-15　量价背离形态

量价顶背离是股价进入顶部区域后常常出现的一种量价不协调形态，反映了成交量无力推动股价继续上攻的一种状况。当然，股价进入顶部区域后，量价呈现顶背离形态，并不意味着股价会立即转入下跌通道，有时股价会出现几次背离后才开始下跌。因此，该战法还需结合其他分析技术综合研判股价的卖点。该战法的操作要点如下。

第一，出现顶背离时，技术指标如果能够同时出现死亡交叉的情况，那么将增大该信号的准确程度。

第二，顶背离出现后，如果接连出现顶背离，则卖出的指示作用更强。

第三，一般情况下，发生顶背离后，股价都会有一定程度的下跌，但并不意味着股价运行趋势一定会发生根本性的逆转。

一、基础量价分析

股价经过一波加速上攻后，已经进入顶部区域，此时出现经典的顶背离形态，可以看成较为明显的见顶信号，如图10-16所示。

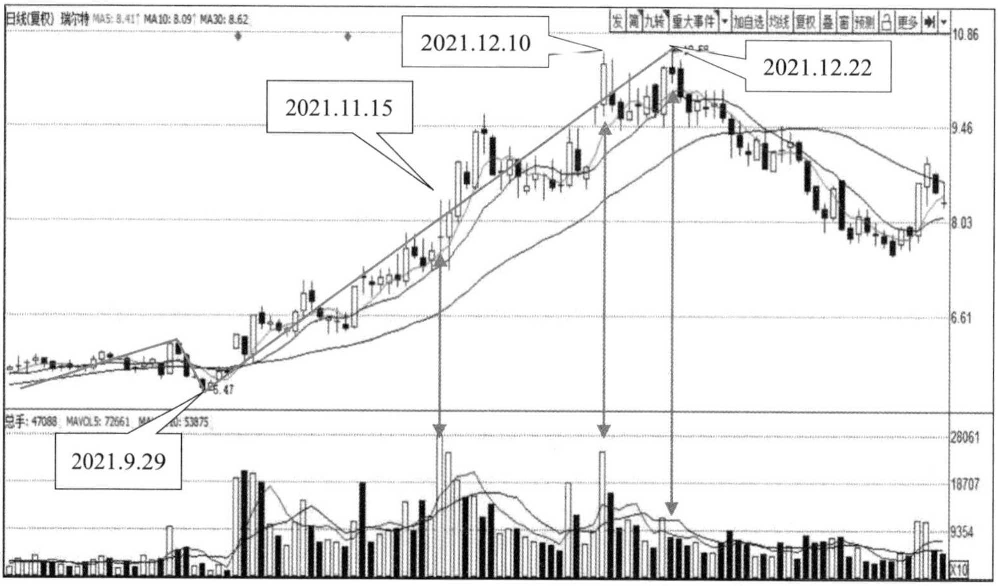

图10-16　瑞尔特（002790）日K线走势图

瑞尔特的股价经历了振荡调整之后，从2021年9月29日开始，正式开启了一波主升浪。

进入11月中旬以后，该股股价明显有了筑顶迹象。2021年11月15日，该股股价冲高回落，成交量创出阶段新高。此后该股股价延续了之前的上升态势，不过成交量却再也没有突破11月15日创下的高点。

2021年12月10日，该股股价又创下一个新的高点，不过，其对应的成交量柱仍然低于11月15日的量柱。到了12月22日，该股股价再创新高，而成交量相比前几个高点却出现了明显的萎缩。这属于典型的量价背离形态，预示股价的上升势头难以持续。

观察此时的股价K线可知，股价K线走出了近似于M形顶的形态，这也是典型的股价触顶信号。此后，该股股价很快跌破了M形顶的颈线位，标志着股价正式进入下跌通道。

量价顶背离形态是一种典型的量价不协调形态。股价上涨都是由源源不断的资金流入推动的。股价上涨的幅度越大，股价越高，就需要更多的资金支撑，这一点大家比较好理解。毕竟股价都上涨了很多，股票的市值必然也会增加很多，此时即使维持相同的股票成交量，也需要更多的资金。当股价进入高位后，因挣钱效应的影响，很多散户入场抢筹，此时主力资金则趁机一边拉升一边出货，这就使得股价表现出了明显的上升态势，而成交量却没有增加。当主力出货完毕，也就没有了维持股价的必要，此时股价就会出现下跌走势。

不过，量价顶背离只能发出股价未来可能会反转向下的信号，并不意味着股价会立刻转入下跌，投资者还需要借助其他技术指标或分析工具寻找最佳的卖出点位，比如K线顶部形态、MACD指标死叉等。

二、MACD指标解析战法

量价顶背离形态多是在股价上涨趋势终结，新一波下跌行情即将开启时出现的。与此同时，MACD指标也会同步出现一定的经典顶部形态。

第一，股价走出量价顶背离形态时，MACD指标也可能会同步走出与股价顶背离的形态，即股价创新高而MACD指标却并未创出新高。

第二，股价创下新高后转入调整，MACD指标此时可能会形成第二个高位死叉，这就是典型的看跌信号。

下面再看一下瑞尔特的案例，如图10–17所示。

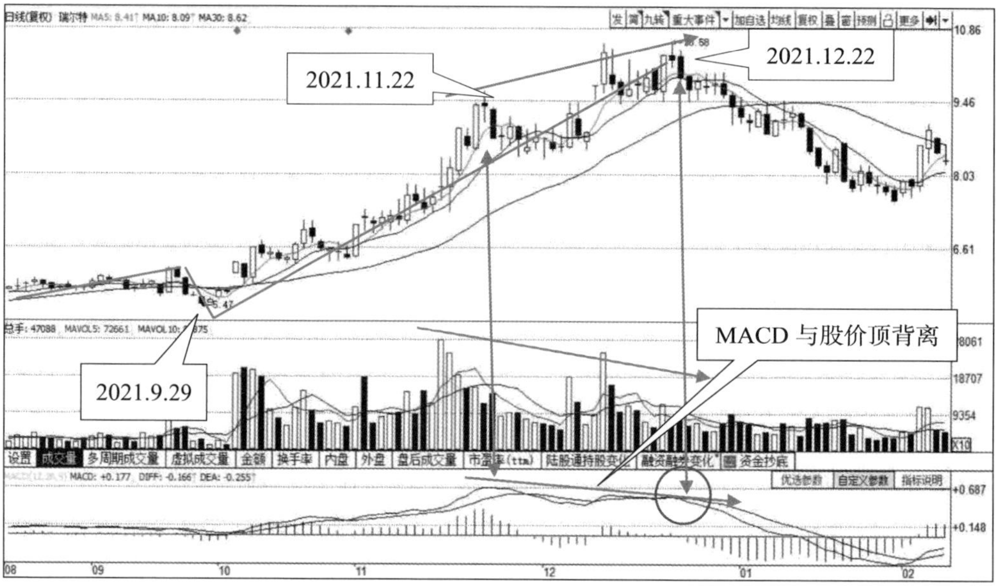

图10–17　瑞尔特（002790）日K线走势图

瑞尔特的股价在经历了振荡调整之后，从2021年9月29日开始正式开启了一波主升浪，MACD指标同步上扬。

进入11月中旬以后，该股股价明显有了筑顶迹象。2021年11月22日，该股股价冲高回落，MACD指标同步创出阶段新高。此后，尽管该股股价延续了之前的上升态势，不过MACD指标却并未再创新高。

2021年12月22日，该股股价在前一交易日创出新高后出现回落态势，MACD指标同步拐头向下。此前MACD指标形成的高点要低于11月22日的高点，这就意味着MACD指标与股价形成了顶背离。

与此同时，MACD指标在高位形成了一个死叉形态，这也是典型的看空卖出信号，标志着股价正式进入下跌通道。